U0868832

工程经济分析与创新

主　编　林永民
副主编　徐　嘉　曹业启

哈尔滨工程大学出版社
Harbin Engineering University Press

内容简介

“工程经济与创新分析”课程旨在培养学生掌握工程经济学的系统基础性知识，熟悉工程可行性分析的理论方法，建立经济效益分析的系统性思维与方法，以及解决工程经济实践问题的能力。本书体现三个特色：一是以经济评价为核心的知识体系，培养学生对实际项目的综合分析应用能力；二是以创新创业分析为导向的内容设计，将评价方法与现实应用背景相结合；三是遵循“知其然、知其所以然、知其何处然”的进阶路径，将知识点学习、案例分析、实践应用相结合，达到学以致用的目的。

本书可作为工程管理、公共管理等专业本科生和研究生的教材。

图书在版编目(CIP)数据

工程经济分析与创新 / 林永民主编. — 哈尔滨 : 哈尔滨工程大学出版社, 2022.5
ISBN 978-7-5661-3500-1

Ⅰ. ①工… Ⅱ. ①林… Ⅲ. ①工程经济分析 Ⅳ. ①F403.7

中国版本图书馆 CIP 数据核字(2022)第 082002 号

工程经济分析与创新
GONGCHENG JINGJI FENXI YU CHUANGXIN

选题策划 刘凯元
责任编辑 丁月华
封面设计 李海波

出版发行 哈尔滨工程大学出版社
社　　址 哈尔滨市南岗区南通大街 145 号
邮政编码 150001
发行电话 0451-82519328
传　　真 0451-82519699
经　　销 新华书店
印　　刷 北京中石油彩色印刷有限责任公司
开　　本 787 mm×1 092 mm　1/16
印　　张 17.75
字　　数 465 千字
版　　次 2022 年 5 月第 1 版
印　　次 2022 年 5 月第 1 次印刷
定　　价 68.00 元
http://www.hrbeupress.com
E-mail:heupress@hrbeu.edu.cn

前　言

“工程经济与创新分析”课程旨在培养学生掌握工程经济学的系统基础性知识，熟悉工程可行性分析的理论方法，建立经济效益分析的系统性思维与方法，以及解决工程经济实践问题的能力。通过该课程的学习，学生能了解技术、工程活动以及经济三者之间的关系，全面掌握工程经济的基本原理和方法，具备工程经济分析的基本能力和创新的思维方式。

本书以培养高水平工程管理人才为导向，将传统课程内容分别进行创新，并划分为五个部分：导论篇、基础篇、应用篇、创新与创业篇、案例篇。第一篇为导论篇，主要介绍工程经济学的基本认知。第二篇为基础篇，主要讲解工程经济学基础理论与分析方法。包括资金时间价值、经济性评价基本要素、工程经济效果评价指标、经济效果评价方法、不确定性与风险分析、价值工程、项目融资，为项目的可行性研究与项目评估打牢基础。第三篇为应用篇，包括项目可行性研究与评估。主要阐释投资项目可行性研究与项目评估的内容、程序、采用方法、项目建设条件评估、市场预测评估、财务数据测算、筹资方案评估、财务效益评估、经济效益评估等内容。通过对本部分内容的学习，学生能够掌握项目可行性研究与项目评估的基本理论和方法，熟悉各行业项目可行性研究与项目评价的特点、重点、难点和应用案例，达到灵活运用项目评估的方法为科学决策提供可靠的参考依据的目的。第四篇为创新与创业篇。多数同学难以在传统《工程经济学》知识体系编排下将理论方法与现实应用有机结合，因此本书将传统《工程经济学》内容与创新创业有机结合进行了全新的教材体系设计，体现如下三个特色：(1)以创新和创业分析为导向的内容设计，将评价方法与现实应用背景相结合；(2)以经济评价为核心的知识体系，培养学生对实际项目的综合分析应用能力；(3)遵循“知其然、知其所以然、知其何处然”的进阶路径，将知识点学习、案例分析、实践应用相结合，实现学以致用的目的。第五篇为案例篇。习近平总书记在经济社会领域专家座谈会上指出，“时代课题是理论创新的驱动力”“新时代改革开放和社会主义现代化建设的丰富实践是理论和政策研究的‘富矿’，我国经济社会领域理论工作者大有可为”。本篇案例是将实践问题理论化、系统化的重要载体，是将高水平研究、教学与实践有机融合的重要途径，是深挖实践“富矿”、讲好中国故事、形成中国特色哲学社会科学理论体系的重要抓手。本篇针对工程实践形成两个案例，为促进人才培养模式改革和教学体系、教材体系建设提供基础支撑。

本书由华北理工大学资助出版，还受到河北省教育厅2020—2021年度河北省高等教育教学改革研究与实践项目“基于OBE理念提升学生实践创新能力的案例编写与教学设计研究”(项目编号：2020GJJG166)的资助，在此表示感谢！

编　者

2022年3月

目 录

第一篇 导 论 篇

第二篇 基 础 篇

第三篇　应　用　篇

第四篇　创新与创业

第五篇　案　例　篇

第一篇　导　论　篇

第一章　绪　　论

【内容提要】

(1)工程经济学及其要素;

(2)工程经济学的产生及发展;

(3)工程经济学的研究对象及其内容;

(4)工程经济学的研究方法及基本原则。

【核心概念】

工程、经济、工程经济学

【引导案例】

林东是浙江省一名著名企业家,1993 年创办牛肉干生产企业,创办初期企业几经起落。1998 年在企业发展比较低迷时,他参加了浙江工业大学与澳大利亚乐卓博(LATREB)大学合办的 MBA 项目,接触了大量关于经济管理营销等方面的知识,开阔了视野。回国后他主动把经济管理理论知识应用于企业实践,对企业内部管理营销策略进行了大刀阔斧的改革,其中将牛肉干和某网络游戏结合,扩大了双方的市场影响力,获得了双赢。基于此提出的现实资源和虚拟资源相结合的"R&V 非竞争性战略联盟"成为 MBA 教学的经典案例。

2008 年他选择到美国建立孵化器,并联手南加州大学两名学者开始新能源领域的创新创业。经过 8 年的研发,他终于把自己从外行变成总工程师,把一个想法变成了现实。2016 年装机容量 3.43 MW 的海洋潮流能发电机组在舟山海域成功运行发电,使中国成为世界上第三个实现海洋潮流能发电并网的国家。此项目被海洋学会等组织的专家评为"2016 年度中国海洋十大科技进展",成功入选"砥砺奋进的五年"大型成就展。

是什么激励他成功?"做一名有科学家精神的企业家"是林东的座右铭,他说过,"有科学家精神的企业家和有企业家精神的科学家是推动人类技术革新的重要力量!"

学习"工程经济学"课程可以帮助我们系统地树立牢固的创新意识、市场意识、经济意识,为实现中国梦贡献自己的力量。

第一节 工程经济学及其要素

一、工程经济概述

工程经济学是一门把工程与经济有机结合在一起的学科。什么是工程？什么是经济？两者之间又有何关系？

（一）工程

广义的工程指人类活动，狭义的工程指人类活动的结果。与工程概念紧密相关的是科学、技术。人们往往把科学与技术视为一体，但严格来说，“科学”是人们对客观规律的认识和总结，而“技术”则是人类改造自然的手段和方法，是应用各种科学所揭示的客观规律进行各种产品（或结构、系统及过程）开发、设计和制造所采用的方法、措施、技巧等水平的总称，其目的是更好地改造世界，为人类造福。

工程是人们利用科学和技术改造客观世界的活动。它是技术的使用过程，是科学理论和思想在改造世界中的表现过程。所以在工程实践中闪耀着科学的光芒，展示着技术的魅力。工程立足于科学、技术之上，科学、技术因工程而充分表现。科学、技术是工程的基础和前提条件，工程是科学、技术的具体使用和现实结果。

（二）经济

“经济”一词有多种含义，其应用也很广泛，人们对其概念的理解也不尽相同。其一，经济指社会生产关系的总和。人们在物质资料生产过程中，为了进行生产，就必然地、不以人的意志为转移地发生联系并建立关系，在这个范围内，才会有生产。经济是人们一切社会关系的基础，即经济基础，它支撑着社会上层建筑。其二，经济指国民经济的总称或国民经济的具体组成部分。社会再生产构成了人类得以生存的基础，而国内的社会再生产，即生产、流通、分配、消费形成了国民经济。其三，经济就是遵循一定经济原则，在任何情况下力求以最小的耗费取得最大的效益的一切活动。在工程经济学中，经济的上述含义均有所体现。

（三）工程与经济的关系

从推动人类社会进步与发展的意义上说，工程建设是实现人们美好理想的手段，经济是人们所追求所期待的目标，二者是手段和目的的关系。人们发挥自身的聪明才智，把科学技术积极应用到建设实践中来，使这个“手段”优化。仅仅是手段先进了还远远不够，还要看它是否有利于社会再生产，是否能带来经济发展，这才是目的。两者结合起来，就是工程的有效性，即技术的先进性和经济的合理性。技术是工程的前提，经济是工程的目的。我们从事或准备从事工程实践的人，必须要有这样的认识，防止过分追求技术的完美领先而犯本末倒置的错误。

人们不断追求着“物质丰富，生活富裕”的美好理想，这个理想的实现需要工程技术的支持。没有工程基础，就失去了经济建设的舞台。没有工程活动，没有科学技术的实践活动,何谈社会再生产?又如何实现"物质丰富,生活富裕"呢?归根结底,科学技术及作为其表现形式的工程是支撑经济发展的永恒动力,以其先进的生产力推动着经济的发展。

反过来,经济状况又制约和刺激着工程建设、技术进步。一方面,工程活动需要物质资料的投入保障,所以一个时期的经济状况影响着工程建设的范围、规模和强度,经济成为制约工程建设和技术进步的因素;另一方面,人们对于经济现状的永不满足,又成为刺激和拉动工程建设和技术进步的因素。

二、工程经济学的概念

在资源有限的条件下开展工程活动时,我们将面临如何确定最佳工程技术方案进行投资的决策问题?工程经济学是一门研究如何根据既定的活动目标,分析活动的代价及其对目标实现的贡献,并在此基础上设计、评价、选择以最低的代价可靠地实现目标的最佳或满意的活动方案的学科。它是介于自然和社会科学之间的交叉科学,是根据现代科学技术和社会经济发展的需要,在自然科学和社会科学的发展过程中,各学科互相渗透、互相促进、互动交叉,逐渐形成和发展起来的。在这门学科中,经济学处于支配地位,因此,工程经济学属于应用经济学的一个分支。

工程经济学的核心内容是一套技术经济分析思想和方法,是人类提高技术实践活动效率的基本实用型工具,为公共项目决策、企业生产经济决策、社会资源最优配置提供支持。学习工程经济学,可使工程收益促进经济发展,带动经济可持续性增长,同时实现经济发展为工程投资提供支撑,促进工程技术进步,使工程进一步满足人们对美好生活的需要。

三、工程经济活动的要素

工程经济活动一般包括活动主体、活动目标、活动效果、活动环境等要素。

(一)活动主体

活动主体是指垫付活动资本、承担活动风险、享受活动收益的个人或组织。现代社会经济活动的主体可大致分为三大类:企业、政府及包括文、教、卫、体、科研和宗教等组织在内的事业单位或社会团体。

(二)活动目标

人类一切工程经济活动都有明确的目标,都是为了直接或间接地满足人类自身的需要,而且不同活动主体目标的性质和数量等存在着明显的差异。如政府的目标一般是多目标系统,包括社会经济的可持续发展、就业水平的提高、法制的建立健全、社会安定、币值稳定、环境保护、经济结构的改善、收入分配公平等。企业的目标以利润为主,包括利润最大化、市场占有率、应变能力和品牌效应等。

(三)活动效果

工程经济活动的效果是指活动实施后对活动主体目标产生的影响。由于目标的多样性,通常一项工程经济活动会同时表现出多方面的效果,甚至各种效果之间还是冲突和对立的。例如对一个经济欠发达地区进行开发和建设,如果只进行低水平的资源消耗类生产,就有可能在提高当地人民收入水平的同时,造成严重的环境污染和生态平衡的破坏。

（四）活动环境

工程经济活动常常面临两个彼此相关又至关重要的环境：一个是自然环境，另一个是经济环境。自然环境提供工程经济活动的客观物质基础，经济环境显示工程经济活动成果的价值。工程经济活动固然要遵循自然环境中的各种规律，只有这样才能赋予物品或服务使用价值。但是，物品或服务的价值取决于它带给人们的效用，效用大小往往要用人们愿意为此付出的货币数量来衡量。无论技术系统的设计多么精良，如果生产出的物品或提供的服务不能使消费者满意，或者成本太高，这样的工程经济活动的价值就会很低。

人类社会的一个基本任务，就是根据对客观世界运动变化规律的认识，对自身的活动进行有效的规划、组织、协调和控制，最大限度地提高工程经济活动的价值，降低或消除负面影响。而这也正是工程经济学的主要任务。

第二节　工程经济学的产生及发展

工程经济学是对工程技术问题进行经济分析的系统理论与方法。工程经济学是在资源有限的条件下，运用经济学分析方法，对工程技术（项目）各种可行方案进行分析比较，选择并确定最佳方案的科学。它的核心任务是对工程项目技术方案进行经济决策。在经历了 100 多年发展的今天，工程经济学已经成为较为成熟的应用经济学的学科之一。

一、国外工程经济学的产生与发展

（一）工程经济学的萌芽与形成阶段

工程经济学的历史渊源可追溯到 19 世纪后半叶。1887 年美国工程师惠灵顿出版了《铁路布局的经济理论》一书，开创性地开展了工程领域中的经济评价工作。惠灵顿认为，资本化的成本分析法，可应用于铁路最佳长度或路线曲率的选择。在该书中，铁路路线的计算首先应用了资本费用分析法，并提出了工程利息的概念。惠灵顿精辟地阐述了工程经济的重点：“不把工程学简单地理解和定义为建造艺术是很有好处的。从某种重要意义来说，工程经济并不是建造艺术。我们不妨把它粗略定义为一门少花钱多办事的艺术”。

惠灵顿的精辟见解被后来的工程经济学家所承袭。20 世纪初，斯坦福大学教授菲什出版了第一本相关书籍——《工程经济学》。他将投资模型与证券市场联系起来，分析内容包括投资、利率、初始费用与运营费用、商业组织与商业统计、估价与预测、工程报告等。

1920 年，戈尔德曼教授在其《财务工程学》一书中提出了决定相对价值的复利模型。这样，人们就可以用复利法确定方案的比较价值，从而为工程经济学中许多经济分析原理的产生奠定了基础。同时，戈尔德曼还颇有见地地指出：“有一种奇怪而遗憾的现象，就是许多作者在他们的工程著作中，没有或很少考虑成本问题。实际上，工程师最基本的责任是考虑成本，以便取得真正的经济效益，即赢得最大可能数量的货币，获得最佳的财务效率”。

使工程经济学成为一门系统性学科的奠基人是美国工程经济学家格兰特。1930 年，他出版了《工程经济学原理》一书。格兰特教授在该书中不仅指出了古典工程经济学的局限性，而且以复利计算为基础，讨论了判别因子和短期投资评价的重要性，以及其与资本长期投资的一般比较。他的许多理论贡献获得了社会公认，因此被称为“工程经济学之父”。《工程经济学原理》也被誉为工程经济学的经典之作，先后被修改过6次再版发行。

历经40多年的曲折发展，一门独立的、系统化的工程经济分析的学科——工程经济学终于形成了。

（二）工程经济学的发展阶段

第二次世界大战结束之后，受到凯恩斯主义理论的影响，工程经济学的研究内容从单纯的工程费用效益扩大到市场供求和投资分配方面，从而取得了重大进展。这些进展与两门相关的学科即“管理经济学”和“公司理财学”的快速发展有关。

1951年，乔尔·迪安教授出版了《管理经济学》，开创了应用经济学新领域；虽然20世纪初就有企业财务管理学存在，但公司理财学在20世纪50年代发生了重要变化。这两门学科对公司资产投资的研究，都把计算现金流的现值方法应用到资本支出的分析上，在投资收益与风险分析上起了重要作用。更重大的转折发生于1961年，因为乔尔·迪安教授的《资本预算》一书不仅发展了现金流量的贴现方法，而且开创了资本限额分配的现代分析方法。

20世纪60年代以后，工程经济学研究主要集中在风险投资、决策敏感性分析和市场不确定性因素分析三个方面。主要代表人物有美国的德加莫、卡纳达和塔奎因教授。德加莫教授偏重于研究工程企业的经济决策分析，他的《工程经济》（1968年）一书以投资形态和决策方案的比较研究，开辟了工程经济学对经济计划和公用事业的应用研究途径。卡纳达教授的理论重视外在经济因素和风险性投资分析，其代表作为《工程经济学》（1980年）。塔奎因教授的理论则强调投资方案的选择与比较，他提出的各种经济评价原则（如利润、成本与服务年限的评价原则；盈亏平衡原则和债务报酬率分析；等等）成为美国工程经济学教材中的主要理论。还有乔治·泰勒的《管理经济与工程经济》（1980年）一书，系统全面地介绍了经济决策的方法，即按经济准则选取最佳技术方案的科学方法。

上述经济学者的研究与贡献，促进了工程经济学与相关学科的交流与发展，同时也给工程经济学研究增添了新的课题，使其内容更加丰富，理论体系更为完善。

（三）工程经济学发展的新趋势

近几年，西方工程经济学理论出现了宏观化研究新趋势，工程经济中的微观经济效益分析正逐渐同宏观经济效益分析、社会效益研究、环境效益评价结合在一起，国家的经济制度和政策等宏观问题，以及国际经济环境变化等已成为当代工程经济学研究无法回避的新内容。

可以预见，随着科学技术的发展和人类社会的进步，工程经济学的研究方法还会不断创新，工程经济学的理论也会不断完善，以便满足人们对工程项目和技术方案进行科学决策的新要求。

二、我国工程经济学的产生与发展

20世纪50年代我国从苏联引进了建设项目技术经济分析方法，该学科的发展在我国主要经历了以下两个时期。

（一）工程经济学的开创发展阶段

工程经济学最早在我国被称为技术经济学。技术经济这门学科是在1963年中共中央和国务院批准的我国第二个科学技术发展规划纲要中提出的。20世纪60年代初是我国国民经济调整时期，当时有了第一个五年计划，比较注意技术和经济相结合的正面经验，深感生产技术和发展必须考虑经济规律，技术和经济必须结合。为此有必要建立一门专门研究技术和经济相结合的学科，这就是我国技术经济学产生的历史背景。经济科学原来是一门科学，随着专业化发展的结果，产生了许多经济学的分支学科，技术经济学就是其中的一个分支。技术经济学不是单纯从经济科学中产生出来的，而是从技术科学和经济科学互相交叉中形成和发展起来的，是科学发展综合化的必然结果，这是技术经济学产生的科学背景。技术经济学从1963年开始正式研究，一直到1966年，是第一个发展时期，也是这门新学科的创建时期。在这个时期里，具有中国特色的技术经济学理论方法体系开始形成，而且有着自己的特点：以马克思主义和毛泽东思想的经济理论为指导；以社会主义基本经济规律、国民经济按比例发展规律和价值规律为依据；以多快好省建设社会主义的要求为目标；以定性和定量相结合的方法为手段；以结合中国社会主义现代化建设的具体实际为基础；以认识和正确处理技术同经济之间的实际矛盾关系为目的。

（二）工程经济学的全面发展阶段

党的十一届三中全会以后，技术经济学获得了新生，开始进入历史上最好的发展时期。1978年11月成立了中国技术经济研究会，现在许多省市和部门也都成立了技术经济研究会；1980年中国社会科学院成立了国内第一个技术经济研究所，很多部门相继成立了技术经济研究机构；许多理工科大学开设了技术经济课程，不少文科大学也开设了技术经济课程。一些大学和研究机构专门培养了技术经济专业博士研究生、硕士研究生和本科生。这个时期，技术经济学理论方法体系得到了不断的改进和完善。在社会主义市场经济条件下，技术经济这门学科越来越重要，研究工作正向深度和广度发展。技术经济学在实际中应用越来越广泛，分支学科越来越多。

20世纪90年代以来，技术经济分析论证工作在经济建设中普遍展开，工程经济学的研究范围一方面丰富和完善了微观层次的理论和方法，另一方面将研究领域扩展到中观和宏观的层次，同时借鉴了国外工程经济学、价值工程可行性研究、预测和决策理论方法，丰富了工程经济学的内容，促进了学科的进一步发展。

管理科学的发展，运筹学、概率论、计算机的应用，使原来的对比分析方法发展为随机过程、数学规划、最佳化等方法，使分析评价技术经济效果及选择最佳技术方案的方法有了质的飞跃。过去无法用数学计量的经济因素开始计量，一些变化的经济因素、变量可借助于数学模型加以计量，过去用统计、对比、计算选择方案的方法已被大量连续变量计算最佳化的方法所代替。我国的工程经济学就是在此基础上，不断吸收国外工程经济学学科的内容而形成的一门学科。如今，政府管理经济及配置经济资源的方式发生变化，国家投资体制改革进程加快，工程经济学的理论与方法普遍应用于各类建设项目的经济评价中，同时也推动了我国工程经济学学科的发展。目前，经过不断充实完善，工程经济学的原理方法已经普遍应用于项目投资决策分析、项目评估以及项目管理的工作中。

第三节 工程经济学的研究对象及其内容

一、研究对象

人们在进行工程项目的决策时,往往会从以下三方面进行思考:(1)为什么要实施此项目?能否实施其他项目?(2)为什么要现在实施此项目?项目实施的时机合适吗?(3)为什么要采用此方案来实施项目?有无更经济合理的替代方案?

传统的工程经济的研究对象是以上所思考的具体工程项目,而与之对应的工程经济学的研究对象便是解决上述思考问题的方案和途径,即研究在一般的工程项目中,采用什么方法、建立哪种方法体系,才能正确预测项目在技术上的可行性和经济上的合理性,寻求到技术与经济的最佳结合点。随着社会与经济的发展,现代工程经济学涉及的领域越来越广泛,其研究对象也从微观的技术经济问题延伸到宏观的技术经济问题,如能源问题、环境问题、资源开发与利用问题、国家的经济制度与政策问题。

由此可知,工程经济学既为具体的工程项目分析提供方法基础,也为宏观政策的制定提供科学的依据。

二、研究内容

工程经济学的研究任务是正确地认识和处理工程和经济之间的关系,寻找工程经济的客观规律,寻找工程和经济之间的合理关系,包括最佳关系和协调关系。

工程经济学的研究内容主要有以下三方面。

(一)研究工程方案的经济效果,寻找具有最佳经济效果的方案

工程方案的经济效果是指实现工程方案时的产出和投入比。所谓产出是指工程方案实施后的一切效果,包括可以用经济指标度量的和不能用经济指标度量的产品和服务;所谓投入是指各种资源的消耗和占用,任何工程的实施都必须消耗和占用人力、物力和财力。资源的有限性,特别是一些自然资源的不可再生性,要求人们有效地利用各种资源,以满足人类社会不断增长的物质生活的需要,工程经济学就是研究在各种工程的实施过程中如何以最小的投入获得最大产出的一门学科,即研究工程的经济效果。投入和产出在工程经济分析中一般被归结为货币量计算的费用和效益,所以也可以说,工程经济学是研究工程应用的费用与效益之间关系的学科。

研究工程的经济效果,既包括工程方案实施前,也包括工程方案实施后。在工程方案实施前,通过各种可能方案的分析、比较、完善,选择出最佳的工程方案,保证决策建立在分析之上,以减少失误,这是关系到有限资源最佳利用的大事,关系到国家和企业竞争力强弱的重大问题。可行性研究就是在工程方案实施前,在调查研究基础上,通过对工程方案的市场分析、技术分析、经济效益分析,对工程可行性和经济合理性进行综合评价。

研究工程的经济效果,不仅应用在投资项目实施前的科学论证上,还广泛应用于产品设计开发中的经济效果比较和分析,以及设备更新、原料选择、工艺选择等领域。

在工程方案实施后,通过实际调查分析得到方案实施后的工程经济效果,能够为工程

方案的更好运行提供相关建议，也为日后决策提供借鉴价值。

（二）研究工程技术和经济相互促进与协调发展

技术和经济是人类社会发展不可缺少的两个方面，技术和经济是相互促进、相互制约的，工程经济的研究就是要从这对矛盾关系中寻找一条协调发展的途径，以求经济快速、持续的发展。

技术和经济的关系体现在两方面：一方面发展经济必须依靠一定的技术，技术的进步水平是推动经济发展的强大动力，人类社会的发展历史雄辩地证明了这一点。18 世纪末，英国开始的以蒸汽机的广泛应用为标志的工业革命，使生产效率得到大大提高；到 19 世纪中叶，科学技术的进步使生产效率提高到手工劳动的 108 倍；20 世纪 40 年代以来，科学技术迅猛发展引起的社会生产力的巨大进步更是有目共睹的。另一方面，技术总是在一定的经济条件下产生和发展，经济上的需求是技术发展的直接动力，技术的进步要受到经济条件的制约，只有经济发展到一定的水平，相应的技术才有条件广泛应用和进一步发展。

技术和经济之间这种相互渗透、相互促进又相互制约的紧密联系，使任何技术的发展和应用都不仅是一个技术问题，同时又是一个经济问题，研究技术和经济的关系，探讨如何通过技术进步促进经济发展，在经济发展中推动技术进步，是技术经济学进一步丰富和发展的一个新领域。

技术与经济的协调包含两层含义：一是技术选择要视经济实力而行，不能脱离实际；二是协调的目的是发展，所以在处理技术和经济关系时，发展是中心问题。以发展为中心，在发展中协调，在协调中发展是一种动态的协调发展。处理技术与经济的协调发展的核心问题是技术选择问题，在国家层面上要研究在一定的发展阶段内各行业和经济部门的技术政策、技术路线，要明确鼓励什么、限制什么、淘汰什么，技术选择要符合技术发展的趋势，要符合我国的国情，要符合可持续发展的战略。

（三）研究技术创新，推动技术进步

科学技术是第一生产力，技术创新是促进经济增长的根本动力，是技术进步中最活跃的因素，是生产要素一种新的组合，是创新者将科学知识与技术发明用于工业化生产，并在市场上实现其价值的一系列活动，是科学技术转化为生产力的实际过程。技术创新的这种特殊地位，决定了它是技术经济学的重要研究对象。

20 世纪 70 年代以来，技术创新已成为世界性的热门研究课题，技术创新包括新产品的生产、新生产技术在生产过程中的应用、开辟原材料的新的供应来源、开辟新市场和实现企业的新组织等。技术创新强调的是新的技术成果在商业上的第一次运用，强调的是技术对经济增长的作用。

所谓经济增长是指在一个国家范围内，年生产的商品和劳务总量的增长，通常用国民收入或国民生产总值的增长来表示。经济增长可以用多种方式实现，可以通过增加投入要素、增加投资、增加劳动力等来实现，也可以通过提高劳动生产率、技术进步来实现。

三、工程经济学研究内容的流程

任何方案在选定之前，都应该进行工程经济分析和评估，以便从中选出较为理想的方案。研究时应遵循科学的程序，工程经济学的研究程序有：

(一)确定分析目标

依照分析对象的不同,确定分析目标。目标可分为国家目标、地区或者部门目标、项目或者企业目标,目标内容可以是项目规模、设备选择或技术改造等。

(二)收集资料

根据确定的目标进行调查研究,收集有关技术、经济、财务、市场、政策法规等资料。

(三)设计各种可能方案并进行分析

根据目标集思广益,尽可能收集各种可能的方案,从中筛选出所有可能的方案。从国家目标出发,兼顾企业目标,拟定工程经济分析指标,分析各方案的利弊得失及影响技术经济效果的内外因素。

(四)方案综合分析评估

除对方案进行定性分析外,根据建立的工程经济指标,建立有关各参数变量之间的函数关系或数学模型,进行定量指标的计算,然后采用定性与定量相结合的方法,对方案进行综合评估。综合评估的正确与否,关键取决于定性分析的正确与否及所引入的数据是否准确可靠,否则影响评估结果。

(五)确定最优方案

根据综合评估的结果,优选出工程技术上先进、工程经济上合理的最佳方案,若方案满意,则选中最优方案,若不够满意,则重新收集资料,检查方案、指标的合理性。

(六)完善方案

在最优方案基础上,综合相关各方建议提出完善的方案。流程图如图 1-1 所示。

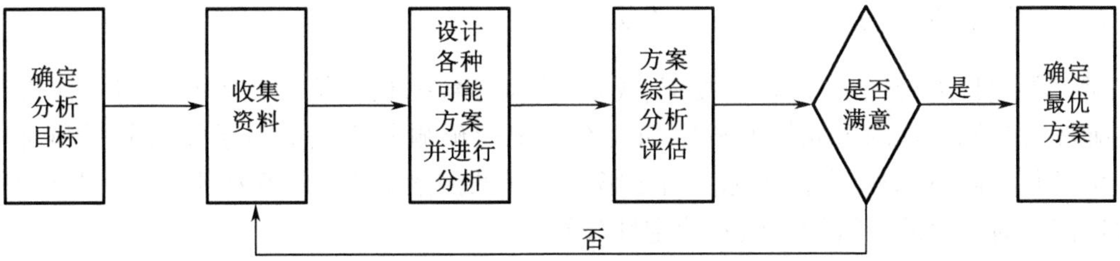

图 1-1 工程经济学分析流程图

第四节　工程经济学的研究方法及基本原则

一、工程经济学的研究方法

工程经济学是一门自然科学、社会科学密切交互的综合学科，也是一门与生产建设、经济发展有着直接联系的应用性学科，其分析方法主要包括以下方面。

（一）定性与定量分析方法

工程经济学对问题的研究从定性出发，通过定量分析，再返回定性分析。根据项目的目标要求、基本指标的含义分析，通过资料的收集、数据的计算得到一系列指标，通过实际指标与参考指标的对比、不同方案之间的经济指标对比，为工程项目投资决策提供依据。为适应数据时代的工程投资决策需要，以定量为主。

（二）静态与动态分析方法

对项目根据需要进行静态分析和动态分析。静态分析就是在不考虑资金时间价值的前提下对项目指标进行计算和考核；动态分析就是在考虑资金时间价值的条件下分析其投入产出从而计算其经济效果指标。在确定项目投资机会和筛选时进行静态分析，为了更合理地反映项目投入产出关系，必须采用动态分析方法。

（三）系统分析与平衡分析方法

一个工程项目通常由很多子项目组成，每个项目的运行都有自己的生命周期，因此工程经济的分析方法只能是全面的、系统的分析方法，虽然工程经济分析的过程需要计算成本、收益和费用，但是其目的在于寻求技术与经济的最优平衡点。

（四）统计预测与不确定性分析方法

对工程项目进行经济分析时，投资、成本、收益等数据只有依靠预测来获得。评价结论的准确性与预测数据的可靠性有着密切关系。统计预测方法包括因果关系分析和时间序列分析，用来推算相应的数据指标。由于影响未来的因素众多，许多因素在不断变化发展，因此还需要对项目的经济指标做不确定性分析。

二、工程经济学的基本原则

（一）工程技术与经济相结合的原则

技术和经济是一种辩证的关系，它们之间既相互统一又相互矛盾。从技术发展的各个阶段看，许多先进的技术往往同时带来很好的经济效果，在生产实践中得到了广泛的采用与推广，推动了国民经济的发展。同时，经济的发展也能促进新技术的应用，经济发展的需要成为技术进步的动力，但有时受到外界因素的干扰，技术的先进性和经济的合理性之间存在着一定的矛盾。例如，有不少技术反映了技术的先进水平，其经济效果不如其他的技术,那么这种技术就不能在生产实践中广泛使用。因此,在进行工程经济分析时,既要分析技术上的先进性,又要分析经济上的合理性,力求做到两者的统一。

(二)宏观经济效益与微观经济效益相结合原则

宏观经济效益是指国民经济效益或社会经济效益,微观经济效益是指一个企业或项目的具体经济效益,两者实质上是整体利益和局部利益的关系。一般来说,宏观效益和微观效益是一致的,但有时也会出现矛盾。从一个企业、一个部门来看是有利的,但从整个国民经济的角度考察是不利的,或者从整个社会来看有利,而对一个企业或一个部门的利益不大。此时就需要局部利益服从整体利益,从整个国民经济的利益出发,选择宏观经济效益好的方案。

(三)可持续发展原则

我国实行社会主义市场经济,生产的目的是满足人们日益增长的物质文化生活需要,近期的经济效益和长远的经济效益从根本上说是一致的。但有时两者之间也会出现矛盾,这时进行经济评价不仅要考虑近期效益,还要分析和考察长远效益。

(四)直接经济效益和间接经济效益相结合原则

经济评价除考虑项目自身的经济效益外,还要考虑本项目给其他相关项目和部门的发展创造的有利条件及其经济效益。间接效益在经济评价中有时是很重要的,尤其是当间接效益比较高或直接效益虽然好,但妨碍了其他相关部门的发展及效益的提高时,更需要考虑间接效益,以得到全面、正确的评价结论。

(五)定性分析与定量分析相结合的原则(以定量分析为主)

工程项目的经济分析,是通过效益费用的分析给出明确的数量概念,进行事实判断而不是笼统地定性描述。凡可量化的经济要素都应做出量的表述,这就是说,一切技术方案都应尽可能通过计算定量指标将隐含的经济价值揭示出来。

(六)静态分析与动态分析相结合原则(以动态分析为主)

在方案评价时,要考虑投入产出的时间价值,进行动态的价值判断,即将项目建设和生产不同时间段上资金的流入、流出折算成同一时间点的价值,变成可加性函数,从而为不同项目或方案的比较提供同等的基础。

(七)可比性原则

工程经济学研究的主要任务是对各种工程技术方案进行经济比较,从中选择经济效果最好的方案。在进行方案评价、比较时,必须使各方案具备可比性条件,遵循可比性原则。根据工程经济比较原理,对两个以上的技术方案进行经济效果比较时,必须同时具备以下四个可比条件:满足需要可比、消耗费用上可比、价格可比和时间因素可比。

1. 满足需要可比原则

满足需要可比原则是指相比较的各个技术方案满足同样的社会实践需要。从工程经济的观点来看,一个方案要与另一个方案相比较,必须以满足相同需要为条件,否则就无法进行比较。一切技术方案,总是以其一定的品种、一定的质量和一定的数量来满足社会需要。所以,不同技术方案在满足需要上的可比,就是在产量、质量和品种方面使之可比。

2. 消耗费用可比原则

对技术方案的比较,从根本上说是比较方案的经济效益,所以各方案相比较,不仅要求在满足需要上是可比的,而且要求在消耗费用上也是可比的。消耗费用可比原则是指在计算和比较费用指标时,不仅要计算和比较方案本身的各种费用,还应考虑相关费用,并且采用统一的计算原则和方法来计算各种费用。

相关费用是指实现本方案而引起生产上相关的环节(或部门)所增加(或节约)的费用。为了使技术方案具有消耗费用方面的可比性,必须从整个社会和整个国民经济的观点、社会的总消耗、系统的观点出发进行综合考虑。采用统一的原则是指计算技术方案的消耗费用时,各方案的费用构成项目和计算范围必须一致。

3. 价格可比原则

对各个技术方案进行经济效益比较时,无论是投入,还是产出和收益,都要借助于价格来计算,所以价格必须是可比的。价格可比原则是指在对技术方案进行经济计算时,必须采用合理的一致的价格。

“合理的价格”是指价格必须正确反映产品价值,各种产品之间的比价合理。由于我国目前价格体系不够完善,因此许多产品的价格与价值相背离的现象很严重,如果采用这种价格进行经济分析,常给经济评价带来假象,以致得出错误结论。其解决方法是采用影子价格代替现行市场价格,或是采取计算相关费用的办法代替实际价格。

影子价格就是指基金管理人于每一计价日,采用市场利率和交易价格,对基金持有的计价对象进行重新评估。当基金资产净值与影子价格的偏离达到或超过基金资产净值的0.5%时,或基金管理人认为发生了其他的重大偏离时,基金管理人可以在与基金托管人商定后进行调整,使基金资产净值更能公允地反映基金资产价值,确保以摊余成本法计算的基金资产净值不会对基金持有人造成实质性的损害。

4. 时间因素可比原则

时间因素可比原则主要考虑两方面的问题:一是经济寿命不同的技术方案进行比较时,应采用相同的计算期作为基础;二是技术方案在不同时期内发生的效益与费用,不能直接相加,必须考虑时间因素。

对经济寿命不同的技术方案做经济效益比较时,必须采用相同的计算期作为比较的基础。关于采用相同计算期的问题,有下述三种情况:当相比较的各技术方案的经济寿命周期有倍数关系时,应采用它们的最小公倍数作为各技术方案的共同计算期;当相比较的各技术方案的经济寿命周期没有倍数关系时,一般可采用20年为统一的计算期;如果相比较的各技术方案由于投入期、服务期和退役期不一致,而使它们的寿命周期有所不同,应采用约定的计算期作为共同基础,进行相应的计算和比较。

技术方案在不同时期内发生的效益和费用,不能直接简单地相加,必须考虑时间因素。资金与时间有着密切的关系。如果资金放着不用,造成资金积压,就不会产生利润,并且还要付出利息,因而就等于损失资金。所以在流动资金实行全额信贷、目的资产实行有偿使用的情况下,如果投资使用时间与数量不同,最后的投资总和就会有较大差别。

【思考与练习】

1. 如何正确理解工程与经济的关系？
2. 工程经济学的研究对象是“具体的工程项目”还是“一般工程项目分析方法”？
3. 工程经济学的研究内容是什么？请简要概括。
4. 工程经济学的研究方法及其基本原则有哪些？

第二篇　基　础　篇

第二章　资金时间价值

【内容提要】

(1)现金流量;
(2)资金时间价值计算;
(3)名义利率和有效利率;
(4)资金的等值计算。

【核心概念】

现值、终值、年金、名义利率、有效利率

【引导案例】

大牌体育明星的签约都非常夸张,然而,有时候数字会产生误导。例如,美国职业橄榄球大联盟(NFL)印第安纳小马队18号——佩顿曼宁,1976年3月24日出生,1.96米,104千克,1998年通过选秀第一位加入小马队。7年职业生涯中,5次入选全明星阵容,2003赛季和2004赛季连续获得联盟最有价值球员(MVP)称号。2004赛季常规赛,传出49次达阵,创造NFL记录。

小马队获得2005赛季和2006赛季骄人成绩,而佩顿曼宁更是一个值得大书特书的人物。2004年,他和小马队签订了9年价值9 200万美元的巨额合同,同时还一次性获得3 400多万美元的签字费,如此,他的平均年薪达到了1 400万美元,创纪录地成为历史上最富有的橄榄球运动员。在这一年他的收入仅次于泰格、伍兹、沙克·奥尼尔和勒布朗·詹姆斯,在所有体育明星中位居第四。

仔细看看,数字表明佩顿曼宁的待遇的确优厚,但是实际情况却与报出的数字相去甚远。虽然合约的价值被报道为1.26亿美元,但确切地讲,它要分为9年支付。它包括3 404万美元的签约奖金,以及9 150万美元的工资和未来的奖金。工资分年支付,2004年53.5万美元,2005年66.5万美元,2006年1 000万美元,2007年1 100万美元,2008年1 150万美元,2009年1 400万美元,2010年1 580万美元,2011年和2012年则都是1 400万美元。如果年利率为5%,他未来的收入相当于现在的多少美元?如果年利率为10%时,现在能收入多少美元?

第一节　现金流量与资金时间价值

一、现金流量的概念

现金流量是指企业在一定时期内资金流入或流出的数量，净现金流等于现金流入减去现金流出。对于企业来说，销售收入、资产回收、政府补贴、借款、资本金都是从企业外部流入企业内部的，称为企业的现金流入，而固定资产投资、经营成本、交税、贷款本息偿还都是从企业内部流向企业外部的，称为企业的现金流出。

现金流量图是项目系统在整个寿命周期内各时间点的现金流入和现金流出状况的一种图示。现金流量图可以反映现金流量的三要素：大小（资金数额）、方向（资金流入或流出）和作用点（资金流入或流出的时间点）。它是用纵向箭头表示现金流量，用横轴表示时间坐标的直角坐标图，如图 2-1 所示。

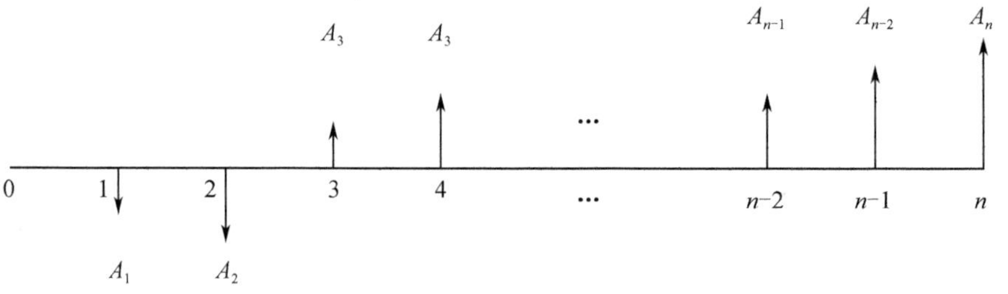

图 2-1　现金流量图

现金流量图的绘制规则：

（1）横轴表示时间轴，0 表示时间序列的起点；n 表示时间序列的终点；A 表示现金流量数值。轴上每一间隔表示一个时间单位（计息周期）。整个横轴表示系统的寿命周期。

（2）与横轴相连的垂直箭线表示不同时间点的现金流入或流出，一般箭头向下表示现金流出，箭头向上表示现金流入。

（3）垂直箭线的长度要能适当体现各时间点现金流量的大小，并在各箭线上方（或下方）注明其现金流量数值。

【例 2-1】　年底某企业经理收到财务总监给他提供的财务报表，发现当年企业税后利润有 850 万元，因此，要求人事部门根据工作绩效做一个方案，年终发放奖金 200 万元，但财务部门说银行账上无钱可发，经理非常诧异，为什么企业当年有净利润但却无钱用于员工奖金发放呢？财务总监给经理提供了相关信息，如表 2-1 所示。

表 2-1　某企业年度现金流

现金项目	金额
年初银行现金	200 万元
当年销售收入	2 000 万元

表 2-1(续)

现金项目	金额
当年购买原材料支出	1 200 万元(其中 600 万元用于当年销售的产品)
当年购买设备支出	500 万元(折旧期限 10 年)
工资、管理费等支出	400 万元
折旧费	50 万元
缴纳税金	100 万元
新增贷款	0

当年净现金流量:2 000-1 200-500-400-100=-200(万元),由于年初银行有存款 200 万元,所以当年账面现金为 0,无钱可用于奖金发放。

当年利润:2 000-600-400-50-100=850(万元)

因此,虽然当年有利润,但是没有现金用于奖金发放。

二、资金时间价值概念

资金的价值会随着时间的推移而变动,增值的这部分资金就是原有资金的时间价值,资金的价值是时间的函数。衡量资金价值有两个尺度:一是绝对尺度——利息;二是相对尺度——利率。

利息,是指在借贷过程中,债务人支付给债权人超过原借贷金额的部分。利息的本质是由贷款发生利润的一种再分配。常被看成是资金的机会成本,指占用资金所付的代价或者是放弃使用资金所得的补偿。

利率,是指单位时间内所得利息 I 与原借贷本金额 P 之比,用 i 表示,计算公式为

$$i=I/P$$

通常用百分数来表示,是衡量资金时间价值的相对尺度。

【例 2-2】 某公司现借得本金 1 000 万元,一年后付息 90 万元,则年利率为 90/1 000=9%。

决定利率的高低因素主要有:一是社会平均利润率,是利率的最高界限;二是借贷资本的供求情况;三是市场风险;四是通货膨胀;五是借出资本的期限长短。

从投资者的角度看,资金的时间价值表现为资金运动过程中价值的增值;从消费者的角度看,资金的时间价值表现为放弃现期消费的损失所得到的必要补偿。在工程经济分析中,利息常常被看成是资金的一种机会成本。这是因为,如果债权人放弃资金的使用权利,也就放弃了现期消费的权利,而牺牲现期消费又是为了能在将来得到更多的消费。因此,债务人就要为占用债权人的资金付出一定的代价。

影响资金时间价值的因素主要有四个:一是资金的使用时间;二是资金数量的多少;三是资金投入和回收的特点,一般来说,前期投入的资金越多,资金的负效益就越大;四是资金周转的速度,资金周转速度越快,产生的价值就越大。

第二节　资金时间价值等值换算

一、资金时间价值的度量

在实际生活与工作中，计算资金时间价值主要有单利和复利两种方法。

（一）单利法

单利法，以本金为基数计算利息，利息不再计息。单利计算公式为

$$F=P\times(1+i\times n)$$

式中，F 为本利和或终值；P 为现值；i 为利率；n 为年限。在以单利计息的情况下，总利息与本金、利率及计息周期数呈正比关系。

【例 2-3】 假设甲某以单利方式借入 10 000 元，年利率 9%，4 年末偿还，则各年利息和本利和如表 2-2 所示。

表 2-2　单利计算表

使用期/年	年初款额/元	年末利息/元	年末本利和/元	年末偿还/元
1	10 000	900	10 900	0
2	10 900	900	11 800	0
3	11 800	900	12 700	0
4	12 700	900	13 600	13 600

【例 2-4】 甲某拟从证券市场购买 1 年前发行的 3 年期年利率为 15%（单利）、到期一次还本付息、面额为 10 000 元的国库券，若甲某要求在余下的 2 年中获得 13%的年利率（单利），问此人应该以什么价格买入？

解：设该人以 P 元买入国库券，则

$$P\times(1+13\%\times2)=10\ 000\times(1+15\%\times3)$$

$$P=11\ 507.94(元)$$

结论：甲某以不高于 11 507.94 元的价格买入此国库券，能保证在余下的 2 年中获得 13%以上的年利率。

（二）复利法

复利法，以本金与累计利息之和为基数计算利息，即"利滚利"。复利计算公式为

$$F=P(1+i)^n$$

式中，F 为本利和或终值；P 为现值；i 为利率；n 为年限。

【例 2-5】 假设甲某以复利方式借入 10 000 元，年利率 9%，4 年末偿还，则各年利息和本利和如表 2-3 所示。

表 2-3 复利计算表

使用期/年	年初款额/元	年末利息/元	年末本利和/元	年末偿还/元
1	10 000	900	10 900	0
2	10 900	981	11 881	0
3	11 881	1 069. 29	12 950. 29	0
4	12 950. 29	1 165. 53	14 115. 82	14 115. 82

【例 2-6】 某人以复利方式借款 10 000 元,年利率为 10%,则 5 年后应还款多少元?

解:

$$F=P(1+i)^n=10\ 000\times(1+10\%)^5=161\ 051(\text{元})$$

结论:该人 5 年后应还款 161 051 元。

小结要点:(1)单利计息没有反映资金随时都在"增值"的概念,即没有完全反映资金的时间价值,使用较少,通常只适用于短期投资或短期贷款。(2)在工程经济分析中,一般采用复利计算。按期(年、半年、季、月、周、日)计算复利的方法称为间断复利(即普通复利);按瞬时计算复利的方法称为连续复利。一般采用间断复利。

二、资金等值计算

因为资金是有时间价值的,即不同时间点上数额相等的资金有不同的价值,那么不同时间点上的资金如何进行比较呢?这需要进行资金等值计算。

资金等值,在考虑资金时间价值因素后,不同时点上数额不等的资金在一定利率条件下具有相等的价值。影响资金等值的因素有资金额大小、资金发生的时间、利率。资金等值计算,是将一个时点发生的资金金额换算成另一时点的等值金额的过程。根据支付方式的不同,可以分为一次支付系列、等额支付系列和等比支付系列。

(一)一次支付现金流量的终值和现值计算

一次支付又称为整付,是指所分析系统的现金流量,无论是流入或是流出,均是一次性发生。

1. 一次支付终值

已知支出本金(现值)P,当利率(报酬率或收益率)为 i 时,在复利的计息条件下,求第 n 期期末取得的本利和,即未来值 F,其计算公式为

$$F=P(1+i)^n$$

式中,$(1+i)^n$ 称为一次支付终值系数,这个系数也可以用符号$(F/P,i,n)$表示,因此,一次支付终值了可以写成

$$F=P(F/P,i,n)$$

其现金流量图如图 2-2 所示。

【例 2-7】 某企业从银行贷款,年利率为 6%,第 1 年贷款 1 000 万元,第 2 年贷款 2 000 万元,问第 5 年年末本利和是多少?

解:根据题意画出现金流量图,如图 2-3 所示。

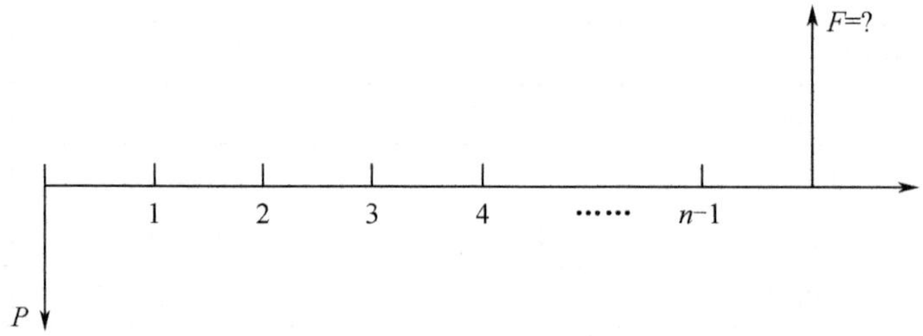

图 2-2　一次支付终值现金流量图

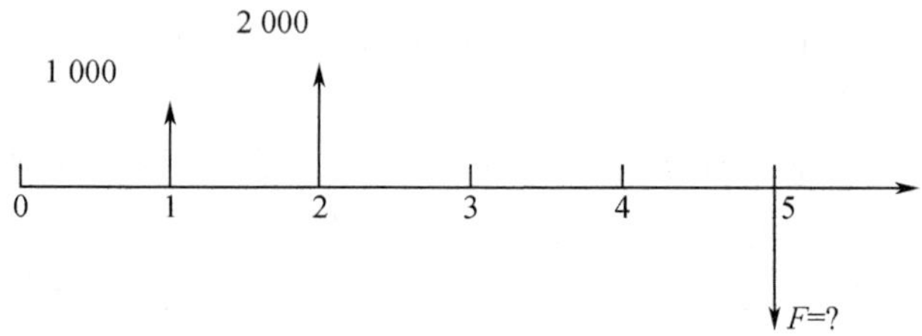

图 2-3　一次支付终值例图

根据一次支付终值公式可得

$$F = 1\ 000 \times (1 + 6\%)^4 + 2\ 000 \times (1 + 6\%)^3 = 3\ 644.5(\text{万元})$$

结论:第 5 年年末本利和是 3 644.5 万元。

2. 一次支付现值

这是已知终值 F 求现值 P 的等值公式。它的经济含义是,如果想在未来的第 n 期期末一次收入 F 数额的现金流量,在利率为 i 的复利计息条件下,求现在应一次投入本金 P 的值。其计算公式如下:

$$P = F \times \frac{1}{(1+i)^n} = F \times (1+i)^{-n}$$

式中,$(1+i)^{-n}$ 称为一次支付现值系数,这个系数也可以用符号 $(P/F,i,n)$ 来表示。其现金流量图如图 2-4 所示。

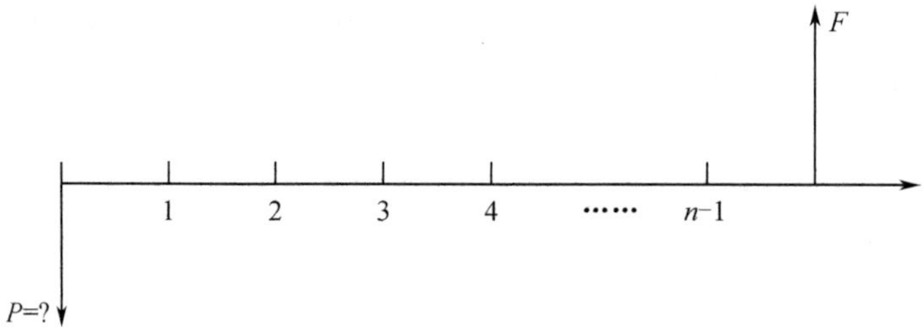

图 2-4　一次支付现值现金流量图

【例 2-8】 某企业投资项目预计 5 年后可获得收益 1 000 万元,按投资报酬率 10%计算,则现在应投资多少?

解: 根据题意画出现金流量图,如图 2-5 所示。

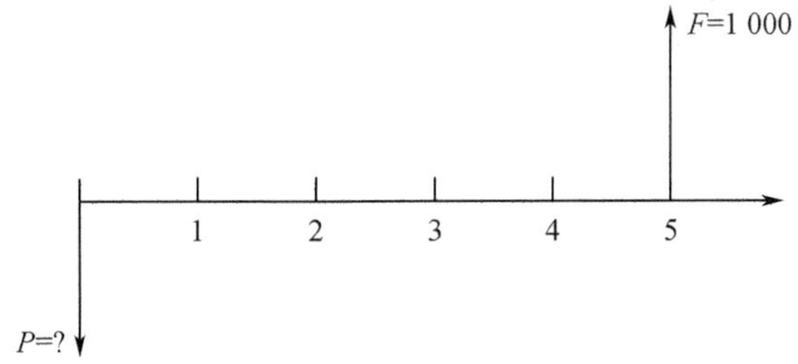

图 2-5　一次支付现值例图

根据复利现值公式得

$$\begin{aligned} P &= F(1+i)^{-n} = F(P/F,i,n) \\ &= 1\ 000 \times (1+10\%)^{-5} \\ &= 1\ 000 \times (P/F,10\%,5) = 620.9(\text{万元}) \end{aligned}$$

结论：某企业现在应投资 620.9 万元。

小结：(1)现值系数与终值系数互为倒数。(2)在工程经济分析中，现值比终值使用更为广泛。(3)在工程经济评价中，需要正确选取折现率，并注意现金流量的分布情况。在不影响技术方案正常实施的前提下，尽量减少建设初期投资额，加大建设后期投资比重。

(二)等额支付系列现金流量的终值、现值计算

1. 年金终值的计算

对连续若干期期末等额支付的现金流量 A，按利率 i 复利计息，求其第 n 期期末的未来值 F，即本利和。也就是，已知 A、i、n，求 F。分析时，可把等额序列视为 n 个一次支付的组合，利用一次支付终值公式推导出等额分付终值公式，即

$$F = A + A(1+i) + A(1+i)^2 + \cdots + A(1+i)^{n-1}$$

利用等比数列求和公式，得

$$F = A \times \frac{(1+i)^n - 1}{i}$$

式中，$\frac{(1+i)^n - 1}{i}$ 称为年金终值系数，记作 $(F/A,i,n)$。其现金流量图如图 2-6 所示。

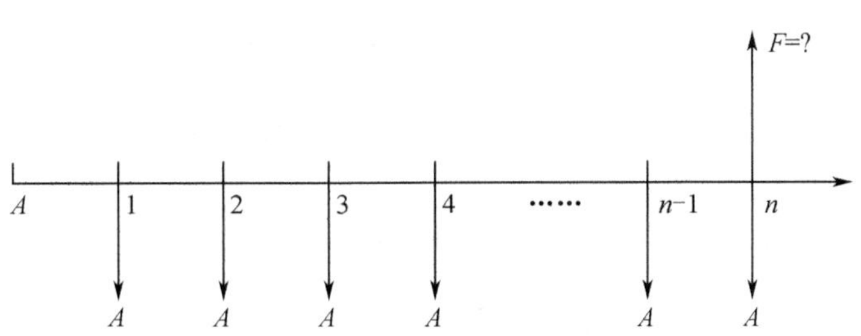

图 2-6　等额支付终值现金流量图

【例 2-9】　甲某在 5 年内每年年末在银行存款 100 万元，按存款利率为 10%计算，则甲某 5 年后应从银行取出本利和为多少？

解:根据题意画出现金流量图,如图 2-7 所示。

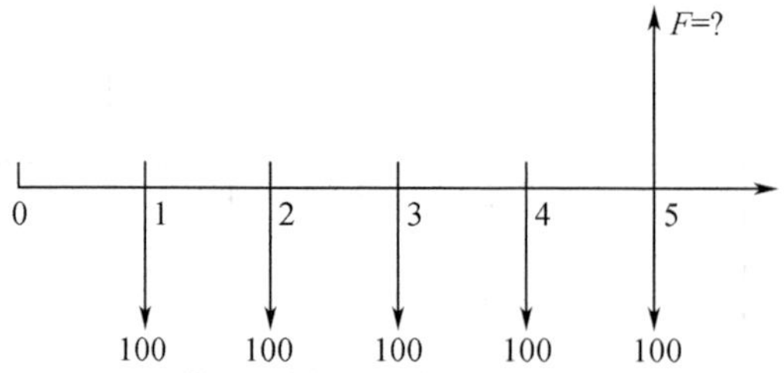

图 2-7　等额支付终值例图

$$F = 100 \times \frac{(1+10\%)^5 - 1}{10\%} = 100 \times (F/A, 10\%, 5)$$
$$= 100 \times 6.1051$$
$$= 610.51(万元)$$

结论:甲某 5 年后应从银行取出本利和 610.51 万元。

2. 年金现值计算

在利率为 i、复利计息的条件下,求第 n 期内每期期末发生的等额分付值 A 的现值 P,即已知 A、i、n,求 P,其公式如下:

$$P = \frac{A}{1+i} + \frac{A}{(1+i)^2} + \frac{A}{(1+i)^3} + \cdots + \frac{A}{(1+i)^n}$$
$$P = A\frac{(1+i)^n - 1}{i(1+i)^n}$$
$$P = A(P/A, i, n)$$

式中,$[(1+i)^n-1]/[i(1+i)^n]$称为年金现值系数,亦可用符号$(P/A,i,n)$表示,其系数值可从复利系数表中查得。其现金流量图如图 2-8 所示。

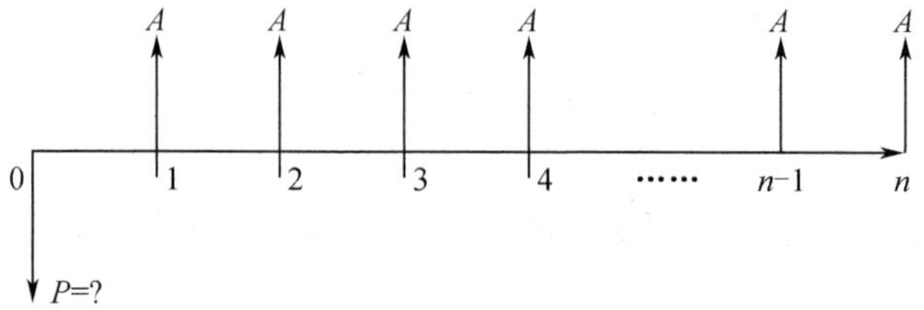

图 2-8　等额年金现值现金流量图

【例 2-10】　甲某为了在未来的 10 年中,每年年末取回 5 万元,已知年利率为 8%,现需向银行存入多少钱?

解:根据题意画出现金流量图,如图 2-9 所示。

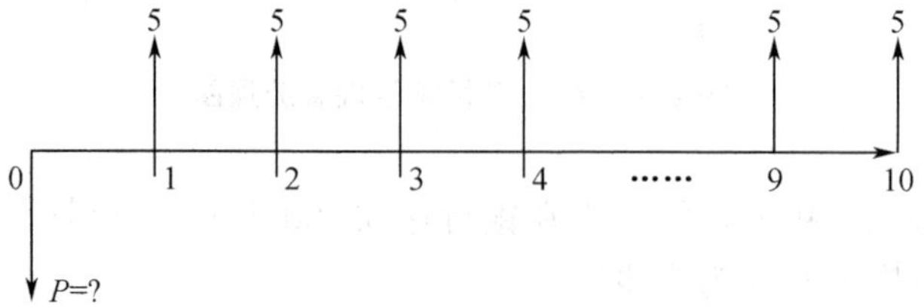

图 2-9　等额年金现值例图

$$P=5\times(P/A,8\%,10)=33.55(万元)$$

结论：甲某现需向银行存入33.55万元。

（三）等额支付偿还基金与资本回收

1. 等额分付偿债基金

等额分付偿债基金公式也叫等额支付序列投入基金（或基金存储）公式。这个公式的经济含义为，在利率为i、复利计息的条件下，如果要在n期期末能一次收入F数额的现金流量，那么在这n期内连续每期期末等额偿债基金值A应是多少？其公式如下：

$$A=F\frac{i}{(1+i)^n-1}$$

式中，$i/[(1+i)^n-1]$称为等额分付偿债基金系数，亦可用符号$(A/F,i,n)$表示，其系数值可从复利系数表中查得。其现金流量图如图2-10所示。

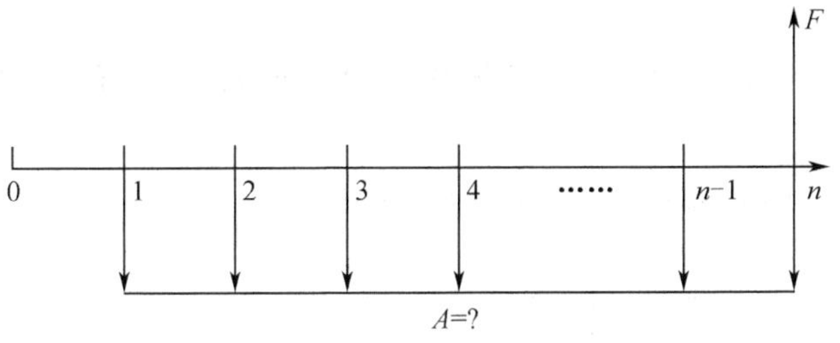

图2-10　等额支付偿还基金现金流量图

【例2-11】　甲某想在10年后得到一笔4 000元的资金，在年利率为5%的条件下，甲某需每年均匀地存入银行多少现金？

解：根据题意画出现金流量图，如图2-11所示。

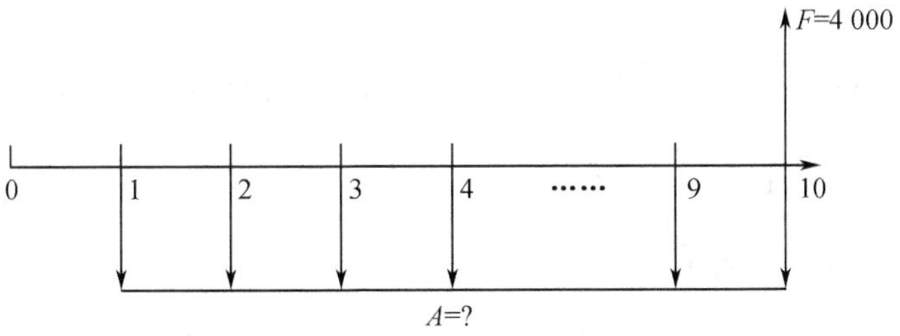

图2-11　等额支付偿还基金例图

$$A=F\frac{i}{(1+i)^n-1}=4\ 000\times\frac{5\%}{(1+5\%)^{10}-1}$$
$$=4\ 000\times0.079\ 5$$
$$=318.02(元)$$

结论：甲某每年应存入银行318.02元。

2. 等额分付资本回收

这个公式的经济含义为，已知现金流量现值P，在报酬率为i并复利计息的条件下，在n

期内与其等值的连续的等额分付资金回收值 A 应该是多少？其公式如下：

$$A = P\frac{i(1+i)^n}{(1+i)^n-1}$$

式中，$i(1+i)^n/[(1+i)^n-1]$称为等额分付资本回收系数，亦可用符号$(A/P,i,n)$表示，其系数值可从复利系数表中查得。其现金流量图如图 2-12 所示。

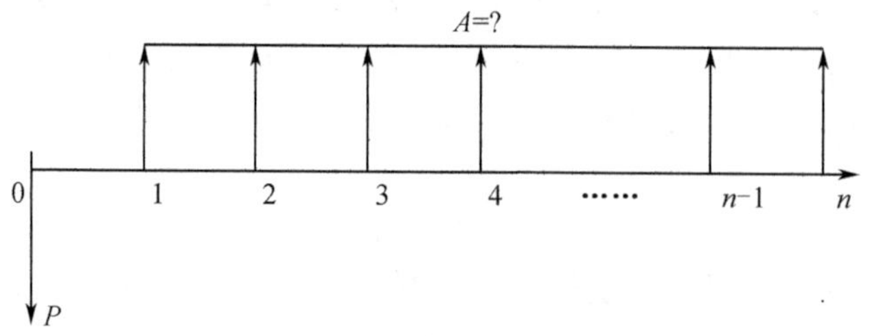

图 2-12　等额回收现金流量图

【例 2-12】　某企业现借 100 万元的借款，在 10 年以内以年利率 12%等额偿还，则每年应付金额是多少？

解：根据题意画出现金流量图，如图 2-13 所示。

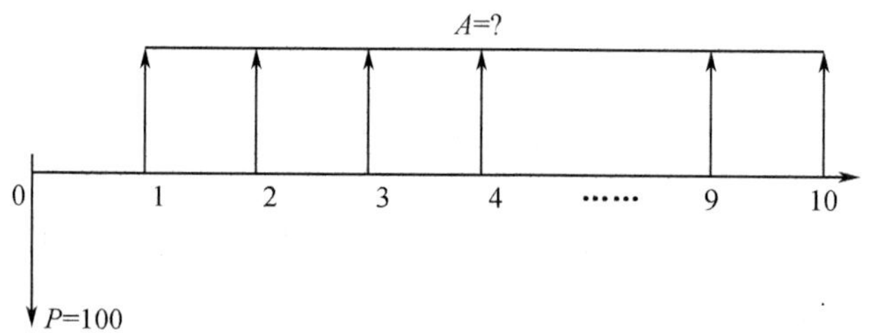

图 2-13　等额回收例图

$$A = 100 \times \frac{12\%}{1-(1+12\%)^{-10}} = 1\,000 \times 0.177\,0 = 17.7(\text{万元})$$

结论：每年应付金额是 17.7 万元。

（四）等比序列现金流量

若在今后 n 期内，希望第一期期末获得收益 A，以后收益逐期增长率为 s，要求收益率为 i，则现金流量序列形成一个等比序列。

$$P = \frac{A}{(1+i)} + \frac{A(1+s)}{(1+i)^2} + \frac{A(1+s)^2}{(1+i)^3} + \cdots + \frac{A(1+s)^{n-2}}{(1+i)^{n-1}} + \frac{A(1+s)^{n-1}}{(1+i)^n}$$

$$= \frac{A}{(1+i)}\left[1 + \frac{(1+s)}{(1+i)} + \frac{(1+s)^2}{(1+i)^2} + \cdots + \frac{(1+s)^{n-2}}{(1+i)^{n-2}} + \frac{(1+s)^{n-1}}{(1+i)^{n-1}}\right]$$

根据等比数列前 n 项和公式，经整理后，得

$$\begin{cases} P = \dfrac{A}{i-s}\left[1-\left(\dfrac{1+s}{1+i}\right)^n\right], & i \neq s \\ P = \dfrac{nA}{1+i} & \text{当 } i = s \end{cases}$$

当 n 趋于无穷时,如 $i>s$, $\left(\dfrac{1+s}{1+i}\right)^n$ 趋于 0,则

$$P = \frac{A}{i-s}$$

同理可求得 F 和 A,

$$\begin{aligned} F &= A(1+i)^n + A(1+s)(1+i)^{n-1} + A(1+s)^2(1+i)^{n-2} + \cdots + \\ &\quad A(1+s)^{n-2}(1+i)^2 + A(1+s)^{n-1}(1+i) \\ &= A(1+i)[(1+i)^{n-1} + (1+s)(1+i)^{n-2} + (1+s)^2(1+i)^{n-3} + \cdots + \\ &\quad (1+s)^{n-2}(1+i) + (1+s)^{n-1}] \end{aligned}$$

$$\begin{cases} F = \dfrac{A}{i-s}[(1+i)^n - (1+s)^n], & i \neq s \\ F = nA(1+i)^{n-1}, & i = s \end{cases}$$

【例 2-13】 某设备投产后,第一年维修费用为 2 万元,以后每年递增 10%,若年利率为 5%,试求 5 年后该设备的维修费总额。

解:根据等比序列现值公式得

$$\begin{aligned} F &= \frac{A}{i-s}[(1+i)^n - (1+s)^n] \\ &= \frac{2}{5\% - 10\%}[(1+5\%)^5 - (1+10\%)^5] \\ &= 10.74(\text{万元}) \end{aligned}$$

第三节　名义利率和有效利率

在复利计算中,利率周期通常以年为单位,它可以与计息周期相同,也可以不同。当利率周期与计息周期不一致时,就出现了名义利率和有效利率的概念。

一、名义利率

名义利率 r,是指计息周期利率 i 乘以一个利率周期内的计息周期数 m 所得的利率周期利率,即 $r = i \times m$ 。

二、有效利率

有效利率是指资金在计息中所发生的实际利率,年有效利率的计算公式如下:

$$i_{\text{eff}} = \frac{I}{P} = \left(1 + \frac{r}{m}\right)^m - 1$$

式中, i_{eff} 为年有效利率。

【例 2-14】 现设年名义利率 $r=10\%$，则年、半年、季、月、日的年有效利率如表 2-4 所示。

表 2-4　年有效利率计算表

年名义利率 r /%	计息期	年计息次数 m	计息周期利率 i /%	年有效利率 i_{eff}/%
10	年	1	10	10
	半年	2	5	10. 25
	季	4	2. 5	10. 38
	月	12	0. 833	10. 46
	日	365	0. 027 4	10. 51

注：$i=r/m$。

从表 2-4 的计算结果可以发现，每年计息周期越多，年有效利率和名义利率相差就越大。在工程经济分析中，如果各技术方案的计息期不同，就不能使用名义利率来评价，而必须换算成有效利率进行评价，否则会得出不正确的结论。

【例 2-15】 某项目从银行贷款：甲银行年利率为 12. 5%，按年计息；乙银行年利率为 12%，按月计息，则应该从哪家银行贷款？

解：由 $r_{乙}=12\%$，$m=12$，得 $i_{乙}=(1+12\%/12)^{12}-1=12.68\%>i_{甲}=12.5\%$

结论：应向甲银行贷款。

【思考与练习】

1. 什么是现金流量？它包括哪些内容？

2. 什么是现金流量图？绘制现金流量图应注意哪些问题？

3. 什么是现金流量表？它与现金流量图有什么区别？

4. 什么是资金时间价值？资金时间价值的衡量尺度有哪些？具体说明这些衡量尺度是如何影响资金时间价值的。

5. 什么是资金等值？影响资金等值的因素有哪些？

第三章　经济性评价基本要素

【内容提要】

(1)经济效果的概念及三种表达方法;

(2)投资与折旧;

(3)成本;

(4)税收与税金;

(5)销售收入;

(6)利润。

【核心概念】

投资、成本、营业收入、非营业收入

【引导案例】

三峡工程是迄今为止世界上规模最大的水电站,也是中国有史以来建设的最大型的工程项目。三峡工程是国之重器,带来了多重经济效果:(1)防洪。三峡水库能控制荆江河段洪水来量的95%以上、武汉以上洪水来量的2/3左右。将下游的荆江大堤在不动用分洪区的情况下,抵御洪水的能力从十年一遇提高到百年一遇。直接保护了长江中下游150万公顷的耕地、1 500万人口以及数十座沿江重要城市的安全。(2)发电。三峡电站年设计发电量882亿千瓦时/年,丰水期通过科学合理调度可达到1 000亿千瓦时/年。(3)减少环境污染。通过水力发电,每年可替代煤炭消耗2 800万吨标准煤,减排二氧化碳7 300万吨,减排二氧化硫77万吨,减排氮氧化物22万吨,大大减少了火电不可避免的大量废水、废渣、浮尘等污染。(4)减贫。三峡工程建设前,三峡库区涉及的重庆市和湖北省的20个县市,是全国18个集中连片贫困地区之一。三峡库区地形陡峭,吸引外来资金乏力,三峡工程的建设对于这一地区来讲是非常重要的发展机遇。

第一节　经济效果

一、经济效果的概念

(一)经济效果的内涵

经济效果是指成果与消耗之比,或产出的成果与投入的资源总量之比,即经济效果=成果/消耗,或者经济效果=产出/投入。

（二）经济效果与经济效益的区别

经济效益，是指有效成果与消耗之比，或符合社会需求的有效产出与投入之比，即经济效益＝有效成果/消耗，或者经济效益＝有效产出/投入。

二、经济效果的三种表示方法

（一）差额表示法

经济效果＝成果－消耗，例如，利润、利税额、净现值等指标。

（二）比值表示法

经济效果＝成果/消耗，例如，劳动生产率等指标。

（三）差额比值表示法

经济效果＝（成果－消耗）/消耗，如投资利润率、成本利润率等指标。

三、经济效果的分类

（一）企业经济效果和国民经济效果

这是根据受益分析对象不同所做的分类。人们站在企业立场上，从企业的利益出发，分析得出的技术方案为企业带来的效果称为企业经济效果。而技术方案对整个国民经济乃至整个社会产生的效果为国民经济效果。

由于分析的角度不同，对同一技术方案的企业经济效果评价结果与国民经济效果评价结果可能会不一致，这就要求不仅要做企业经济效果评价，还要分析国民经济效果。对技术方案的取舍主要取决于国民经济评价的结果。

（二）直接经济效果和间接经济效果

一个技术方案的采用，除了给实施企业带来直接经济效果外，还会对社会其他部门产生间接经济效果。如一个水电站建设，不仅给建设单位带来发电收益、旅游收益，而且给下游带来防洪收益。一般来说，直接经济效果容易看得见，不易被忽略。但从全社会角度，则更应强调后者。

（三）有形经济效果和无形经济效果

有形经济效果是指能用货币计量的经济效果，例如利润；无形经济效果是指难以用货币计量的经济效果，例如采用技术方案后在改善环境污染、保护生态平衡、提高劳动力素质、填补国内空白等方面产生的效益。在技术方案评价中，不仅要重视有形经济效果的评价，还要重视无形经济效果的评价。

第二节　投资与折旧

一、投资的内涵

可以从两个角度来理解投资:从活动视角,投资是为了将来获得收益或避免风险而进行的资金投放活动;从资金视角,投资是为了将来获得收益或避免风险而投入的资本。主要由固定资产投资、流动资产投资和无形资产投资三部分构成。

固定资产投资,是指投资使用期限在一年以上,单位价值在一定额度以上,在使用过程中保持原来形态的资产,如机器、厂房、设备生产线等。流动资产投资,是指投入的资金用于企业的流动资产购置,可以在一年或者超过一年的一个营业周期内变现或者运用的资产,如应收票据、应收账款、存货、短期投资等。无形资产投资,是指企业拥有或控制的、没有实物形态的非货币性资产,如非专利技术、著作权、土地使用权、商标权等。建设项目的总投资组成如表 3-1 所示。

表 3-1　企业总投资组成

<table>
<tr><td rowspan="8">企业总投资</td><td rowspan="6">固定资产投资工程造价</td><td rowspan="5">建设投资</td><td rowspan="2">工程费用</td><td>设备及工器具购置费</td><td rowspan="4">静态投资</td></tr>
<tr><td>建筑安装工程费</td></tr>
<tr><td>工程建设其他费用</td><td>包括建设单位管理费、用地与工程准备费、市政公用配套设施费、技术服务费、建设期计列的生产经营费、工程保险费、税费等</td></tr>
<tr><td rowspan="2">预备费</td><td>基本预备费</td></tr>
<tr><td>价差预备费</td><td rowspan="2">动态投资</td></tr>
<tr><td colspan="3">建设期利息</td></tr>
<tr><td colspan="5">流动资产投资,如存货、应收票据、应收账款、预付款、现金、短期投资等</td></tr>
<tr><td colspan="5">无形资产投资,如专利权、商标权、非专利技术、著作权、土地使用权等</td></tr>
</table>

二、固定资产折旧

(一)固定资产折旧的内涵

固定资产折旧,是指一定时期内为弥补固定资产损耗按照规定的固定资产折旧率提取的补偿额,反映了固定资产在当期生产中的转移价值。不计提折旧或不正确的计提折旧,将对企业计算产品成本或营业成本、计算损益产生错误影响。

(二)固定资产折旧的方法

1. 平均年限法

平均年限法是指在折旧年限里,按期平均分摊资产价值的一种计算方法,计算公式如下：

$$D = \frac{P - S}{N_D} \tag{3-1}$$

式中 D——年折旧额；

P—— 资产的原值；

S——折旧期末资产净残值；

N_D—— 资产的折旧期，单位一般为年。

【例题 3-1】 某设备的资产原值为 20 000 元，估计报废时的残值为 1 000 元，清理费用为 0 元，折旧年限为 10 年。计算其年折旧额、折旧率。

解：年折旧额 D 为

$$D = \frac{P - S}{N_D} = \frac{20\ 000 - 1\ 000}{10} = 1\ 900(\text{元})$$

如果以资产原值为基础，年折旧率 d 为

$$d = \frac{D}{P} \times 100\% = \frac{1\ 900}{20\ 000} \times 100\% = 9.5\%$$

2. 平均工作量法

平均工作量法是根据每年固定资产工作量来确定该年的折旧数额。

对于客货运汽车，可先计算单位里程折旧费，再计算年折旧费。

单位里程折旧费=[原值×(1-预计净残值率)]/规定的总行驶里程

年折旧费=单位里程折旧费×年实际行驶里程

对于大型专用设备，可先计算每工作小时折旧费，再计算年折旧额。

每工作小时折旧费=[原值×(1-预计净残值率)]/规定的总工作小时

年折旧费=每工作小时折旧费×年实际工作小时

【例题 3-2】 某型号卡车原值 15.5 万元，残值为 0.5 万元，规定的总行驶里程数为 30 万千米，现已经行驶了 10 万千米，则已经发生的折旧额是多少？

解：

单位里程折旧费=(原值-预计净残值)/规定的总行驶里程

=(15.5-0.5)/30=0.5(万元/万千米)

已发生的折旧额=0.5×10=5(万元)

3. 双倍余额递减法

折旧率按直线折旧法折旧率的两倍计算，在折旧年限到期前两年内，将固定资产净值扣除预计净残值后的净额平均摊销。这是一种典型的加速折旧法。计算公式如下：

$$d = \frac{2}{N_D} \times 100\% \tag{3-2}$$

式中 d—— 折旧率；

N_D——资产的折旧期，单位一般为年。

【例题 3-3】 某设备的资产原值为 20 000 元，估计报废时的残值为 2 000 元，清理费用为 0 元，折旧年限为 10 年。试按双倍余额递减法，计算该设备的年折旧率、折旧额。

解：该设备的折旧率为

$$d = \frac{2}{N_D} \times 100\% = \frac{2}{10} \times 100\% = 20\%$$

年折旧额见表 3-2。

表 3-2 按设备双倍余额递减法计算每年的折旧额

年度	年折旧额 D/元	年末净值 E_n/元
0		2 000
1	4 000	16 000
2	3 200	12 800
3	2 560	10 240
4	2 048	8 192
5	1 638.4	6 553.6
6	1 310.72	5 242.88
7	1 048.576	4 194.304
8	838.860 8	3 355.443 2
9	677.721 6	2 677.721 6
10	677.721 6	20 000

注：$D=20\%E_n$，$n=0,1,2,\cdots,9$。

4. 年数总和法

年数总和法是指折旧期内，前期较多而后期较少地递减提取折旧费，从而使设备资产磨损得到加速补偿的计提折旧费的方法。这也是一种典型的加速折旧法。计算公式如下：

第 m 年的折旧率 d_m 为

$$d_m = \frac{2(N_D - m + 1)}{N_D(N_D + 1)} \times 100\%$$

则第 m 年的折旧额 D_m 为

$$D_m = d_m(P - S)$$

式中 d_m ——第 m 年的折旧率；

D_m ——第 m 年的折旧额；

P ——资产的原值；

S ——折旧期末资产净残值；

N_D——资产的折旧期，单位一般为年。

【例题 3-4】 某设备的资产原值为 20 000 元，估计报废时的残值为 2 000 元，清理费用为 0 元，折旧年限为 10 年。试按年数总和法，计算该设备的年折旧率、折旧额。

解：该设备的年折旧率与折旧额见表 3-3。

表 3-3　按年数总和法计算每年的折旧额

年度	折旧率 d_m	折旧额 D_m	年末净值 E_n
0			20 000
1	10/55	3 272.73	16 727.27
2	9/55	2 945.45	13 781.82
3	8/55	2 618.18	11 163.64
4	7/55	2 290.91	8 872.73
5	6/55	1 963.64	6 909.09
6	5/55	1 636.36	5 272.73
7	4/55	1 309.09	3 963.64
8	3/55	981.82	2 981.82
9	2/55	654.55	2 327.27
10	1/55	327.27	2 000

注：$D_m=(P-S)d_m$，$n=0,1,2,\cdots,10$。

第三节　成　本

一、会计成本

会计成本是指会计记录在公司账册上的实际支出，如原料、工资、广告、利息等支出，按照《会计准则》可分为生产成本和期间费用。

（一）生产成本

生产成本主要包括直接成本与间接成本。直接成本主要包括材料费、人工费及其他直接成本。其中，材料费主要指原材料、燃料、动力费等，人工费主要指工人工资等。间接成本主要指企业生产部门组织和管理生产所发生的管理人员工资、折旧费、摊销费。

（二）期间费用

期间费用主要包括管理费用、财务费用、销售费用。其中，管理费用主要指企业总部管理人员工资、办公费、差旅费等；财务费用主要指利息、银行手续费等；销售费用主要指销售人员工资、广告费、公关费等。

二、固定成本与变动成本

（一）固定成本

固定成本是指在一定范围内不随产量变动而变动的费用。其特点是在一定时期和一定业务量范围内，不随产量的增加而变动。同时，单位产品成本的固定成本与产量的增减成反比,产量增加时,单位产品的固定成本减少。

(二)变动成本

变动成本是指随着产量而变动的费用,如直接原材料、人工费等。其特点表现为单位产品变动成本是固定不变的,总额随着产量的增加而增加。

三、边际成本

边际成本是企业每增加一个单位产品产量所产生的成本增加量,其本质是可变成本。例如,当产量为 1 600 吨时,总成本为 500 000 元;当产量为 1 601 吨时,总成本为 500 420 元,则多生产 1 吨的边际成本等于 420 元。

【例题 3-5】 某宾馆有 100 个客房,目前的客房入住率只有 40%。每间客房成本价 150 元,其中:每天的固定成本为 130 元,可变成本为 20 元,正常房价为每天 200 元/间。现在甲单位要租用该宾馆 50 个房间举办为期 10 天的学习班,但每天只能承受 100 元/间的价格。那么该宾馆要不要承拉这个业务?

解:根据边际贡献=边际收益-边际成本得

每个房间的边际贡献=边际收益(房间价格)-边际成本(房间可变成本)

=100-20=80(元)

每天可补偿固定成本=50×80=4 000(元)

10 天可补偿固定成本=4 000×10=40 000(元)

结论:如果不接这笔业务,4 万元的固定成本也是在发生的,所以应该接这笔业务。

四、机会成本

机会成本是指某一项稀缺性资源用于某用途,而放弃其他用途的最大收益。机会成本是投资决策的重要影响因素。

【例题 3-6】 某企业现拥有自有资金 1 000 万元,投资 A 项目的年净收益为 65 万元,投资 B 项目的年净收益为 50 万元,把资金放到银行的年理财收益为 55 万元,如果把资金投向 A 项目的机会成本是多少?投向 B 项目的机会成本是多少?投向 C 项目的机会成本是多少?

解:资金投向 A 项目的机会成本是 55 万元,资金投向 B 项目的机会成本是 65 万元,资金投向 C 项目的机会成本是 65 万元。

五、经济成本

经济成本由显性成本与隐性成本两部分组成。显性成本是指看得见的实际成本,如企业购买原材料、设备、劳动力、支付借款利息。隐性成本是指企业自有的资源,是实际上已经投入但在形式上没有支付报酬的那部分成本。

六、沉没成本

沉没成本是指过去已经支出而现在无法得到实偿的成本,不影响企业经营决策。

【例题 3-7】 某安装公司打算承揽一项 100 000 元的安装空调管道的合同,需用 1 吨铁皮。公司库存 1 吨铁皮,原价为 40 000 元/吨,但现价只有 25 000 元/吨。铁皮的行情在一定时期内不会有大的上涨，继续存放不会有什么好处。经估算，除铁皮外，完成该合同的施工与其他经营还需要支出（费用、税金等）60 000 元。那么该公司是否应当签这个合同？

解：由于铁皮的现价是 25 000 元/吨，再加上其他经营支出 60 000 元，成本共 85 000 元，而合同价为 100 000 元，大于成本，应当签这个合同。

第四节　营业收入与非营业收入

一、营业收入

营业收入（operating revenue）是从事主营业务或其他业务所取得的收入，指在一定时期内，商业企业销售商品或提供劳务所获得的货币收入，分为主营业务收入和其他业务收入。

（一）主营业务收入

主营业务收入是指企业经常性的、主要业务所产生的收入。如制造业的销售产品、半成品和提供工业性劳务作业的收入；商品流通企业的销售商品收入；旅游服务业的门票收入、客户收入、餐饮收入等。主营业务收入在企业收入中所占的比重较大，它对企业的经济效益有着举足轻重的影响。

（二）其他业务收入

其他业务收入是指除上述各项主营业务收入之外的其他业务收入，包括材料销售、外购商品销售、废旧物资销售、下脚料销售、提供劳务性作业收入、房地产开发收入、咨询收入、担保收入等其他业务收入。其他业务收入在企业收入中所占的比重较小。

（三）计算公式

$$营业收入=主营业务收入+其他业务收入$$

$$营业收入=产品销售量（或服务量）\times 产品单价（或服务单价）$$

主副产品（或不同等级产品）的销售收入应全部计入营业收入；所提供的不同类型服务收入也应计入营业收入。

二、非营业收入

非营业收入又称营业外收入，是指与企业日常营业活动没有直接关系的各项利得，是企业财务成果的组成部分。例如，没收包装物押金收入、收回调入职工欠款、罚款净收入等。营业外收入在“利润”或“利润或亏损”账户核算。在企业的“利润表”中，营业外收入需单独列示。属于企业营业外收入的款项应及时入账，不准留作“小家当”或其他不符合制度规定的开支。企业营业外收入的核算在“营业外收入”账户下进行，也可在该账户下按各种不同的收入设置明细账户进行明细核算。

【思考与练习】

1. 什么是经济效果？经济效果的表示方法和分类是什么？
2. 什么是投资？什么是固定资产折旧？固定资产折旧的方法有哪些？
3. 成本的六种分类是什么？
4. 营业收入与非营业收入的区别是什么？

第四章　工程经济效果评价指标

【内容提要】

(1)投资项目经济效果评价指标结构；
(2)盈利能力评价指标；
(3)偿债能力评价指标；
(4)经济效果评价的时间性指标。

【核心概念】

财务净现值、静态投资回收期、财务内部收益率

【引导案例】

可见光通信

当前世界各国的竞争是经济实力和科技实力的综合竞争，而国家的经济和科技之间的竞争又主要体现在企业之间的竞争。例如，华为在美国市场受到美国不公正的待遇，就是因为华为具有超强的竞争力，对美国和美国的相关企业造成了威胁，而企业的竞争力来源于一个又一个好的具有竞争力的项目。

那么，什么样的项目是好的具有竞争力的项目呢？下面我们就通过一个案例来分析一下。随着 LED 照明产业的高速发展，可见光通信(VLC)作为一种利用 LED 灯来发送数据的无线通信手段，引起无线通信研究及工程人员的关注，在全球范围内得到发展。得益于泛在的基础设施、高功率与大带宽的通信、绿色无辐射以及不易被窃听等特点，VLC 技术被认为将有效拓展现有无线通信频谱和通信方式，可以应用在高速数据传输、电磁屏蔽场景下的无线通信覆盖、室内定位导航、摄像头中低速通信等场景。某个企业在知道这个信息之后，考虑是否要开发相关的可见光通信项目。如果你是该企业的决策者，该如何考虑和评价这个事情呢？评价一个项目的可行性分为三个方面：必要性、可行性和经济性，以此来分析项目是否可行。在这三大类中，这一章主要讨论经济性。

第一节　投资项目经济效果评价指标结构

一、项目经济效果评价的内容

(一)项目经济评价的概念

项目经济评价是指在对影响项目的各项技术经济因素预测、分析和计算的基础上,评价投资项目的直接经济效益和间接经济效益,为投资决策提供依据的活动。项目经济评价是投资项目可行性研究的有机组成部分和重要内容,是投资项目决策的重要手段。

(二)项目经济评价的内容

经济效果评价是对技术方案的财务可行性和经济合理性进行分析论证,为选择技术方案提供科学的决策依据。项目经济效果评价的内容一般包括方案盈利能力、偿债能力、财务生存能力等,如表4-1所示。

表4-1　经济效果评价体系

评价内容	评价对象	分析指标
盈利能力	技术方案计算期	内部收益率、财务净现值、资本金财务内部收益率、静态投资回收期、总投资收益率和资本金净利润率
偿债能力	财务主体	利息备付率、偿债备付率和资产负债率等
财务生存能力	分析技术方案是否有足够的净现金流量维持正常运营	净现金流量和累计盈余资金

项目技术方案的财务生存能力是保证项目能够顺利实施的基本条件,这要求在整个运营期间,各年累计盈余资金不应出现负值,即要有足够的经营净现金流量。若出现负值,应进行短期借款,同时分析该短期借款的时间长短和数额大小,进一步判断拟定技术方案的财务生存能力;对于非经营性方案,经济效果评价应主要分析拟定技术方案的财务生存能力;对于经营性项目,则主要评价项目的盈利能力和偿债能力。

(三)项目经济评价的分类

项目经济评价按评价角度、目标及费用与效益识别方法的不同,可分为财务评价和国民经济评价;按所处的时间阶段,可分为投资前期评价、投资期评价和投资运行期评价。

财务评价是指根据国家现行财税制度和价格体系,分析计算项目的财务效益和费用,编制财务报表,计算财务指标,考察项目盈利能力、清偿能力等财务状况。国民经济评价是项目经济评价的核心部分,是从国家整体角度考察项目的效益和费用,用影子价格、影子工资、影子汇率和社会折现率,计算分析项目给国民经济带来的净效益,评价项目经济上的合理性。

项目经济效果评价分类：

按基本方法，可分为确定性评价与不确定分析。

按性质划分，可分为定量分析与定性分析。

按是否考虑时间，可分为静态评价分析和动态评价分析。静态评价分析不考虑资金的时间价值，指标计算简便。其适用于对技术方案进行粗略评价，对短期投资方案进行评价，对逐年收益大致相等的技术方案进行评价。静态评价分析主要计算资本金净利润率和总投资收益率。动态评价分析考虑资金时间价值，更为客观，对于方案而言，都应该采用。

按是否考虑融资，分为融资前评价分析、融资后评价分析。融资前评价分析不考虑融资方案，分析投资总体获利能力。先编制技术方案投资现金流量表；再计算技术方案投资内部收益率、净现值和静态投资回收期等指标。融资前分析是初步投资决策和融资方案的依据和基础。融资后评价分析以融资前评价分析和初步的融资方案为基础，考察技术方案在拟定融资条件下的盈利能力、偿债能力和财务生存能力，判断技术方案在融资条件下的可行性。融资后盈利能力的动态评价分析包括下列两个层次：(1)技术方案资本金现金流量分析，计算资本金财务内部收益率指标，考察技术方案资本金可获得的收益水平；(2)投资各方现金流量分析，计算投资各方的财务内部收益率指标，考察投资各方可能获得的收益水平。

按是否考虑评价时间，可分为投资前评价、投资期评价、投资运行期评价。

投资前期评价又称为事前评价，属于预测性和探索性评价，若投资项目的经济效益不佳，可另选新项目。投资期评价又称为事中评价，属于“进行中”评价，在此期间若发现问题可采用改进措施，或暂时中止，以保证预期投资效益的实现。投资运行期评价也称为事后评价，是在项目投产后，将设计能力和实际生产能力、预计经济效益与实际达到的经济效益相比较，考察投资项目是否达到投资目标及设计要求。

经济效果评价的方法如表 4-2 所示。

表 4-2　经济效果评价的方法

分类标准	具体类别	说明
基本方法	确定性评价、不确定性评价	同一方案必须同时进行
性质	定量评价分析、定性评价分析	两者结合、定量为主
是否考虑时间	静态评价分析、动态评价分析	两者结合、动态为主
是否考虑融资	融资前分析、融资后分析	
考虑评价时间	事前评价、事中评价、事后评价	

项目经济评价指标的标准和质量决定项目的经济可行性。

二、项目经济评价指标分类

经济效益是一个综合性指标，一方面，单凭一个指标难以达到全面评价项目的目的；另一方面，由于项目所要达到的目标不尽相同，因此应采用不同的指标予以反映，从多个方面进行分析考察。国内外提出的项目经济效益评价指标与方法较多，在项目经济效益评价中常用的就有10余种。这些评价指标根据项目对资金的回收速度、获利能力和资金的使用效率可以分为三类:第一类是以时间作为计量单位的时间性指标;第二类是以货币作为计量单位的价值性指标;第三类是反映资源利用效率的效率性指标。这些指标均能反映项目投资直接经济效益的大小,区别仅在于反映项目投资直接经济效益的角度不同。

时间性指标兼顾了经济性与风险性,主要有静态投资回收期与动态投资回收期。价值性指标主要包括净现值、净年值、费用现值和费用年值。在价值性指标中,就考察的内容而言,费用现值和费用年值分别是净现值和净年值的特例,即在技术方案比选时,前两者只考察项目技术方案的费用支出;就评价结论而言,净现值与净年值是等效评价指标,费用现值与费用年值是等效评价指标。总投资收益率、净现值指数、内部收益率和外部收益率则是反映投资效率的效率性指标。

在项目经济评价指标中,净现值、内部收益率和投资回收期是最常用的项目经济评价指标。由于反映了项目投资所获得净收益的现值价值大小,它的极大化与企业经济评价目标是一致的,因此,净现值是项目经济评价时首选的评价指标,常被用来检验其他评价指标。

三、经济效果评价的程序

首先,熟悉技术方案的基本情况。其次,收集、整理和计算有关技术经济基础数据资料与参数。再次,根据基础财务数据资料编制各基本财务报表。最后,进行经济效果评价,先进行融资前盈利分析,其目的是判断技术方案本身是否合理;如果可行,进一步寻求适宜的资金来源和融资方案,进行融资后分析。

第二节　盈利能力指标

价值性评价指标分析法是指通过比较各个项目方案在整个寿命期内的价值来选择最优方案。

一、投资收益率

(一)概念及计算

投资收益率是衡量技术方案获利水平的评价指标,是技术方案建成投产达到设计生产能力后一个正常生产年份的年净收益额与技术方案投资的比率。其计算公式如下:

$$R=\frac{A}{I}\times 100\% \tag{4-1}$$

式中　R——投资收益率;

A——技术方案建成投产达到设计生产能力后一个正常生产年份的年净收益额;

I——技术方案投资的总额。

(二)评价准则

将根据项目财务信息计算出的投资收益率R与所确定的基准投资收益率R_c进行比较:

(1)若 $R \geq R_e$,则方案在经济上可以接受;

(2)若 $R < R_e$,则方案在经济上是不可行的。

其判别准则为:投资收益率大于或等于基准投资收益率,可以接受;否则,方案不可行。

(三)投资收益率的应用

根据分析的目的不同,投资收益率可分为总投资收益率(ROI)和资本金净利润率(ROE)。

1. 总投资收益率

总投资收益率不考虑融资,表示项目总投资的盈利水平。计算公式为

$$ROI = \frac{EBIT}{TI} \times 100\% \tag{4-2}$$

式中 $EBIT$——项目达到设计生产能力后正常年份的年息税前利润或运营期内平均年息税前利润;

TI——项目总投资,包括建设投资、建设期借款利息、全部流动资金。

总投资收益率高于同行业的收益率参考值或确定的基准总投资收益率,表明用总投资收益率表示的项目盈利能力满足要求。

2. 资本金净利润率

资本金净利润率考虑融资,表示项目资本金的盈利水平。计算公式为

$$ROE = \frac{NP}{EC} \times 100\% \tag{4-3}$$

式中 NP——项目达到设计生产能力后正常年份的年净利润或运营期内年平均净利润;

EC——项目资本金。

资本金净利润率高于同行业的净利润参考值或确定的基准资本金净利润率,表明用项目资本金净利润率表示的项目盈利能力满足要求。

【例 4-1】 某工业项目建设投资额为 8 250 万元(不含建设期贷款利息),建设期贷款利息为 1 200 万元,全部流动资金为 700 万元,项目投产后正常年份的年息税前利润为 500 万元。其他类似项目的基准总投资收益率为 6%。则该项目的总投资收益率是多少?该项目在经济上是否可行?

解:本题考查的是总投资收益率的计算与判别准则。

①总投资

$$\begin{aligned} TI &= 建设投资+建设期贷款利息+全部流动资金 \\ &= 8\,250+1\,200+700 = 10\,150(万元) \end{aligned}$$

②总投资收益率(ROI)

$$ROI = \frac{EBIT}{TI} \times 100\% = \frac{500}{10\,150} \times 100\% = 4.93\%$$

结论:该项目的总投资收益率为 4.93%,小于基准总投资收益率为 6%,该项目技术方案在经济上不可行。

【例 4-2】 某项目技术方案中投资 1 500 万元,其中资本金为 1 000 万元,运营期年平均利息为 18 万元,年平均所得税为 40.5 万元。该项目总投资收益率为 12%。则该项目的项目资本金净利润率为多少?

解:

①税前利润

$$EBIT = TI \times ROI = 1\ 500 \times 12\% = 180\ (\text{万元})$$

②净利润

$$NP = EBIT - \text{建设期贷款利息} = 180 - 18 = 162\ (\text{万元})$$

③资本金净利润率(*ROE*)

$$ROE = \frac{NP}{EC} \times 100\% = \frac{162}{1\ 000} \times 100\% = 16.2\%$$

【例 4-3】 已知某项目的技术方案拟投入资金和利润,如表 4-3 所示。

表 4-3 某技术方案拟投入资金和利润表 单位:万元

序号	项目	年份						
		1	2	3	4	5	6	7~10
1	建设投资							
1.1	自有资金部分	1 200	440					
1.2	贷款本金		2 000					
1.3	贷款利息(年利率为 6%,投产后前 4 年等本偿还,利息照付)		60	123.6	92.7	61.8	30.9	
2	流动资金							
2.1	自有资金部分			300				
2.2	贷款			100	400			
2.3	贷款利息(年利率为 4%)			4	20	20	20	20
3	所得税前利润			-50	550	590	620	650
4	所得税后利润(所得税率为 25%)			-50	425	442.5	465	487.5

计算该技术方案的总投资收益率和资本金利润率。

解:总投资收益率(*ROI*)

①总投资

$$\begin{aligned} TI &= \text{建设投资}+\text{建设期贷款利息}+\text{全部流动资金} \\ &= (1\ 200+440+2\ 000)+60+(300+100+400) = 4\ 500(\text{万元}) \end{aligned}$$

②平均年息税前利润

$$\begin{aligned} EBIT &= [(123.6+92.7+61.8+30.9+4+20\times7)+(-50+550+590+620+650\times4)]\div8 \\ &= (453+4\ 310)\div8 = 595.4(\text{万元}) \end{aligned}$$

③总投资收益率(ROI)

$$ROI=\frac{EBTI}{TI}\times 100\%=\frac{595.4}{4\ 500}\times 100\%=13.23\%$$

(2)计算资本金净利润率(ROE)

①资本金

$$EC=1\ 200+440+300=1\ 940(\text{万元})$$

②年平均净利润

$$NP=(-50+425+442.5+465+487.5\times 4)\div 8=3\ 232.5\div 8=404.06(\text{万元})$$

③资本金净利润率(ROE)

$$ROE=\frac{NP}{EC}\times 100\%=\frac{404.06}{1\ 940}\times 100\%=20.83\%$$

(四)优点与不足

投资收益率指标的优点在于其经济意义明确、直观,计算简便,在一定程度上反映了投资效果的优劣,可适用于各种投资规模。但不足的是,一方面,没有考虑投资收益的时间因素,忽视了资金时间价值的重要性;另一方面,指标计算的主观随意性太强,即正常生产年份的选择比较困难,带有一定的不确定性和人为因素。因此,以投资收益率指标作为主要的决策依据不太可靠。

二、投资回收期

(一)静态投资回收期

静态投资回收期是指在不考虑资金时间价值的条件下,以技术方案的净收益回收其总投资(包括建设投资和流动资金)所需要的时间。投资回收期可自项目建设开始年算起,也可自项目投产年算起。

1. 计算公式

自建设开始年算,投资回收期 P_t (以年为单位)的计算公式为

$$\sum_{i=0}^{P_t}(CI_t-CO_t)=0 \tag{4-4}$$

式中 P_t ——静态投资回收期;

CI_t-CO_t ——第 t 年净现金流量。

项目建成投产后各年的净收益不相同,则静态投资回收期可根据累计净现金流量求得,也就是在现金流量表中累计净现金流量由负值转向正值之间的年份。其计算公式为

$$P_t=(\text{累计净现金流量出现正值的年份数}-1)+\frac{\text{上一年累计净现金流量的绝对值}}{\text{出现正值年份的净现金流量}} \tag{4-5}$$

一般来说,在建设期,只投入不产出,累计净现金为负。当进入运营期后,累计净现金由负转正,投资回收期示意图如图 4-1 所示。

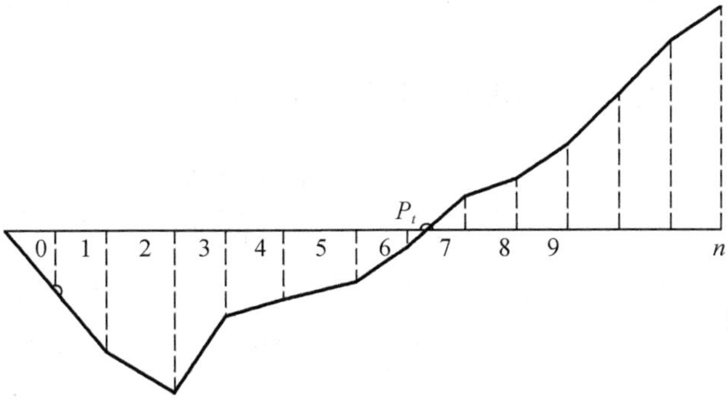

图 4-1　投资回收期示意图

2. 判别准则

将根据项目财务信息计算出的静态投资回收期(P_t)与所确定的基准投资回收期(P_e)进行比较:

(1)若 $P_t \leqslant P_e$,则方案在经济上可以接受;

(2)若 $P_t > P_e$,则方案在经济上是不可行的。

(二)动态投资回收期

动态投资回收期是将投资方案各年的净现金流量按基准收益率折现后,再来推算投资回收期,即动态投资回收期就是投资方案累计净现值等于零时的时间(年份)。

1. 计算公式

$$\sum_{i=0}^{P_t'} (CI_t - CO_t)(1 + i_c)^{-t} = 0 \tag{4-6}$$

式中　P_t' —动态投资回收期;

i_c —基准收益率。

在实际工作中,可根据项目现金流量表用下列近似公式计算:

$$P_t' = (\text{累计净现金流量现值出现正值的年份数} - 1) + \frac{\text{上一年累计净现金流量现值的绝对值}}{\text{出现正值年份的净现金流量的现值}} \tag{4-7}$$

2. 判别准则

动态投资期的判别准则与静态投资期类似。静态投资回收期较短,决策者可能认为经济效果尚可以接受。但若考虑资金时间价值,用折现法计算出的动态投资回收期,要比用传统方法计算的静态投资回收期长些,该方案未必能被接受。

(三)优点与不足

投资回收期指标的优点有两个:一是计算简单,指标含义容易理解;二是在一定程度上显示了资本的周转速度。回收期越短,资本周转速度越快,因此,风险越小,盈利越多。对于技术上更新迅速的项目,或者资金相当短缺的项目,或者未来情况很难预测而投资者又特别关心资金补偿的项目,应用投资回收期指标进行分析是特别有用的。但该指标也存在不足,由于投资回收期没有全面考虑投资方案在整个计算期内的现金流量,即只间接考虑投资回收之前的效果，不能反映投资回收之后的情况，即无法准确衡量方案在整个计算期内的经济效果。

【例 4-4】 甲项目的技术方案现金流量如表 4-4 所示。

表 4-4　甲项目的技术方案现金流量表　　单位：万元

现金流动方式	计算期							
	0 年	1 年	2 年	3 年	4 年	5 年	6 年	7 年
现金流入	—	—	800	1 200	1 200	1 200	1 200	1 200
现金流出	600	900	500	700	700	700	700	700

计算该项目的静态投资回收期。

解：静态投资回收期 = (5-1)+200/500 = 4.4(年)。

【例 4-5】 乙项目的技术方案现金流表如表 4-5 所示。

表 4-5　乙项目的技术方案现金流量表　　单位：万元

	计算期							
	1 年	2 年	3 年	4 年	5 年	6 年	7 年	8 年
净现金流量	-1 000	-1 200	800	900	950	1 000	1 100	1 200
折现系数($i_c = 10\%$)	0.909	0.826	0.751	0.683	0.621	0.564	0.513	0.467
折现净现金流量	-909.0	-991.2	600.8	614.7	589.95	564.0	564.3	560.4

计算该项目的动态投资回收期。

解：

$$\begin{aligned}\text{动态投资回收期} &= 5+(909.0+991.2-600.8-614.7-589.95)/564.0 \\ &= 5.17(\text{年})\end{aligned}$$

三、净现值

净现值(*NPV*)是指将项目整个计算期内各年的净现金流量(或净效益费用流量)按某个给定的折现率，折算到计算期期初(第零期)的现值代数和。依据分析评价的层次，在经济评价中，净现值分为财务评价的财务净现值(*FNPV*)和国民经济效益费用评价的经济净现值(*ENPV*)。

(一)计算公式

$$NPV = \sum_{t=0}^{n} (CI_t - CO_t)(1 + i_c)^{-t} \tag{4-8}$$

式中　*NPV*——净现值；

$(CI-CO)_t$——第 t 年净现金流量；

i_c——给定的折现率，即基准收益率；

N——方案的计算期，等于方案的建设期、投产期与正常生产期数之和，一般为项目的寿命周期。

（二）判别准则

当方案的 $NPV \geq 0$ 时，说明该方案能满足基准收益率要求的盈利水平，故在经济上是可行的；否则，不可行。

（三）优点与不足

净现值（NPV）的优点在于：①考虑了资金的时间价值，并全面考虑了项目在整个计算期内的经济状况；②经济意义明确直观，能够直接以金额表示项目的盈利水平；③判断直观。但是，其存在一定的局限性：①计算净现值时，需要事先确定一个符合经济现实的基准收益率，而基准收益率的确定往往是比较困难的；②净现值不能反映单位投资的使用效率，不能直接说明在项目运营期各年的经营成果；③项目投资额不等时，无法准确判断方案的优劣。

（四）基准收益率的确定

基准收益率的确定一般以行业的平均收益率为基础，确定基准收益率时应考虑的因素有：①资金成本和机会成本；②投资风险；③通货膨胀。基准收益率不应小于资金成本，也应不低于单位资金成本和单位投资的机会成本。当项目完全由企业自有资金投资时，可参考行业基准收益率（机会成本）；当项目投资由自有资金和贷款组成时，最低收益率不应低于行业基准收益率与贷款利率的加权平均收益率。投资风险越大，贴补率越高；通货膨胀率越高，其基准收益率也越高。资金成本和机会成本是确定基准收益率的基础，投资风险和通货膨胀是确定基准收益率必须考虑的影响因素。

【例 4-6】 某企业投资项目，总投资 3 000 万元，其中借贷资金占 40%，借贷资金的资金成本为 12%，企业自有资金的投资机会成本为 15%。在不考虑其他影响因素的条件下，该项目的基准收益率至少应达到多少？

解：

$$\text{该项目的基准收益率} = 40\% \times 12\% + 60\% \times 15\% = 13.8\%$$

结论：该项目的基准收益率至少应达到 13.8%。

四、净年值

净年值（NAV）又称等额年值、等额年金，是以一定的基准收益率将项目计算期内净现金流量等值换算而成的等额年值。同一现金流量的现值和等额年值是等价的（或等效的），因此，净现值法与净年值法在方案评价中能得出相同的结论。在各方案的计算期不相同时，应用净年值比净现值更为方便。

（一）计算公式

$$NAV = NPV(A/P, i, n) \tag{4-9}$$

（二）判别准则

若方案的 $NAV \geq 0$ 时，说明该方案能满足基准收益率要求的盈利水平，故在经济上是可行的；否则，不可行。

(三)优点与不足

对寿命不相同的多个互斥方案进行选优时,净年值有独到的简便之处,可以直接据此进行比较。但是一般求净年值,要先求该项目的净现值,因此,在项目经济评价中,很少采用净年值指标。

五、净现值率

项目净现值率(*NPVR*)是项目净现值与项目全部投资现值之比,反映单位投资现值所能带来的净现值大小,是辅助评价指标,适用于多个投资额不同的项目方案的比选。

(一)计算公式

$$NPVR=\frac{NPV}{I_P} \tag{4-10}$$

式中　*NPV*——净现值;

I_P——项目全部投资现值。

(二)判别准则

若方案的 $NPVR \geqslant 0$,说明投资方案在经济上可接受;若 $NPVR<0$,说明投资方案在经济上不可行。

六、内部收益率

内部收益率(*IRR*),是指资金流入现值总额与资金流出现值总额相等、净现值等于零时的折现率,即使投资方案在计算期内各年净现金流量的现值累计等于零时的折现率。内部收益率是一项投资渴望达到的报酬率,是能使投资项目净现值等于零时的折现率。它是一项投资渴望达到的报酬率,该指标越大越好。一般情况下,内部收益率大于或等于基准收益率时,该项目是可行的。

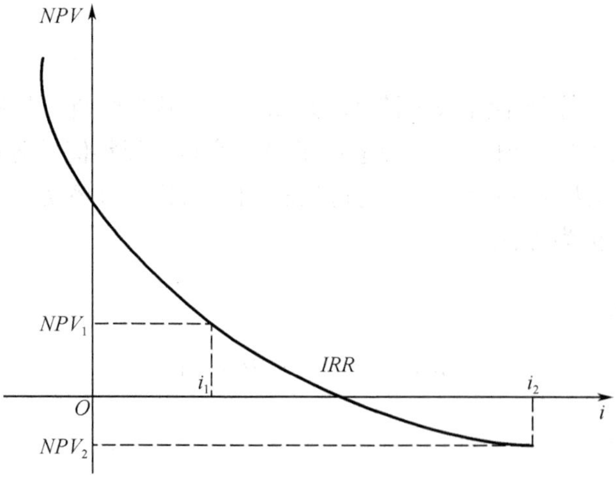

图 4-2　内部收益率示意图

（一）计算公式

$$NPV(IRR)=\sum_{t=0}^{n}(CI_t-CO_t)(1+IRR)^{-t} \tag{4-11}$$

（二）判别准则

若 $IRR \geqslant i_c$，说明投资方案在经济上可行；否则，不可行。

（三）优点与不足

内部收益率指标的优点在于：①考虑了资金的时间价值和整个计算期内的经济状况；②能直接衡量项目未回收投资的收益率；③不需要事先确定一个基准收益率。其缺点在于：①计算麻烦；②对于非常规现金流量的项目来说，计算结果往往不唯一。

七、净终值

净终值（*NFV*）是指项目计算期内各年净现金流量折算到计算期末（即第 n 年末）的代数和。计算公式如下：

$$NFV=NPV(F/P,i,n) \tag{4-12}$$

【例 4-7】　各方案的现金流量如表 4-6 所示，试求各方案的净终值（基准收益率为 10%）。

表 4-6　各方案现金流量表　　单位：万元

年份	方案	
	A	B
0	-2 000	-2 000
1	450	590
2	550	590
3	650	590
4	700	600
5	800	600

解：

$$\begin{aligned}NFV_A&=-2\,000(F/P,10\%,5)+450(F/P,10\%,4)+550(F/P,10\%,3)\\&\quad+650(F/P,10\%,2)+700(F/P,10\%,1)+800\\&=526.395(\text{万元})\end{aligned}$$

$$\begin{aligned}NFV_B&=-2\,000(F/P,10\%,5)+590(F/P,10\%,4)+590(F/P,10\%,3)\\&\quad+590(F/P,10\%,2)+600(F/P,10\%,1)+600\\&=402.009(\text{万元})\end{aligned}$$

八、费用现值和费用年值

（一）费用现值

费用现值（PC）是指将方案建设期逐年的投资与寿命期内各年的经营费用按基准收益率换算成期初的现值，然后对各方案的费用现值总和进行比较，以求出最优方案的一种方法，所以又称为现值成本比较方法。

在方案寿命期相同时，运用费用现值法进行两方案的经济比较非常方便。费用现值是不考虑投资方案的收益，而仅考虑投资、经营成本或残值的现值。

计算公式如下：

$$PC = \sum_{j=0}^{m} K_j(1+i)^{-j} + \sum_{l=m+1}^{n} C_l(1+i)^{-l} - K_L(1+i)^{-n} \tag{4-13}$$

式中 C——费用现值；

K_j——第 j 年的投资额；

C_l——第 l 年的经营费用；

K_L——期末残值；

M——方案建设期的年份数；

n——方案寿命期的年份数。

【例 4-8】 某工程在满足需要的前提下有两个可行方案。方案一：一次投资 12 万元，年经营费用为 5 万元，服务期为 15 年，期末残值为 2 万元。方案二：分两期投资建设，间隔 5 年，第一期投资 8 万元，服务期为 10 年，期末残值为 3 万元；第二期投资 15 万元，服务期为 15 年，期值残值为 2 万元，两期的经营费用均为 3 万元。使用费用现值法比较两方案的优劣（$i_c = 10\%$）。

解：取 20 年作为共同的分析期。

$AC_1 = 5 + 12(A/P,10\%,15) - 2(A/F,10\%,15) = 6.5147$（万元）

$PC_1 = AC_1(P/A,10\%,20) = 55.4662$ 万元

$PC_2 = 3(P/A,10\%,20) + 8 + 15(P/F,10\%,5) - 3(P/F,10\%,10) - 2(P/F,10\%,20) = 39.5391$（万元）

结论：由于 $PC_2 < PC_1$，因此方案 2 优于方案 1。

（二）费用年值

费用年值（AC）是指为了克服费用现值法的缺点，不仅把投资和年经营成本统一起来，还结合时间因素进行评价，从而对寿命期不同的方案进行评价时，不需要在相同的年数间进行比较，就可得出正确的结论。

收益和寿命期均相同的互斥项目的比选可用费用年值法。特别地，当互斥项目的相同收益无法用货币衡量时，则只能用费用年值法进行比选。前者如具有同样生产能力的生产相同产品的不同方案，后者如共用项目的具有等同功能的不同方案。费用年值法以项目的费用年值为依据进行项目比选，以费用现值（费用年值）最小者为优。值得注意的是，费用年值法只能给出项目的相对优劣，其所选最优者并不能保证一定是经济上可接受的（如可能出现 $NPV<0$ 的情况）。故一般情况下，当项目的收益能用货币衡量时不用此法。只有在

已知参加比选项目中至少有一个经济上可接受项目,或收益无法用货币衡量而又必须择一举办时,才选用此方法。计算公式为

$$AC = K_0(A/P,i,n) + \left[\sum_{l=1}^{n} C_l(1+i)^{-l}\right](A/P,i,n) - K_L(A/F,i,n) \qquad (4-14)$$

【例 4-9】 某项目有甲、乙、丙三个可供选择的建设方案,甲方案期初(0 期)投资 280 万元,年运营费用为 60 万元,期末残值为 8 万元;乙方案期初(0 期)投资 350 万元,年运营费用为 45 万元,期末残值为 10 万元;丙方案期初(0 期)投资 500 万元,年运营费用为 20 万元,期末残值为 15 万元。三个方案的寿命期均为 10 年。使用费用年值指标确定最优方案。

解:

$$\begin{aligned} AC_{甲} &= 280(A/P,10\%,10) + 60 - 8(A/F,10\%,10) \\ &= 280 \times 0.162\ 75 + 60 - 80 \times 0.062\ 75 \\ &= 105.07 \end{aligned}$$

$$\begin{aligned} AC_{乙} &= 350(A/P,10\%,10) + 45 - 10(A/F,10\%,10) \\ &= 350 \times 0.162\ 75 + 45 - 10 \times 0.062\ 75 \\ &= 101.34 \end{aligned}$$

$$\begin{aligned} AC_{丙} &= 500(A/P,10\%,10) + 20 - 15(A/F,10\%,10) \\ &= 500 \times 0.162\ 75 + 20 - 15 \times 0.062\ 75 \\ &= 100.43 \end{aligned}$$

结论:应选择丙方案。

第三节　偿债能力指标

效率(比率)性评价指标是反映投资使用效率高低,以比率形式体现的一类经济评价指标,主要有投资收益率、净现值指数、内部收益率等方法。

一、内部收益率

内部收益率(*IRR*)是指资金流入现值总额与资金流出现值总额相等、净现值等于零时的折现率,是能使投资项目净现值等于零时的折现率。它是一项投资渴望达到的报酬率,该指标越大越好。一般情况下,内部收益率大于或等于基准收益率时,该项目是可行的。

内部收益率能够把项目寿命期内的收益与其投资总额联系起来,指出这个项目的收益率,便于将它同行业基准投资收益率对比,确定这个项目是否值得建设。但它表现的是比率,不是绝对值,一个内部收益率较低的方案,可能由于其规模较大而有较大的净现值,因而更值得建设。所以在各个方案比选时,必须将内部收益率与净现值结合起来考虑。计算公式为

$$\sum_{t=0}^{n}(CI_t - CO_t)(1 + IRR)^{-t} = 0 \qquad (4-15)$$

【例 4-10】 一个工厂用 1 000 元购买一台设备,寿命期为 4 年,现金流量如图 4-3 所示。求方案的内部收益率,并说明该内部收益率的经济含义。

解:按公式计算出该方案的内部收益率为 10%(计算过程略)。

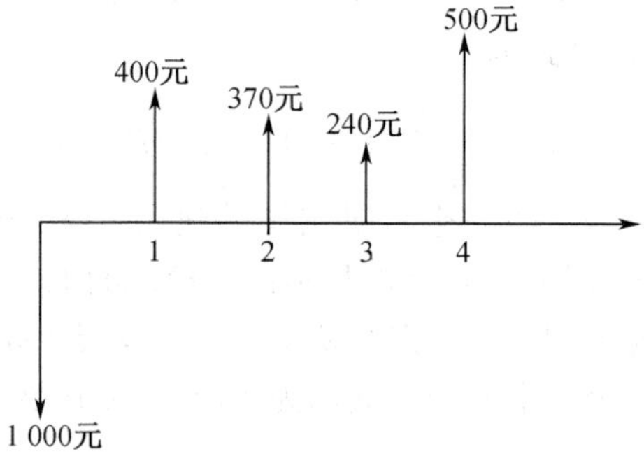

图 4-3 净现金流量图

在以内部收益率 10%为折现率下，方案始终存在未回收的投资，在计算期末(即第 4 年末)可以全部回收。具体的回收过程如图 4-4 和表 4-7 所示。

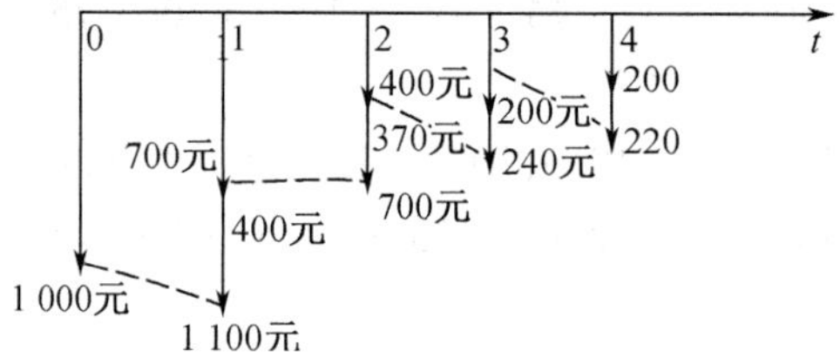

图 4-4 资金回收过程示意图

表 4-7 资金回收过程计算表

t 年年末	0	1	2	3	4
未回收的资金/元	-1 000	-700	-400	-200	0

如果第 4 年末的净现金流量不是 220 元而是 260 元，那么按 10%的折现率计算，到计算期末除全部回收所占用的资金外，还有 40 元的富余。若要使在计算期末刚好回收全部占用资金，则折现率应高于 10%，即内部收益率应大于 10%。

二、净现值指数

净现值比率(net present value rate) 又称净现值指数，是指项目净现值与总投资现值之比，表示单位投资所得的净现值。净现值比率小，单位投资的收益就低；净现值比率大，单位投资的收益就高。

净现值比率从动态角度反映项目投资的资金投入与净产出之间的关系，却无法直接反映投资项目的实际收益率水平。计算公式为

$$NPVR = \frac{NPV}{PVI} \times 100\% = \frac{\sum_{t=0}^{n}(CI_t - CO_t)(1+i)^{-t}}{\sum_{t=0}^{n}K_t(1+i)^{-t}} \times 100\% \tag{4-16}$$

【例 4-11】 某企业计划购置一台自动化设备，需投资 120 000 元。该设备可使用

6 年,期末残值为 6 000 元。使用该自动化设备每年可为企业增加净利润 13 000 元,同时按直线法计提折旧。若该企业的资金成本为 14%,计算净现值指数。

解:

$$NCF_{1\sim5} = 13\ 000 + (120\ 000 - 6\ 000)/6 = 32\ 000(\text{元})$$

$$NCF_6 = 32\ 000 + 6\ 000 = 38\ 000(\text{元})$$

$$NPV = 32\ 000 \times (P/A,14\%,5) + 38\ 000 \times (P/F,14\%,6) - 120\ 000 = 7\ 171(\text{元})$$

$$NPVR = \frac{NPV}{PVI} \times 100\% = \frac{7\ 171}{120\ 000} \times 100\% = 6\%$$

结论:净现值指数为 6%。

三、投资收益率

投资收益率又称投资利润率,是指投资方案在达到设计生产能力后一个正常年份的年净收益总额与方案投资总额的比率。它是评价投资方案盈利能力的静态指标,表明投资方案正常生产年份中,单位投资每年所创造的年净收益额。

投资收益率指标的经济意义明确、直观,计算简便,在一定程度上反映了投资效果的优劣,适用于各种投资规模。可它没有考虑资金时间价值因素,忽视了资金具有时间价值的重要性;指标计算的主观随意性太强。计算公式为

$$ROI = \frac{EBIT}{TI} \times 100\% \tag{4-17}$$

式中　$EBIT$——项目正常年份的年息税前利润或营运期内年平均息税前利润;

　　TI——项目总投资。

【例 4-12】　某建设项目建设期 2 年,运营期 8 年。建设投资(不含建设期利息)为 7 000 万元。其中,第 1 年自有资金投入 4 000 万元,第 2 年年初贷款投入 3 000 万元,贷款年利率为 8%。流动资金为 800 万元,全部为自有资金。运营期内年平均息税前利润均为 1 300 万元。求该项目总投资收益率。

解:

$$TI = 4\ 000 + 3\ 000(1 + 8\%) + 800 = 8\ 040(\text{万元})$$

$$ROI = \frac{EBIT}{TI} \times 100\% = \frac{1\ 300}{8\ 040} \times 100\% = 16.17\%$$

结论:该项目总投资收益率为 16.17%。

第四节　工程经济评价指标的比较和选择

一、工程经济评价指标间的关系

(一)静态评价指标与动态评价指标间的关系

静态评价指标与动态评价指标是按计算中是否考虑资金时间价值来划分的。动态评价指标反映评价方案投资效益大小的“真实”程度要比静态指标好。对于多个方案的经济

比较与选择，采用静态投资回收期与动态投资回收期的评价结论是一致的；但是用于单方案投资决策时，两指标的结论未必一致。

（二）时间性评价指标与比率性评价指标间的关系

可以证明，对于初始投资为 K_0，每年净收益为等额的技术方案而言，其投资回收期与简单投资收益率和内部收益率呈倒数关系。这说明，时间性评价指标实际上也表示了比率的意义，故有人将时间性评价指标和比率性评价指标统称为效率指标。

（三）投资回收期、净现值与内部收益率的关系

可以证明，在技术方案投资决策时，采用投资回收期、净现值与内部收益率指标其评价结果是一致的；但当用于多方案经济比较与选择时，用净现值和内部收益率两指标评选，结果未必一致。

二、工程经济评价指标间的选择

经济评价指标的应用，一是单一方案投资经济效益的大小与好坏的衡量，以决定取舍；二是多方案经济性优劣的比较，以决定方案选优。技术方案投资经济评价指标应根据技术方案的具体情况、评价的主要目标、指标的用途和决策者最为关心的问题进行选择。由于技术方案投资的经济效益是一个综合概念，必须从不同的角度去衡量才能清晰、全面。因此，做技术方案经济评价，应尽量考虑一个适当的评价指标体系，避免用某一两个指标来判断方案投资的经济性。由于净现值指标反映了技术方案投资所获得净收益的现值价值大小，它的极大化与企业经济评价目标是一致的。因此净现值是技术方案经济评价时的首选评价指标，并且常用来检验其他评价指标。

【思考与练习】

1. 在进行项目决策时，不同的指标面对同一个项目的结论会一致吗？
2. 对于寿命期不同的技术方案，可以直接使用净现值计算吗？如果不可以，应该如何计算？
3. 净现值有没有考虑资金的利用效率？什么指标可以作为净现值的辅助指标？
4. 在多方案分析时，内部收益率还适用吗？
5. 内部收益率指标是否存在误解的情况？
6. 静态投资回收期更适用于什么样的项目？

第五章　经济效果评价方法

【内容提要】

(1)投资方案之间的关系类型；
(2)独立方案的经济效果评价；
(3)互斥方案的经济效果评价；
(4)混合方案的经济效果评价；
(5)相关方案的经济效果评价。

【核心概念】

独立方案评价、互斥方案评价、混合方案评价、相关方案评价

【引导案例】

“不要把鸡蛋都放在一个篮子里”，这是成功的投资者给予初级投资者的忠告，从这句话中我们可以得出，投资的时候要考虑得全面一些。在实际情况下，企业在项目选择上面临同样的问题，项目的经济性评价指标有净现值、净终值、内部收益率、投资回收期等，仅仅考虑评价指标是不够的，还要考虑项目方案所属的类型，从而选择一组最合适的项目方案，而这个方案综合考虑了各项评价指标和项目类型，可以使企业获得最大的经济效益。

某公司是一家上市公司，该公司以计算机软件及系统集成为核心业务，为电信、电力、金融等的基础信息建设提供应用软件和全方位解决方案。公司当前正在做2022年度的财务预算。下一周，财务总监将向董事会汇报2022年度的总体财务计划。预算的重点在于投资项目的选择和相应的融资方案的确定。由财务部牵头，与各个业务部门集中研究，全面考察所有备选投资项目，经过周详的项目可行性分析后，下年度可供选择的项目如下：

项目A、B、C、D、E、F、G投资额(万元)分别为1 500，2 400，1 400，900，1 000，800，400，内含报酬率(%)分别为15.4，14.4，13.5，12.6，11.3，10.2，9.7。在现金流量方面，估计所有项目在第一年都将是净现金流出。而在随后的项目有效期内均为净现金流入，并且所有项目的风险预计都在公司可接受的水平之内。应选择哪个，或者哪些方案进行投资呢？

第一节　投资方案之间的关系类型

在部门或是公司，经常会遇到多方案的选择问题，假如可以接受的方案有很多，而部门或者公司的资金有限，那么，如何进行投资方案的选择，以使有限的资金得到最佳的利用呢？值得注意的是，方案之间的关系不同，则方案选择的指标和选择的结果有很大不同。

为了正确地进行多方案的选择,首先必须搞清楚方案之间的关系以及投资方案的类型。依据方案之间的相互关系,投资方案的类型有以下三种。

一、独立方案

独立方案又称单一方案,是指与其他投资方案完全相互独立、互不排斥的一个或一组方案。在方案决策过程中,选择或拒绝某一独立方案与其他方案的选择毫无关系。

更严格地讲,独立方案的定义是:若方案间加法法则成立,则这些方案是彼此独立的。例如,现有 A、B 两个方案(假设投资期为一年),仅向 A 方案投资时,其投资额为 200 万元,收益为 260 万元;仅向 B 方案投资时,投资额为 300 万元,收益为 375 万元。若以 500 万元同时向两个方案投资,收益正好为 635 万元,则说明这两个方案间加法法则成立,即 A、B 两个方案是相互独立的。

二、互斥方案

互斥方案分析是在所有互斥方案中选择最佳方案的方法。互斥方案是指互相排斥的方案,在若干个可选择的方案中,选择了一个方案,就不能同时接受其他方案。例如,若干个厂址方案,选择了一个,就不能同时选择其他厂址方案,所有的厂址方案都是互斥的。

互斥方案分析有两种基本方法:指标直接对比法和差额分析法。指标直接对比法是根据经济效益指标直接对比来选择最佳方案的。其步骤如下:(1)计算各方案的经济效益评价指标,包括内部收益率、净利值、收益成本率。(2)确定入选标准。内部收益率必须大于最低期望内部收益率。净利值不得小于 0,即 $NPV \geqslant 0$;收益成本率不得小于 1,即 $B/CR \geqslant 1$。(3)选择最佳方案。内部收益率愈高愈好,净利值愈大愈好,收益成本率愈高愈好。差额分析法要根据两方案有关项目(投资、销售、收益、运营成本)的差额计算差额经济效益指标,优胜劣汰,选出最佳方案。其计算步骤如下:(1)选择基础方案。入选标准为 $IRR > IRR$,$NPV \geqslant 0$,$B/CR \geqslant 1$;(2)任选一方案与基础方案对比,计算其对应项目的差额;(3)计算差额的经济效益评价指标有 ΔIRR、ΔNPV、$\Delta B/CR$;(4)按入选标准选择优者,以较优方案作为下一轮差额分析的基础方案;(5)重复(2)~(4)步骤,最后保留下来的方案即为最佳方案。

三、混合方案

混合方案即相互之间既有独立关系又有排斥关系的一组方案,也称为层混方案,即方案之间的关系分为两个层次,高层是一组相互独立的项目,而低层则由构成每个独立项目的互斥方案组成。混合方案是指兼有互斥方案和独立方案两种关系的混合情况。

在现实的经济生活中还存在着大量的在若干个相互独立的投资方案中,每个独立方案又存在着若干个互斥方案的问题,称它们之间的关系为混合方案。

例如,某集团公司下属分公司生产互不影响(相互独立)产品的工厂有分别进行新建、扩建和更新改造的 A、B、C 三个独立方案,而每个独立的新建、扩建、更新改造方案中又存在着若干个互斥方案,例如新建方案有 A_1、A_2,扩建方案有 B_1、B_2,更新改造方案有 C_1、C_2、C_3,则该企业集团所面临的就是混合方案的问题。

在实际应用时,明确所面临的方案类型是十分重要的。

第二节　独立方案的经济效果评价

一、独立方案的特点

独立方案一般是指由几个方案组合起来的一个方案组合，因为其中每个方案之间相互独立，各不影响，使得独立方案的现金流量和效果具有可加性，而其中每个方案的选择不仅与其方案的经济可行性有关，还与整个方案组合的限制条件有关，最终得到的方案组合一定是经济效益最大的方案组合。下面是独立方案的两个特性：

（一）可加性

由于独立方案中各个方案是相互独立、互不干扰的，那么其经济属性（如净现值、收益率等）是可以累加的。

（二）经济可行性

独立方案中各个方案必须是经济可行的，就是 $IRR \geqslant i_c$，$NPV>0$。

二、独立方案的评价

通过计算方案的经济效果指标，并按照指标的判别准则加以检验即可判断方案在经济上是否可行。这种对方案自身的经济性检验称为"绝对经济效果检验"。主要有以下几种评价方法：(1)应用投资收益率进行评价；(2)应用投资回收期进行评价；(3)应用 *NPV* 进行评价；(4)应用 *IRR* 进行评价。

【例 5-1】　三个独立方案 A、B、C，寿命均为 5 年，其现金流量如表 5-1 所示，基准收益率(i_c)= 15%，各个方案相互独立，互不影响，判断哪个方案最优。

表 5-1　独立方案 A、B、C 的净现金流量　　单位：万元

方案	初始投资	每年投资收益 *NPV*
A	2 000	650
B	2 000	650
C	2 500	850

解：

$NPV_A = -2\ 000+650(P/A,15\%,5) = 178.90$（万元）

$NPV_B = -2\ 000+580(P/A,15\%,5) = -55.54$（万元）

$NPV_C = -2\ 500+600(P/A,15\%,5) = 349.33$（万元）

由于 B 方案的 $NPV<0$，所以排除 B 方案，$NPV_A<NPV_C$，所以选择 C 方案。

【例 5-2】　有 6 个独立方案，寿命均为 5 年，现金流量如表 5-2 所示，基准收益率(i_c)= 15%，资金限额为 300 万元，选择出最优的独立方案。

表 5-2 独立方案现金流量表 单位:万元

方案	初始投资(I_C)	年净收益(NPV)
A	110	35
B	120	40
C	130	45
D	140	50
E	150	55
F	210	60

解:由公司财务内部收益率公式 $i_c+R(P/A,IRR,5)=0$ 计算得到如下结果:

$IRR_A=18\%$(万元),

$IRR_B=20\%$(万元),

$IRR_C=22\%$(万元),

$IRR_D=23\%$(万元),

$IRR_E=24\%$(万元),

$IRR_F=13\%$(万元)。

由各个方案的 IRR 可以得出 $IRR_F<i_c$,所以方案 F 排除,由高到低对 IRR 进行排序,从高到低依次选择方案,在 300 万元的限额资金下可以得出组合 D、E 为最优组合。

第三节 互斥方案的经济效果评价

一、互斥方案的特点

(一)可比性

在互斥方案的经济效果评价中,选用的基准收益率、投资额、时间等变量应具有可比性。

(二)关联性

互斥方案是指相互关联、相互排斥的方案,即一组方案中的各个方案彼此可以相互代替,采纳方案组中的某一方案,就会自动排斥这组方案中的其他方案。

二、互斥方案的评价

互斥方案经济效果评价:一是考察各个方案自身的经济效果,即进行绝对(经济)效果检验;二是考察方案的相对最优性,称为相对(经济)效果检验。两种检验的目的和作用不同,通常缺一不可,从而确保所选方案不但可行而且最优。具体方法:按投资多少由低到高进行两个方案的比选,然后淘汰较差的方案,保留较好方案再与其他方案比较,直至所有的方案都经过比较,最终选出经济性最优的方案。

(一)静态评价方法

1. 增量投资收益率

增量投资收益率是指增量投资所带来的经营成本上的节约与增量投资之比。现设 I_1、I_2 分别为甲、乙方案的投资额，C_1、C_2 为甲、乙方案的经营成本。增量投资收益率的计算公式为

$$R_{(2-1)}=\frac{C_1-C_2}{I_2-I_1}\times 100\% \tag{5-1}$$

增量投资收益率大于基准投资收益率时，投资额大的方案可行，投资的增量完全可以由经营成本的节约来进行补偿。

【例 5-3】　某工程施工有两个技术方案可供选择，甲方案需投资 180 万元，年生产成本为 45 万元；乙方案需投资 220 万元，年生产成本为 40 万元。设基准投资收益率为 12%，若采用增量投资收益率评价两方案，则应选择哪个方案？

解：两方案的增量投资收益率＝(45−40)/(220−180)＝12.5%，高于基准收益率，所以投资额大的方案为优，即选择乙方案。

2. 增量投资回收期

增量投资回收期是指用经营成本的节约来补偿增量投资的年限。当各年经营成本的节约(C_1-C_2)基本相同时，其计算公式为

$$P_{t(2-1)}=\frac{I_2-I_1}{C_1-C_2} \tag{5-2}$$

当得到的增量投资回收期小于基准投资回收期时，投资额大的方案可行；反之，投资额小的方案为优选方案。

3. 年折算费用

运用年折算费用评价方法，只需计算各方案的年折算费用，即将投资额用基准投资回收期分摊到各年，再与各年的年经营成本相加。其计算公式为

$$Z_j=\frac{I_j}{P_e}+C_j \tag{5-4}$$

根据年折算费用，选择最小者为最优方案。年折算费用评价方法计算简便，评价准则直观、明确。

【例 5-4】　某工程有甲、乙、丙、丁四个实施方案可供选择。四个方案的投资额依次是 60 万元、80 万元、100 万元、120 万元。年运行成本依次是 16 万元、13 万元、10 万元和 6 万元，各方案应用环境相同。设基准投资率为 10%。则采用折算费用评价方法选择的最优方案为哪个？

解：

$Z_{(甲)}=16+60\times10\%=22$(万元)；

$Z_{(乙)}=13+80\times10\%=21$(万元)；

$Z_{(丙)}=10+100\times10\%=20$(万元)；

$Z_{(丁)}=6+120\times10\%=18$(万元)。

根据年折算费用，选择最小者为最优方案，选择丁方案。

(二)计算期相同动态评价方法

主要方法包括净现值法、增量投资内部收益率法、净年值法。

1. 净现值(*NPV*)法

对互斥方案评价,首先剔除 $NPV<0$ 的方案,即进行方案的绝对效果检验;然后对所有 $NPV\geqslant 0$ 的方案比较其净现值,选择净现值最大的方案为最佳方案。

【例 5-5】 三个相等寿命互斥方案如表 5-3 所示。i_c 为 15%,试用净现值法选择最佳方案。

表 5-3 A、B、C 三个方案的基本数据

方案	初始投资/万元	年净收益/万元	寿命/年
A	10 000	2 800	10
B	16 000	3 800	10
C	20 000	5 000	10

解:

①计算各方案的绝对效果并检验:

$NPV_A=-10\ 000+2\ 800(P/A,15\%,10)=4\ 053.2$ 元

$NPV_B=-16\ 000+3\ 800(P/A,15\%,10)=3\ 072.2$ 元

$NPV_C=-20\ 000+5\ 000(P/A,15\%,10)=5\ 095$ 元

由于 $NPV_A>0$,$NPV_B>0$,$NPV_C>0$,故三方案都通过了绝对经济效果检验,即三个方案均可行。

②计算各方案的相对效果并确定相对最优方案:

由于 $NPV_A-NPV_B=981>0$,故认为 A 方案优于 B 方案。

由于 $NPV_C-NPV_A=1\ 041.8>0$,故认为 C 方案优于 A 方案,故 C 方案最优。

从上例可看出,只有通过绝对效果检验的最优方案才是唯一应被接受的方案。

2. 增量投资内部收益率(ΔIRR)法

根据各互斥方案的内部收益率并不一定能选出净现值(基准收益率下)最大的方案,因为净现值相同但分布状态不同的两个现金流量,会得出不同的内部收益率。因此,选择两个方案,其各年净现金流量的差额的现值之和等于零时的折现率,即增量投资内部收益率作为评价的指标。

应用 ΔIRR 法评价互斥方案的基本步骤如下:

(1)计算各备选方案的 IRR_j,分别与基准收益率 i_c 进行比较。IRR_j 小于 i_c 的方案,即予淘汰;

(2)将 $IRR_j\geqslant i_c$ 的方案按初始投资额由小到大依次排列;

(3)按初始投资额由小到大依次计算相邻两个方案的增量投资内部收益率 ΔIRR,若 $\Delta IRR>i_c$,则说明初始投资额大的方案优于初始投资额小的方案,保留投资额大的方案;反之,若 $\Delta IRR<i_c$,则保留投资额小的方案。直至全部方案比较完毕,保留的方案就是最优方案。

【例 5-6】 现有两互斥方案,其净现金流量如表 5-4 所示。设基准收益率为 10%,试

用净现值和内部收益率评价方案。

表 5-4　方案 1 与方案 2 的净现金流量　　单位:万元

方案	净现金流量				
	第 0 年	第 1 年	第 2 年	第 3 年	第 4 年
方案 1	-7 000	1 000	2 000	6 000	4 000
方案 2	-4 000	1 000	1 000	3 000	3 000

解:

①计算净现值 NPV:

$NPV_{(1)}=-7\ 000+1\ 000\times(P/F,10\%,1)+2\ 000\times(P/F,10\%,2)+6\ 000\times(P/F,10\%,3)+4\ 000\times(P/F,10\%,4)=2\ 810.7$(万元);

$NPV_{(2)}=-4\ 000+1\ 000\times(P/F,10\%,1)+1\ 000\times(P/F,10\%,2)+3\ 000\times(P/F,10\%,3)+3\ 000\times(P/F,10\%,4)=2\ 038.4$(万元)。

②计算内部收益率 IRR:

由 $NPV(IRR_1)=-7\ 000+1\ 000\times(P/F,IRR_1,1)+2\ 000\times(P/F,IRR_1,2)+6\ 000\times(P/F,IRR_1,3)+4\ 000\times(P/F,IRR_1,4)=0$

解得 $IRR_1=23.67\%$;

由 $NPV(IRR_2)=-4\ 000+1\ 000\times(P/F,IRR_2,1)+1\ 000\times(P/F,IRR_2,2)+3\ 000\times(P/F,IRR_2,3)+3\ 000\times(P/F,IRR_2,4)=0$

解得 $IRR_2=27.69\%$。

从计算结果可看出,$IRR_1<IRR_2$,如果以内部收益率为评价准则,方案 2 优于方案 1;而以净现值为评价准则,基准收益率 $i_c=10\%$,$NPV_{(1)}>NPV_{(2)}$,方案 1 优于方案 2,这就产生了矛盾。到底哪个方案更优,就需要考虑方案 1 比方案 2 多花的投资的内部收益率(即增量投资内部收益率 ΔIRR)是否大于基准收益率 i_c。

增量投资内部收益率就是 $NPV_{(1)}=NPV_{(2)}$ 时的折现率。通过计算,本例的增量投资内部收益率 $\Delta IRR=18.41\%$。增量投资内部收益率大于基准收益率,则方案 1 为优选方案,与净现值评价准则的结论一致。

2. 净年值法

计算各备选方案的等额年费用(AC),然后进行对比,以等额年费用最低者为最佳方案。

(三)计算期不同的动态评价方法

1. 净年值法

与计算期相同净年值法计算思路一样,计算各备选方案净现金流量的等额年值并进行比较,以 $NAV\geq0$,且 NAV 最大者为最优方案。

2. 净现值法

对于计算期不同的方案,应用净现值之前,首先要将各方案的计算延长到相同的计算期。(1)最小公倍数法(方案重复法),将各备选方案计算期的最小公倍数作为比选方案的共同计算期,以净现值最大的方案为最佳方案。该方法对某些不可再生资源开发型项目不适用。另外如果求得计算期过长也不适用。(2)研究期法，研究期的确定一般以互斥方案中年限最短方案的计算期作为互斥方案评价的共同研究期。(3)无限计算期法，如果评价方案的最小公倍数计算期很长，上述计算非常麻烦，则可用无限计算期法计算 *NPV*，*NPV* 最大者为最优方案。

【例 5-7】 试对下面三项寿命不等的互斥投资方案用净现值法做出取舍决策。(i_c 为 15%)

表 5-5 A、B、C 三个方案的基本信息 单位：万元

项目	方案		
	A	B	C
初始投资	6 000	7 000	9 000
残值	0	200	300
年度支出	1 000	1 000	1 500
年度收入	3 000	4 000	4 500
寿命(年)	3	4	6

解：用最小公倍数法按净现值法对方案进行评价。计算期为 12 年。A、B、C 三个方案的现金流量图如图 5-1、图 5-2、图 5-3 所示。

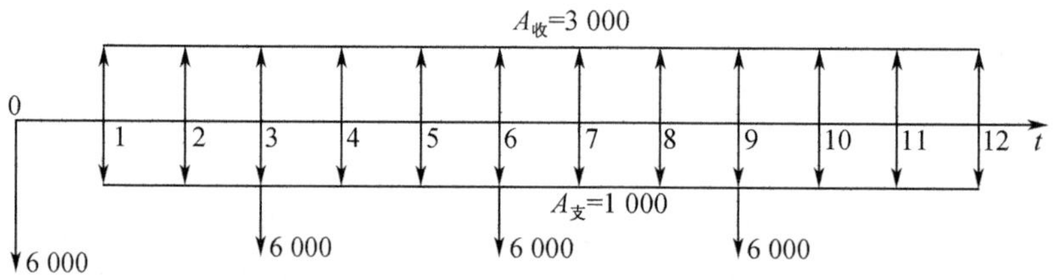

图 5-1 A 方案的现金流量图

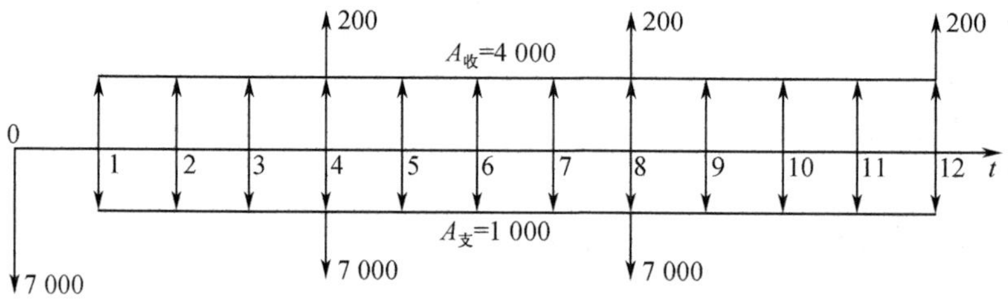

图 5-2 B 方案的现金流量图

$NPV_A = -6\ 000-6\ 000(P/F,15\%,3)-6\ 000(P/F,15\%,6)-6\ 000(P/F,15\%,9)+(3\ 000-1\ 000)(P/A,15\%,12)=-3\ 402.6$(万元)

$NPV_B = -7\ 000-7\ 000(P/F,15\%,4)-7\ 000(P/F,15\%,8)+(4\ 000-1\ 000)(P/A,15\%,12)+200(P/F,15\%,4)+200(P/F,15\%,8)+200(P/F,15\%,12)=3\ 189.22$(万元)

$NPV_C = -9\ 000(P/F,15\%,6)-9\ 000+(4\ 500-1\ 500)(P/A,15\%,12)+300(P/F,15\%,6)+300(P/F,15\%,12)=3\ 558.06$(万元)

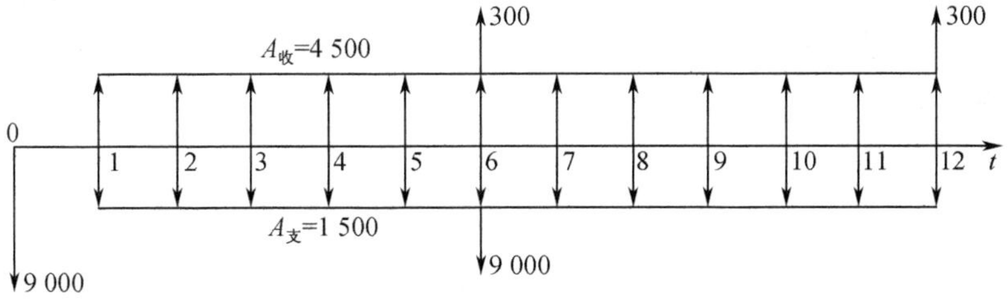

图 5-3　C 方案的现金流量图

因 $NPV_C > NPV_B > NPV_A$，故 C 方案最优。

第四节　混合方案的经济效果评价

一、混合方案的分类

方案组合中既包含互斥方案，又包含独立方案时，这一组方案称为混合方案。独立方案或互斥方案的选择，属于单项决策。但在实际情况下，需要考虑方案决策之间的相互关系。混合方案的特点，就是在分别决策基础上，研究系统内诸方案的相互关系，从中选择最优的方案组合。混合方案在结构上又可分为以下两种类型。

（一）先独立后互斥方案

在一组独立多方案中，每个独立方案下又有若干个互斥方案。层次结构如图 5-4 所示。

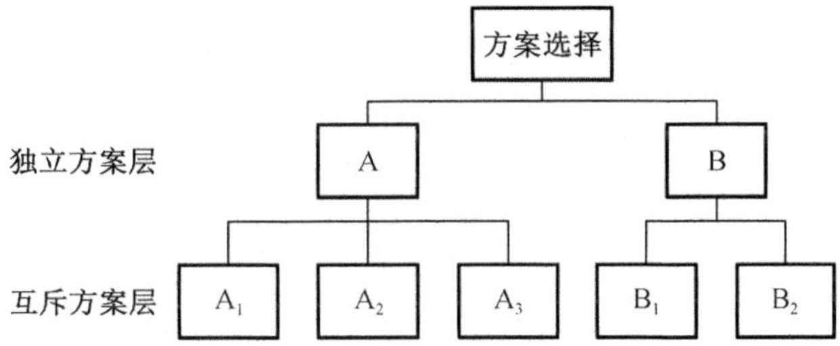

图 5-4　先独立后互斥方案示意图

（二）先互斥后独立方案

在一组互斥多方案中，每个互斥方案下又有若干个独立方案。层次结构如图 5-5 所示。

二、混合方案的比选

（一）先独立后互斥混合方案的比选

这种形式的混合方案可采用方案组合法进行比选。其基本方法与独立方案互斥法类似，先排除单一方案不可行者，然后列出可能的方案组合，这些方案组合之间的关系是互斥的，然后用评价互斥方案的方法比选择优。如果用 m 代表相互独立的方案数目，n_j 代表第 j 个独立方案下互斥方案的数目($j=1,2,\cdots,m$)，则该混合方案可以组合成的互斥的组合方案数目为(包括 0 方案)

$$N=\prod_{j=1}^{m}(n_j+1)=(n_1+1)(n_2+1)\cdots(n_m+1)$$

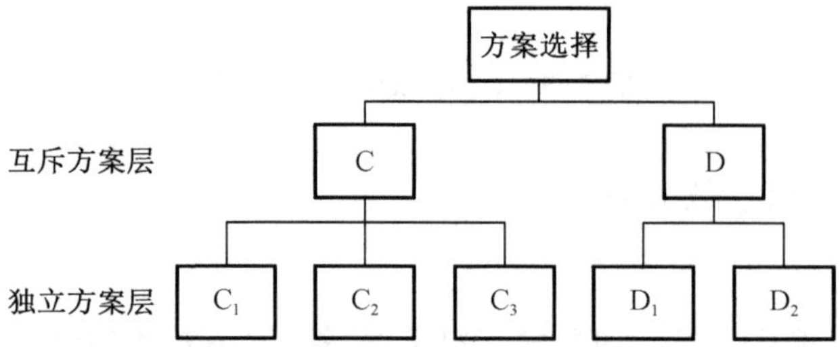

图 5-5　先互斥后独立方案示意图

例如，A、B 两方案是相互独立的，A 方案下有 2 个互斥方案 A_1、A_2，B 方案下有 3 个互斥方案 B_1、B_2、B_3，若上述方案都经济上可行，则可以组合成的互斥组合方案数目为 $N=3\times4=12$(个)。

(二)先互斥后独立混合方案的比选

先将互斥方案下的独立方案互斥化，找出最佳的方案组合；然后对选出的最佳方案组合进行优劣比较，最终选出混合方案的最优组合。例如，仍然是上述 A、B 两方案，但是其关系是互斥的。A 方案下有 2 个独立方案 A_1、A_2，B 方案下有 3 个独立方案 B_1、B_2、B_3，若上述方案均经济可行，则可分别对 A 方案下的独立方案互斥化，选择一组最佳的方案组合设为 A′；然后对 B 方案下的独立方案互斥化，选择一组最佳的方案组合设为 B′，A′和 B′两个方案组合之间的关系是互斥的，在它们之间选择一个最佳方案，即为混合方案的最佳方案选择。

【例 5-8】　某大型企业集团面临两个投资机会，一个是房地产开发项目，一个是生物制药项目。由于资金限制，同时为防止专业过于分散，该集团打算仅选择其中之一。房地产开发项目是某市一个大型的城市改造项目，其中有居住物业 C_1、商业物业 C_2，还有一处大型的体育设施项目 C_3，该企业可以选择全部进行投资，也可选择其中一个或两个项目进行投资；生物制药项目有 D_1 和 D_2 两个相距遥远的地区都急需投资以充分利用当地资源，该企业的资金也可以同时支持 D_1 和 D_2 两个项目的选择。在以上案例中假设企业集团能够筹集到的资金为 10 000 万元，各方案所需投资额和 *NPV* 见表 5-6。

表 5-6　房地产开发项目与生物制药项目的投资数据

项目	房地产开发项目			生物制药项目	
	方案 C_1	方案 C_2	方案 C_3	方案 D_1	方案 D_2
投资额/万元	4 300	5 500	4 800	3 800	4 900
NPV/万元	1 100	1 650	900	950	1 250
NPVR/%	25.58	30.00	18.75	25.00	25.51

解:所有方案净现值大于零,因此都是可行的。

在第一组 C 方案中,由于所需总投资 = 4 300+5 500+4 800 = 14 600 万元>10 000 万元。根据净现值率排序法,选择 C_1 和 C_2 方案。

在第二组 D 方案中,由于所需总投资 = 3 800+4 900 = 8 700 万元<10 000 万元。因此两个方案都可以选择。

两个组合方案为互斥的,根据净现值法进行比选。

组合方案 C_1+C_2 的 NPV = 1 100+1 650 = 2 750(万元);

组合方案 D_1+D_2 的 NPV = 950+1 250 = 2 200(万元)。

根据净现值最大的原则,选择组合方案 C_1+C_2。

【思考与练习】

1. 简述独立方案、互斥方案和混合方案的区别与联系。
2. 独立方案比选的静态方法与动态方法分别有哪些?
3. 计算期不同的互斥方案如何比选?
4. 如何进行混合方案的比选?

第六章　不确定性与风险分析

【内容提要】

(1) 工程项目的不确定性与风险;
(2) 盈亏平衡分析;
(3) 敏感性分析;
(4) 风险评估概述;
(5) 风险评估基本方法。

【核心概念】

盈亏平衡分析、敏感性分析、风险评估

【引导案例】

iPhone 为什么不再受宠?

2019 年 1 月 2 日,库克在致投资者信中宣布,iPhone 2019 年第一财季的收入预测调整为 840 亿美元,这一数字远低于此前 iPhone 和华尔街的预期。而在 iPhone 中国的官网上,折抵换购的大字霸占着首屏。是什么原因让 iPhone 不再受宠?

库克发表了一封公开信,并在信中提到了 iPhone 销量不如预期的多个原因:(1) 运营商补贴的减少广泛影响 iPhone 更新换代;(2) 部分消费者享受 iPhone 电池更换价格大幅下调的好处;(3) 美元强势造成价格上涨。库克在公开信中多次提到中国,中国市场可以说是重中之重,真正影响大中华区销量的是这一年中国手机厂商,例如华为、OPPO 等品牌研发实力的增强。所以,影响 iPhone 销量的一个重要原因就是中国竞争对手的实力加强。

iPhone 这一案例告诉我们,企业在市场环境中经济大环境与市场环境存在很大的不确定性,这些不确定性将给企业和项目带来不可忽视的影响。

第一节　工程项目的不确定性与风险

工程经济投资是面对未来,项目评价所采用的数据大部分来自估算和预测,有一定程度的不确定性和风险。为了尽量避免投资决策失误,有必要进行不确定性与风险分析。所谓工程项目的不确定性分析,就是考查建设投资、经营成本、产品售价、销售量、项目寿命等因素的变化对项目经济评价指标所产生的影响。这种影响越强烈,表明所评价的项目方案对某个领域或某些因素越敏感。对于这些敏感因素,要求项目决策者和投资者予以充分重视和考虑，工程项目不确定因素分析的方法主要包括盈亏平衡分析和敏感性分析。

工程项目的风险分析主要涉及风险识别、风险估计、风险决策和风险应对。盈亏平衡分析只适用于财务评价，敏感性分析和风险分析可同时用于财务评价和国民经济评价。

一、风险与不确定性的概念

不确定性是指决策者事先不知道决策的所有可能结果或各种结果可能出现的概率。风险是指由随机原因所引起的项目总体实际价值和预期价值之间的差异。“风险”与“不确定性”是两个不同的概念，但日常生活中人们往往会把两者混在一起，把不确定性也归为风险之列，如“股市有风险，入市须谨慎”这句话中的“风险”其实是指“不确定性”。对两者予以区分很重要，因为企业家精神是与不确定性联系在一起，而不是与风险联系在一起的。在不确定性下，才存在企业家追求的利润机会，才能激发企业家精神。如是“风险”，那就不需要发挥企业家精神，买保险就可以了。

那么风险和不确定性的区别究竟在哪里呢？大致说，如事件发生的可能性存在可以计算的概率，那么就属于“风险”事件，没有概率可以计算的就属于“不确定性”事件。存在概率的原因是事件可以归类。“归类”是指将不同的事件按照事先选定的类别进行归总。如投掷硬币，结果是随机的，但要么是正面，要么是反面，出现正面或反面的概率都是二分之一。

“风险”可以通过“聚集”的方式来消除，如对待大病，大家都交一点钱，汇聚成一个资金池，假如有谁真的生了大病，那么把钱拿出来救助他，这种保障在民间比较常见，一般都是自发的。在现代社会中，更多的是通过保险公司来提供这种服务，实现这种保障的。如果说银行做的是“信用”的生意，那么保险公司做的就是“风险”的生意，没有风险，保险公司就没有存在的必要。保险公司计算出某事件的“概率”后，就可以计算赔率，以及设计保险产品，保证自己总体上不亏钱。所以，那些可以投保的事件，都属于“风险”而不属于“不确定性”。

有的事件虽然不能归类，但知道它发生的频率，那么这类事件也属于“风险”。“频率”指一定时间内、一定规模的危险单位可能发生损失的次数。比如自然灾害属于“风险”，因为自然灾害可以计算发生的频率，例如是百年一遇的洪水还是十年一遇的洪水。同样，火灾、车祸和盗窃都可以计算发生的概率，因此也都属于风险范畴，因此也都是可以投保的，比如车险是保险公司的主要业务之一。

相比之下，不确定性指的是唯一性的、独一无二的和不重复的事件，这类事件没有可以归于的类别，没有据以计算概率的科学基础，也没有频率可以计算。用美国前国防部长拉姆斯菲尔德的话说，不确定性属于“未知的未知”和“未知的已知”，而概率属于“已知的未知”或“已知的已知”。当然，这不是说，企业家对未来一无所知，而是指他对未来的情形的感知不能被他人所知，或者说不能被他人所理解。这样，他人不能对“他的所知”进行概率计算，从而使“他的所知”变成“不确定性”。

如果说风险是与“外部因素”对应的，那么不确定性就是与“人的行为”对应的。如米塞斯所说，“有目的的人的行动通常不能被视为同属于一个同质类别的”。不确定性意味着事件的结果取决于人的行动本身，可以因为人的行为而改变。不确定性普遍存在于生产经营领域或市场中。

生产经营是没有保险可以买的，假如有的话，那么就会产生机会主义行为，从而改变事件本身。假如经营亏损可以投保的话，那么企业家就不会好好经营，而是让企业亏损。在市场化改革之前，国有部门普遍亏损的一个重要原因，就在于国有部门有政府兜底，存在

"预算软约束"。

所以,不确定性最终源于人的行为的不确定性。企业家决定买入或卖出某要素,生产或不生产某产品,消费者是否购买某产品等都具有自发性,不是谁事先可以确定的。由无数具有不确定性的行为构成的市场自然也是"不确定性的",正如凯恩斯所说,"俄罗斯转盘游戏并不属于不确定性问题。……在欧洲是否会爆发战争,20年后铜的价格或者利率是多少等事件上,我们才会使用不确定性这个术语"。

不确定性意味着不能准确预测和控制。除了价格波动外,消费者的行为、竞争对手的行为、政策的变化以及企业内部的管理等对企业家来说都意味着不确定性,当然,这些因素也会最终反映到价格上,并影响企业家的利润。经济学家奈特特别强调的一种不确定是"用人"方面的不确定性,即无法准确地判断某人是否具有某种才能,是否能够胜任某项工作。这就是为什么在风险投资中,判断团队的能力比判断项目本身还重要的原因。

对风险和不确定性的区分,也表明股市和赌场是两回事,前者属于"不确定性"范畴,后者属于"风险"范畴。企业家的经营和赌博的性质完全不同,企业家可以创造出某个从未出现的结果,无中生有,虽然结果如何是不可知的。

本章将未来可能变化的因素对投资方案效果的影响分析统称为不确定性分析。

二、不确定性与风险产生的原因

(1)政府的政策和规定的变化

国家政策往往是国家意志的体现,伴随着税收或补贴工具的运用,不可避免地对产品成本带来影响,成为市场风险的来源。比如前两年新兴的新能源汽车行业,不管车卖得好不好,商家光拿补贴也能赚钱,于是就有大量的资金涌入这个行业,但是如果有一天政府政策发生变化,不补贴或减少补贴了,那么就会造成大量的亏损。

(2)资金筹措方式与来源的变化

项目资金筹措方式及来源呈现多元化态势,相应的资金筹措风险也是多元化的,政府要求一定比例的资本金可在一定程度上规避风险。

(3)项目组织内部情况

项目组织环境及组织结构的合理性,指挥或沟通渠道的畅通性和组织及个人的执行力都会影响内部风险。

(4)设计错误

顶层设计及局部设计得不合理都将导致项目大量变更,甚至大量返工直至失败。

(5)项目环境的变化

投资的扎堆、市场需求的剧烈变动,通过价格变动给企业和项目带来巨大不确定性。项目环境包括项目干系人、项目实施的微观经济环境及气候等生态环境。

(6)合同条款的错误与混乱

合同条款的不合理可能导致当事人的重大争执,甚至产生索赔。

(7)物资采购与供货时间

采购环节往往面临运输、质量、价格等风险,直接影响项目进度、质量和成本。

(8)工程价款估算或结算错误

项目现金流估算和结算不合理是一个普遍存在的问题,资料占有不够充足,统计或预测方法不够合理等都可能是其产生的原因。比如资金链出现断裂、施工拖延等引起项目无法如期完工投产,将带来不可忽略的风险。

(9)技术和工艺的变革

在工业经济和知识经济主导下,新技术和新工艺的推陈出新,项目建设或运营期间的现金流量可能因此发生改变。比如之前提到的 iPhone 销量下降,很大一部分原因就是由于华为、OPPO 等品牌技术的进步,对其造成了一定的影响。

(10)通货膨胀和信贷风险

通货膨胀(inflation)造成物价上涨,货币贬值。通货膨胀和一般物价上涨的本质区别:一般物价上涨是指某个、某些商品因为供求失衡造成物价暂时、局部、可逆的上涨,不会造成货币贬值;通货膨胀则是能够造成一国货币贬值的,该国国内主要商品的物价持续、普遍、不可逆的上涨。

信贷风险是指商业银行等机构在信贷业务经营过程中,由于受到各种内外部不确定因素的影响,资产蒙受经济损失的可能性。就信贷业务而言,贷款人通过让渡资金在一定时间内的使用权给借款人从而获得了在某一限定时间内获得一笔利息收入这一预期,然而这个预期可能实现,也可能不仅无法实现收取利息的预期,甚至面临着无法收回本金的风险,这就是所谓的信贷风险。

(11)汇率变动

汇率变动(fluctuations in exchange)指货币对外价值的上下波动,包括货币贬值和货币升值。汇率是一个国家的货币可以被转换成其他国家(地区)货币的价格。汇率变动是指汇率发生变化,或某货币相对于另一个货币价值的改变。引起汇率变动的因素很多,如贸易、通货膨胀等。

(12)不可抗力

不可抗力是指不能预见、不能避免且不能克服的客观情况。不可抗力的来源既有自然现象,如地震、台风,也包括社会现象,如军事行动。作为人力所不可抗拒的强制力,具有客观上的偶然性和不可避免性,主观上的不可预见性以及社会危害性。

不可抗力是一项免责条款,是指买卖合同签订后,不是由于合同当事人的过失或疏忽,而是由于发生了合同当事人无法预见、无法预防、无法避免和无法控制的事件,以致不能履行或不能如期履行合同,发生意外事件的一方可以免除履行合同的责任或者推迟履行合同,在我国《民法通则》上是指“不能预见、不能避免和不能克服的客观情况”。

由此可见,产生项目的风险与不确定性有两个来源,即项目本身的不确定性和项目所处环境的不确定性。

第二节　盈亏平衡分析

一、盈亏平衡分析的概念

盈亏平衡分析,指在一定市场、生产能力和经营管理条件下,依据方案成本-收益相平衡的原则,确定方案产量、成本与利润之间变化与平衡关系的方法。由于盈亏平衡分析是分析产销量、成本与利润的关系，因此又称为量本利分析。盈亏平衡分析是风险分析的主要内容，它让管理者事先明了项目的盈利条件。

方案的收益与成本相等时就是盈亏平衡，我们就称这个状态的数量点为盈亏平衡点。盈亏平衡点和额定量相差越远，说明方案盈利的可能性越大，亏损的可能性越小，方案有较大的抗经营风险能力。盈亏平衡点越低，项目抗风险能力越强，项目适应市场变化能力越强。

盈亏平衡分析只适用于项目的财务评价，而敏感性分析和风险分析则可同时用于财务评价和国民经济评价。

二、基本的损益方程式

（一）基本的损益方程式

利润＝销售收入－总成本－销售税金

假设产量等于销售量，并且项目的销售收入与总成本均是产量的线性函数：

销售收入＝单位售价×销量

总成本＝变动成本＋固定成本＝单位变动成本×产量＋固定成本

销售税金＝单位产品销售税金及附加×销售量

利润＝（单价－单位变动成本－单位产品销售税金及附加）×产销量－固定成本

整理得利润公式：

$$B = pQ - C_V Q - C_F - tQ \tag{6-1}$$

式中 B——利润；

P——单价；

Q——产销量；

C_V——单位变动成本；

C_F——固定成本；

t——单位产品销售税金及附加。

由于单位产品的销售税金及附加是随产品的销售单价变化而变化的，为了便于分析，将销售收入与销售税金及附加合并考虑，即可将产销量、成本、利润的关系反映在直角坐标系中，成为基本的量本利图，如图 6-1 所示。

以产量表示的项目盈亏平衡点与项目投资效果的关系是盈亏平衡点越低，项目抗风险能力越强。线性盈亏平衡分析的前提条件：(1)生产量等于销售量；(2)生产量变化，单位可变成本不变，从而使总生产成本成为生产量的线性函数；(3)生产量变化，销售单价不变，从而使销售收入成为销售量的线性函数；(4)只生产单一产品；或者生产多种产品，但可以换算为单一产品计算。盈亏平衡分析分线性盈亏平衡分析和非线性盈亏平衡分析两类，其中线性盈亏平衡分析的前提条件之一是只生产单一产品，且生产量等于销售量。

（二）盈亏平衡点的表达形式

盈亏平衡点主要以产量和生产能力利用率来表示。

①用产量表示的盈亏平衡点 $BEP(Q)$。

令基本损益方程式中的利润 $B=0$，此时的产量 Q_0 即为盈亏临界点产销量。即

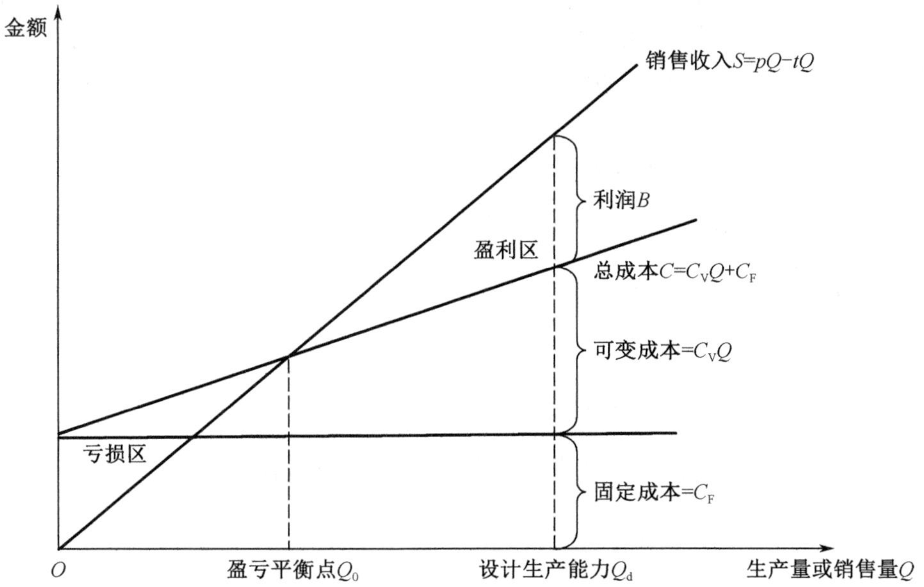

图 6-1　盈亏平衡分析图

$$BEP(Q)=\frac{\text{年固定总成本}}{\text{单位产品销售价格}-\text{单位产品可变成本}-\text{单位产品销售税金及附加}} \tag{6-2}$$

②用生产能力利用率表示的盈亏平衡点 $BEP(\%)$

生产能力利用率:盈亏平衡点产销量占项目正常产量的比重。

正常产量,是指达到设计生产能力的产销数量,也可以用销售金额来表示。

$$BEP(\%)=\frac{\text{盈亏平衡点销售量}}{\text{正常产销量}}\times 100\% \tag{6-3}$$

$$BEP(\%)=\frac{\text{年固定总成本}}{\text{单位产品销售价格}-\text{单位产品可变成本}-\text{单位产品销售税金及附加}}\times 100\%$$

$$BEP(Q)=BEP(\%)\times\text{设计生产能力}$$

【提示】 盈亏平衡点应按项目的正常年份计算,不能按计算期内的平均值计算。

③用年销售额表示的盈亏平衡点 $BEP(S)$

单一产品企业在现代经济中只占少数,大部分项目会产销多种产品。多品种项目可以使用年销售额来表示盈亏临界点。

$$BEP(S)=\frac{\text{单位产品销售价格}\times\text{年固定总成本}}{\text{单位产品销售价格}-\text{单位产品可变成本}-\text{单位产品销售税金及附加}} \tag{6-4}$$

④用销售单价表示的盈亏平衡点 $BEP(P)$

$$BEP(P)=\frac{\text{年固定总成本}}{\text{设计生产能力}}+\text{单位产品可变成本}+\text{单位产品销售税金及附加}$$

$$BEP(P)=\frac{\dfrac{\text{年固定总成本}}{\text{设计生产能力}}+\text{单位可变成本}}{1-\text{税金及附加}(\%)} \tag{6-5}$$

【例 6-1】 某项目设计生产能力为年产 50 万件产品，根据资料分析，估计单位产品价格为 100 元，单位产品可变成本为 80 元，固定成本为 300 万元，试用产量、生产能力利用率、销售额、单位产品价格分别表示项目的盈亏平衡点。已知该产品销售税金及附加的合并税率为 5%。

解：

(1) 计算 $BEP(Q)$，由式(6-2)计算得

$$BEP(Q)=\frac{3\ 000\ 000}{100-80-100\times 5\%}=200\ 000(\text{件})$$

(2) 计算 $BEP(\%)$，由式(6-3)计算得

$$BEP(\%)=\frac{3\ 000\ 000}{(100-80-100\times 5\%)\times 500\ 000}\times 100\%=40\%$$

(3) 计算 $BEP(S)$，由式(6-4)计算得

$$BEP(S)=\frac{100\times 3\ 000\ 000}{100-80-100\times 5\%}=2\ 000(\text{万元})$$

(4) 计算 $BEP(P)$，由式(6-5)计算得

$$BEP(P)=\frac{3\ 000\ 000}{500\ 000}+80+BEP(P)\times 5\%=86+BEP(P)\times 5\%$$

$$BEP(P)=\frac{86}{1-5\%}=90.53(\text{元})$$

【例 6-2】 某项目设计生产能力为年产 60 万件产品，单位产品价格为 200 元，单位产品可变成本为 160 元，年固定成本为 600 万元，产品销售税金及附加的合并税率为售价的 5%。该项目的盈亏平衡产量为 20 万件。

【例 6-3】 某投资方案设计年生产能力为 50 万件，年固定成本为 300 万元，单位产品可变成本为 90 元/件，单位产品的税金及附加为 8 元/件。按设计生产能力满负荷生产时，用销售单价表示的盈亏平衡点是 104 元/件。

三、盈亏平衡点的经济学含义

盈亏平衡点反映了项目对市场变化的适应能力和抗风险能力。盈亏平衡点越低，适应市场变化的能力越强，抗风险能力越强。盈亏平衡分析虽然能够度量项目风险的大小，但并不能揭示产生项目风险的根源。对采取哪些方法和途径来达到降低盈亏平衡点并没有给出答案。

第三节 敏感性分析

一、敏感性分析的概念

在技术经济评价中，技术方案包含的不确定因素可能有若干个（例如：产品产量或销售量、产品价格、各种生产费用要素等都可能发生变化），但是各个因素变化时，对方案经济效益的影响程度是不相同的。

敏感性分析是指从多个不确定性因素中逐一找出对投资项目经济效益指标有重要影响的敏感性因素，并分析、测算其对项目经济效益指标的影响程度和敏感性程度，进而判断项目承受风险的能力。若某参数的小幅度变化能导致经济效益指标的较大变化，则称此参

数为敏感性因素,反之则称其为非敏感性因素。

二、敏感性分析的内容以及分类

(一)内容

通过计算敏感度系数和临界点,估计项目效益指标对它们的敏感程度,进而确定关键的敏感因素,对敏感性分析的结果进行分析,并提出减轻不确定因素影响的措施。

(二)分类

敏感性分析包括单因素敏感性分析和多因素敏感性分析。单因素敏感性分析是指每次只改变一个因素的数值来进行分析;多因素分析则是同时改变两个或两个以上因素进行分析,估算多因素同时发生变化的影响。为了找出关键的敏感性因素,通常多进行单因素敏感性分析。

三、敏感性分析的一般步骤

(一)确定分析指标

分析指标就是指敏感性分析的具体对象,即方案的经济效果指标,如 *NPV*、*NAV* 等。确定分析指标应遵循如下两个原则:第一,是与经济效果评价指标具有的特定含义有关;第二,是与方案评价的要求深度和方案的特点有关。

(二)选定不确定因素,设定其变化幅度

在进行敏感性分析时,并不需要考虑和计算所有的不确定因素,而应视方案的具体情况选取几个变化可能性较大,并对经济效益目标值影响作用较大的因素。

在选定了需要分析的不确定因素后,还要结合实际情况,根据各不确定的因素可能变动的范围,设定不确定因素的变化幅度,如 5%、10%、15%。

(三)计算不确定性因素对指标的影响程度

对于各个不确定因素的各种可能变化幅度,分别计算其对其他分析指标影响的具体数值,即固定其他不确定因素,变动一个或几个因素,计算经济效果指标值。在此基础上,建立不确定因素与分析指标之间的对应数量关系,并用图或表格表示。

计算敏感性指标:

第一,敏感度系数。敏感度系数是指项目评价指标变化率与不确定性因素变化率之比。敏感度系数是反映项目效益对因素敏感程度的指标。敏感度系数越高,敏感程度越高。计算公式为

$$S_{AF}=\frac{\Delta A/A}{\Delta F/F} \tag{6-2}$$

式中 $\Delta F/F$——不确定性因素 F 的变化率;

$\Delta A/A$——不确定性因素 F 发生 ΔF 变化时,评价指标 A 的相应变化率。

$S_{AF}>0$,表示评价指标 A 与不确定性因素 F 同方向变化;$S_{AF}<0$,表示评价指标 A 与不确定性

因素 F 反方向变化；$|S_{AF}|$ 越大，敏感度系数越高，项目效益对该不确定性因素敏感程度越高。

第二，临界点。临界点是指项目允许不确定因素向不利方向变化的极限点。

临界点是指不确定因素的变化使项目由可行变为不可行的临界值，一般采用不确定因素相对基本方案的变化率或其对应的具体数值表示。临界点的高低与设定的基准收益率有关。在一定的基准收益率下，临界点越低，说明该因素对项目效益指标影响越大，项目对该因素就越敏感；基准收益率的数值会影响到临界点的高低，对于同一个投资项目，随着设定基准收益率的提高，临界点就会变低。

（四）测定并判断敏感性因素

根据计算结果，得到敏感性因素。

（五）综合评价，优选方案

通过对比，选取最优方案。

【例 6-4】 G 公司有一投资项目，其基本数据如表 6-1 所示。假定投资额、年收入、折现率为主要的敏感性因素。试对该投资项目净现值指标进行单因素敏感性分析。

表 6-1　敏感性分析基础数据

项目	投资额/元	寿命期/年	年收入/元	年费用/元	残值/元	折现率/%
数据	100 000	5	60 000	20 000	10 000	10

解：(1) 敏感性因素与分析指标已经给定，我们选取±5%，±10%作为不确定因素的变化程度。

(2) 计算敏感性指标。首先计算决策基本方案的 NPV；然后计算不同变化率下的 NPV。

$$NPV = -100\ 000+(60\ 000-20\ 000)\times(P/A,10\%,5)+10\ 000\times(P/F,10\%,5)$$
$$=57\ 840.68(\text{元})$$

不确定因素变化后的取值和不确定因素变化后 NPV 的取值如表 6-2 和表 6-3 所示。

表 6-2　不确定因素变化后的取值

不确定因素的变化程度	投资额/元	年收入/元	折现率/%
-10%	90 000	54 000	9
-5%	95 000	57 000	9.5
0	100 000	60 000	10
5%	105 000	63 000	10.5
10%	110 000	66 000	11

表 6-3　不确定因素变化后 *NPV* 的取值

项目	变化率				
	-10%	-5%	0	5%	10%
投资额变化后 *NPV* 值	67 840.68	62 840.68	57 840.68	52 840.68	47 840.68
年收入变化后 *NPV* 值	35 095.96	46 468.32	57 840.68	69 213.04	80 585.40
折现率变化后 *NPV* 值	62 085.36	59 940.63	57 840.68	55 784.33	53 770.39

当投资额的变化率为-10%时，

$$\Delta A=(67\ 840.68-57\ 840.68)/57\ 840.68=17.3\%$$

$$S=\Delta A/\Delta F=17.3\%/-10\%=-1.73$$

其余情况计算方法类似。

(3)计算临界值

投资临界值:设投资额的临界值为 I,则

$$NPV=-I+(60\ 000-20\ 000)\times(P/A,10\%,5)+10\ 000\times(P/F,10\%,5)=0$$

得 $I=157\ 840$。

收入临界值:设年收入的临界值为 R,则

$$NPV=-100\ 000+(R-20\ 000)\times(P/A,10\%,5)+10\ 000\times(P/F,10\%,5)=0$$

得 $R=44\ 741.773$。

折现率临界值:设折现率的临界值为 i,则

$$NPV=-100\ 000+(60\ 000-20\ 000)\times(P/A,i,5)+10\ 000\times(P/F,i,5)=0$$

得 $i=30.058\%$

实际上,i 的临界值就是该项目的内部收益率。

(4)绘制敏感性分析表(表 6-4)

表 6-4 敏感性分析表

序号	不确定性因素	变化率/%	净现值/元	敏感系数	临界值/元	临界百分率/%
	基本方案		57 840.68			
1	投资额	-10	67 840.68	-1.729	157 840	57.84
		-5	62 840.68	-1.729		
		+5	52 840.68	-1.729		
		+10	47 840.68	-1.729		
2	年收入	-10	35 095.96	3.932	44 741.773	-25.43
		-5	46 468.32	3.932		
		+5	69 213.04	3.932		
		+10	80 585.40	3.932		
3	折现率	-10	62 085.36	-0.734	30.058	300.58
		-5	59 940.63	-0.726		
		+5	55 784.33	-0.711		
		+10	53 770.39	-0.704		

(5)绘制敏感性分析图。在敏感性分析图(图 6-2)中,与横坐标相交角度最大的曲线对应的因素就是最敏感的因素。

分析评价。从敏感性分析表和敏感性分析图 6-2 可以看出,净现值指标对年收入的变化最敏感。注意:(1)每条斜线的斜率反映经济评价指标对该不确定因素的敏感程度,斜率越大敏感性越高,每条斜线与横轴的交点所对应的不确定因素变化率即为该因素的临界点。(2)敏感性分析不能说明不确定因素发生变动情况的可能性大小(即发生的概率),这

种概率和风险的大小密切相关。

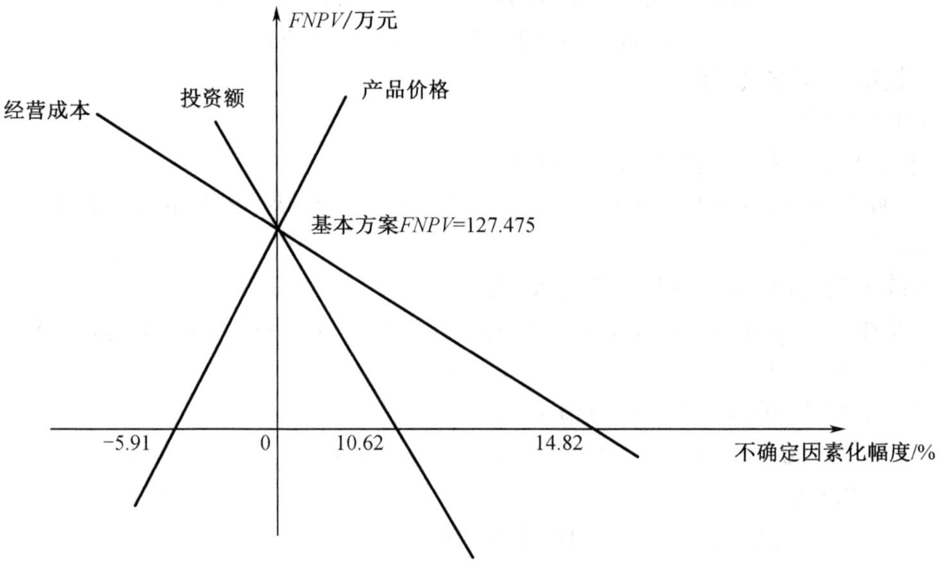

图 6-2　敏感性分析图

【例 6-5】　某投资方案设计年生产能力为 10 万台，计划项目投产时总投资为 1 200 万元，其中建设投资为 1 150 万元，流动资金为 50 万元；预计产品价格为 39 元/台；销售税金及附加为销售收入的 10%；年经营成本为 140 万元；方案寿命期为 10 年；到期时预计固定资产余值为 30 万元，基准折现率为 10%，试就投资额、单位产品价格、经营成本这三个影响因素对该投资方案进行敏感性分析。

解：(1)绘制的现金流量图如图 6-3 所示。

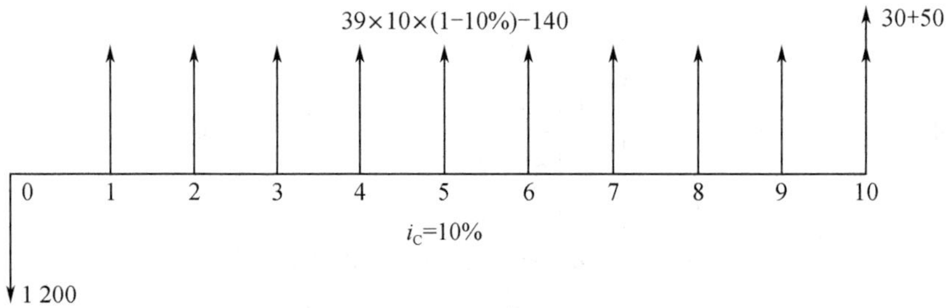

图 6-3　现金流量图

(2)选择净现值为敏感性分析的对象，计算出项目在初始条件下的净现值。

$$NPV_0=-1\ 200+[39\times10\times(1-10\%)-140]\times(P/A,10\%,10)+80\times(P/F,10\%,10)$$
$$=127.35(万元)。$$

由于 $NPV_0>0$，因此该项目是可行的。

(3)对项目进行敏感性分析。取定三个因素：投资额、产品价格和经营成本，然后令其逐一在初始值的基础上按±10%、±20%的变化幅度变动。分别计算相对应的净现值的变化情况，得出结果如表 6-5 所示。

表 6-5　因素的敏感度分析表

项目	变化率						
	-20%	-10%	0	+10%	+20%	平均+1%	平均-1%
投资额/万元	367.475	247.475	127.35	7.475	-112.525	-9.414%	+9.414%
产品价格	-303.904	-88.215	127.35	343.165	558.854	+16.92%	-16.92%
经营成本	299.535	213.505	127.35	41.445	-44.585	-6.749%	+6.749%

按净现值对各个因素的敏感程度来排序，依次是产品价格、投资额、经营成本，最敏感的因素是产品价格。

四、敏感性分析的不足

敏感性不能说明不确定因素发生变动的情况、可能性的大小，也就是没有考虑不确定因素在未来发生变动的概率，而这种概率是与项目的风险大小紧密相关的。

第四节　风险评估概述

一、风险管理的发展历史

国际风险管理的发展分为以下几个阶段。德国在 20 世纪初第一次世界大战结束后，就为重建提出了风险管理。其强调风险的控制、分散、补偿、转嫁、防止、回避、抵消，比较完善。美国开始对风险管理理解比较狭隘，他们是从费用管理为出发点，把风险管理作为经营合理化的手段提出，第二次世界大战后，才过渡到全面的风险管理。法国和一些欧洲国家直到 20 世纪 70 年代中期才接受这一概念。日本的风险管理虽然起步较晚，但其研究得比较透彻和深入，基本继承了德国风险管理理论和观念。

二、风险评估概述的概念

风险评估（risk assessment）是指在风险事件发生之前或之后（但还没有结束），对该事件给人们的生活、生命、财产等各个方面造成的影响和损失的可能性进行量化评估的工作。即，风险评估就是量化测评某一事件或事物带来的影响或损失的可能程度。概念包含了三层意义：(1) 对系统中固有的或潜在的危险性进行定性和定量分析，这是风险评估的核心。系统分析是以预测和防止事故为前提，全面对评估对象的功能及潜在危险进行分析、测定，是评估工作必不可少的手段。(2) 掌握企业发生危险的可能性及其危害程度之后，就要用指标来衡量企业安全程度。即从数量上说明分析对象安全性的程度。为了达到准确评估的目的，要说明情况的可靠数据、资料和评价指标。评价指标可以是指数、概率值或等级。(3) 风险评估是以寻求企业发生的事故率最低，损失最小，安全投资效益最优，以及提高生产安全管理的效率和经济效益为目的的，即确保安全生产，尽可能少受损失。欲达到此目的，必须采取预防和控制危险的措施，优选措施方案，提高安全水平，确保系统安全。

三、风险因素

影响项目实现预期经济目标的风险因素来源于法律法规及政策、市场供需、资源开发利用、技术可靠性、工程方案、融资方案、组织管理、环境与社会、外部配套条件等多个方面。而影响项目收益的风险因素可归纳为以下几个方面:(1)项目收益风险,产出品的数量(服务量)与预测(财务与经济)价格;(2)建设风险,建筑安装工程量、设备选型与数量、土地征用和拆迁安置费、人工及材料价格、机械使用费及取费标准等;(3)融资风险,资金来源、供应量与供应时间等;(4)建设工期风险,工期;(5)运营成本费用风险,投入的各种原料、材料、燃料、动力的需求量与预测价格、劳动力工资、各种管理费取费标准等;(6)政策风险,税率、利率、汇率及通货膨胀率等。

四、风险识别与估计

风险识别应采用系统论的观点对项目全面考察综合分析,找出潜在的各种风险因素,并对各种风险进行比较、分类,确定各因素之间的相关性与独立性,判断其发生的可能性及对项目的影响程度,按其重要性进行排队或赋予权重。敏感性分析是初步识别风险因素的重要手段。风险估计应采用主观概率和客观概率的统计方法,确定风险因素的概率分布,运用数理统计分析方法,计算项目评价指标相应的概率分布或累计概率、期望值、标准差。

五、风险评价

以评价指标作判别标准:(1)财务(经济)内部收益率大于或等于基准收益率的累计概率值越大,风险越小;标准差越小,风险越小;(2)财务(经济)净现值大于或等于零的累计概率值越大,风险越小;标准差越小,风险越小。

以综合风险等级作判别标准。根据风险因素发生的可能性及其造成损失的程度,建立综合风险等级的矩阵,将综合风险分为 K 级、M 级、T 级、R 级、I 级,见表 6-6。

表 6-6　综合等级分类表

综合风险等级		风险影响的程度			
		严重	较大	适度	轻微
风险的可能性	高	K	M	R	R
	较高	M	M	R	R
	适度	T	T	R	I
	低	T	T	R	I

六、风险应对

根据风险评价的结果,研究规避、控制与防范风险的措施,为项目全过程风险管理提供依据。决策阶段风险应对的主要措施包括:强调多方案比选;对潜在风险因素提出必要研究与试验课题;对投资估算与财务(经济)分析,应留有充分的余地;对建设或生产经营期的潜在风险可建议采取回避、转移、分担和自担措施。

结合综合风险因素等级的分析结果,应提出下列应对方案:

K 级:风险很强,出现这类风险就要放弃项目;

M 级:风险强,修正拟议中的方案,改变设计或采取补偿措施等;

T 级:风险较强,设定某些指标的临界值,指标一旦达到临界值,就要变更设计或对负面影响采取补偿措施;

R 级:风险适度(较小),适当采取措施后不影响项目;

I 级:风险弱,可忽略。

第五节　工程中有可能出现的风险因素和解决对策

一、风险因素

项目工程中的风险因素主要来自业主方、设计方、施工方。(1)业主方。业主方是整个工程项目的重要参与者,给工程开展带来直接的影响,但同时也是发生施工风险的重要方面。具体来说,在实际的施工中业主方并没有施工经验,但对工程的控制却是较大的,导致在后期的控制过程中一些项目很容易出现问题。例如,在混凝土施工时,首先要确保混凝土的检测强度,达到标准后再将模具拆除。但是实际上很多业主认为这种方式较慢,为了跟上施工进度会不按照流程进行,导致施工风险增加。(2)设计方。设计方在工程项目中的主要职责是设计,设计质量直接关系着工程的开展。(3)施工方。多数施工单位无法把握设计要求,过于重视成本预算,导致质量没有得到合理控制;且在人员安排过程中也存在很多缺陷,不够科学。施工技术的开展对工程项目的影响更大。近年来虽然工程技术不断提高,建筑工程质量也得到了明显的改善,但对施工项目而言,施工技术仍存在一定的风险。例如,在基础建设时,不同的地基要采用不同的处理方式,但是由于施工技术的限制,数据缺乏科学性和全面性,施工难度也大大增加,给工程带来了较大的隐患。

二、风险对策

风险对策中以上述的风险综合评价为基础,再通过优化施工队伍、加强施工过程的风险控制和管理工作等有效地规避风险。(1)优化施工队伍。施工人员的整体素养对工程造成很大的影响,虽然现在工程中大多采用机械化操作,但还需要人为控制。对此,应不断地提高施工队伍的综合素养。(2)加强施工风险控制和管理。工程项目中要根据经济综合评价和风险研究结果加强工程中的各个环节,并建立信息化平台,实现多个部门的有效沟通,保证工程的顺利开展。(3)规避技术风险。技术风险的规避中,要对施工方案进行全面分析,保证施工方案的可行性,除此之外,还要对重点控制内容加强管理,避免施工偏差,促进施工效率的提升。(4)防范合同风险。工程项目的参与方众多,对此,在合同的制作和签订过程中,要保证内容符合双方的共同利益,可由专门的法律人员对合同内容进行分析,如果存在异议应和对方及时沟通。

【思考与练习】

1. 如何确定产量盈亏平衡点、单价盈亏平衡点？
2. 单因素敏感性分析的步骤有哪些？
3. 风险评估要考虑的主要因素有哪些？
4. 风险应对的措施有哪些？

第七章　价 值 工 程

【内容提要】

(1)价值工程的基本原理和工作工序;

(2)价值功能对象的选择;

(3)功能的系统分析;

(4)功能评价;

(5)方案的创造及实施。

【核心概念】

价值工程、寿命周期成本、功能评价。

【引导案例】

20世纪40年代初期,第二次世界大战使美国的军事工业得到了迅猛的发展,但是原材料供应紧张给企业的生产带来了很大的困难。美国通用电气公司需要购买大量的石棉板,但是当时石棉奇缺,价格猛涨,采购困难。负责采购的通用电气公司工程师迈尔斯(L. D. Miles)及其助手在市场上发现一种不燃烧的纸,不但具有防火的功能,而且价格低廉,采购方便,可以确保供应。迈尔斯认为,各种材料或物品各有其功能,用户购买材料或产品,不是为了获得材料或产品本身,而是为了获得附属于其上的功能,以满足某种需求。因此,他认为可以用不燃烧的纸替代石棉板。然而,美国消防法规定,在给产品上涂料时,为防止涂料着火,工作场地必须垫以石棉板。限于消防法的规定,虽不能马上采用价格低廉的不燃烧纸来替代石棉板,但后来经过多方交涉,修改了消防法后,可以采用能防止涂料着火的其他材料代替石棉板,大大降低了原材料成本,取得了良好的经济效益。

迈尔斯从寻找石棉板的替代品出发,研究材料代用问题,总结出一套比较系统和科学的方法。通过对产品功能的分析,在确保产品必要功能的前提下,使成本大为降低,取得了显著的成效。通用电气公司副经理文纳(H. A. Winne)建议,将这套分析方法取名为“价值分析”。1947年,迈尔斯以“价值分析程序”为题在《美国机械师》期刊上发表研究成果。其主要观点包括:(1)用户在购买产品时,实际上购买的并非产品本身,而是产品所具有的功能;(2)用户在购买产品所具备的功能时,希望所花的费用越少越好。从功能和购买功能所花费用之间的关系,提出了“价值”的概念。从产品的功能和实现这种功能所投入的资源之间的关系,提出提高价值的方法,从而提高产品价值,就是价值分析。之后,迈尔斯和他的助手以功能的分析为起点,专门从事产品降本的研究,找出和去掉产品的不必要功能。当他把价值分析方法用到产品设计工作中去时,就开始使用“价值工程”这个名称。20世纪

60年代后期和70年代，价值工程理论被迅速推广到日、英、法等国，广泛应用在机器制造、电子、建筑等领域。

第一节　价值工程的基本原理和工作程序

价值工程是一门工程技术理论，其基本思想是以最少的费用换取所需要的功能。这门学科以提高工业企业的经济效益为主要目标，以促进老产品的改进和新产品的开发为核心内容。

一、基本原理

（一）价值工程及其特点

价值工程（VE），也称价值分析（value analysis，VA），是以提高产品或作业价值为目的，通过有组织的创造性工作，寻求用最低的寿命周期成本，可靠地实现使用者所需功能的一种管理技术。功能是指产品的具体用途，如电灯的功能就是发光，水杯的功能就是盛水。产品的寿命周期是指从产品设计开始算起到用户停止使用该产品为止，这一时期叫作产品的寿命周期。寿命周期成本是指在产品的整个寿命周期所发生的全部费用，包括设计制造费用、使用费用、最后的处置费用。

价值工程中的价值是指对象（产品或作业）具有必要功能与取得该功能的总成本的比值，可用公式（7-1）表示：

$$V=\frac{F}{C} \tag{7-1}$$

式中　V——研究对象的价值；

F——研究对象的功能；

C——研究对象的成本，即寿命周期成本。

价值工程涉及价值、功能和寿命周期成本三个基本要素。价值工程具有以下特点：价值工程的目标是以最低的寿命周期成本，使产品具备其所必须具备的功能。简而言之，就是以提高对象的价值为目标。产品的寿命周期成本由生产成本、使用成本、维护成本组成。产品生产成本是指用户购买产品的费用，包括产品的科研、实验、设计、试制、生产、销售等费用及税收和利润等；而产品使用及维护成本是指用户在使用过程中支付的各种费用的总和，包括使用过程中的能耗费用、维修费用、人工费用、管理费用等，有时还包括报废拆除所需费用（扣除残值）。

在一定范围内，产品的生产成本和使用成本存在此消彼长的关系。随着产品功能水平提高，产品的生产成本 C_1 增加，使用及维护成本 C_2 降低；反之，产品功能水平降低，其生产成本降低，但使用及维护成本会增加。因此，当功能水平逐步提高时，寿命周期成本 $C=C_1+C_2$，呈马鞍形变化。寿命周期成本为最小值时，所成就的功能水平是从成本考虑的最适宜功能水平。

价值工程的核心是对产品进行功能分析。价值工程中的功能就指对象能够满足某种要求的一种属性，具体讲，功能就是效用。如住宅的功能是提供居住空间，建筑物基础的功能是承受荷载,等等。用户向生产企业购买产品,要求企业提供这种产品的功能,而不是产品的具体结构(或零部分)。企业生产的目的也是通过生产获得用户所期望的功能,而结构、材质等是实现这些功能的手段。目的是主要的,手段可以广泛地选择。因此,价值工程分析产品,首先不是分析其结构,而是分析其功能。在分析功能的基础之上,再去研究结构、材质等问题。

价值工程将产品价值、功能和成本作为一个整体同时来考虑。也就是说,价值工程对价值、功能、成本的考虑,不是片面和孤立的,而是在确保产品功能的基础上综合考虑生产成本和使用成本,兼顾生产者和用户的利益,从而创造出总体价值最高的产品。

价值工程强调不断改革和创新,开拓新构思和新途径,获得新方案,创造新功能载体,从而简化产品结构,节约原材料,节约能源,提高产品的技术经济效益。

价值工程要求将功能定量化,即将功能转化为能够与成本直接相比的量化值。价值工程是以集体的智慧开展的有计划、有组织的管理活动。开展价值工程,要组织科研、设计、制造、管理、采购、供销、财务等各方面有经验的人员参加,组成一个智力结构合理的集体。发挥各方面、各环节人员的知识、经验和积极性,博采众长地进行产品设计,以达到提高产品价值的目的。

对于产品而言,其效用就是产品的功能,而投入的资源则可看作产品的寿命周期成本,则产品的价值也可用公式(7-1)表示。

(二)提高产品或作业价值的五种途径

通过实施价值分析来提高项目价值,项目价值的提高既不是单纯强调功能提高,也不是片面强调成本最低,而是追求功能与成本的合理匹配,酌情提高两者之间的比值,从而实现项目价值的提升。如果因功能提高,引起成本大幅上升;或由于成本降低,引起功能大幅下降,两者都会导致项目价值降低。价值工程分析应不断寻求项目功能与成本的最佳关系,确保提高项目的价值。项目价值提升途径可以概括为五个类型,如图 7-1 所示。

类型	示例：$V=\frac{F}{C}$
成本缩减型	$V\uparrow=\frac{F\rightarrow}{C\downarrow}$
机能提高型	$V\uparrow=\frac{F\uparrow}{C\rightarrow}$
复合型	$V\uparrow\uparrow=\frac{F\uparrow}{C\downarrow}$
扩大成长型	$V\uparrow=\frac{F\uparrow\uparrow}{C\uparrow}$
牺牲型	$V\uparrow=\frac{F\downarrow}{C\downarrow\downarrow}$

图 7-1 项目价值提升类型

1. 成本缩减型

成本缩减型是指功能不变,成本下降。这是应用价值工程提高项目价值最常用的途径,也是最直接的途径。工程项目中节能建材的应用,以及适当精细化管理等,都是适当缩减成本的方式。

$$V\uparrow = \frac{F\rightarrow}{C\downarrow}$$

2. 机能提高型

机能提高型是指在成本不变的情况下，实现功能提升。项目整体功能的提升，关系着后期使用效果。这是提高价值的最理想途径。伴随着科学技术日新月异的发展，新工艺、新材料、新设备的应用及用户满意度提升，为项目后续发展提供更多的可能，无形中增加更多的价值。

$$V\uparrow = \frac{F\uparrow}{C\rightarrow}$$

3. 复合型

复合型是指在成本降低的同时，提高产品功能，通过应用新工艺、新材料、新设备，研发人员能够不断改进施工工艺和技术，使项目功能提高、成本降低，从而使项目的价值大大提高。

$$V\uparrow\uparrow = \frac{F\uparrow}{C\downarrow}$$

4. 扩大成长型

扩大成长型是指成本略有增加，功能大幅度提高。如一般情况下，提高项目功能，项目成本会相应增加。但是，只要功能提高的幅度远远大于成本提高的幅度，这一途径也是提高价值的好办法。例如一些改造工程，虽然使整个项目的成本较以前有所增加，但功能获得极大改善，从而使项目价值得以提升。

$$V\uparrow = \frac{F\uparrow\uparrow}{C\uparrow}$$

5. 牺牲型

牺牲型是指功能略有下降，成本大幅度下降。如供老人使用的老年手机，去掉了老人不会或者不使用的功能，带来成本的大幅度下降。

$$V\uparrow = \frac{F\downarrow}{C\downarrow\downarrow}$$

二、价值工程的应用

价值工程的应用可以概括为两大方面：一是应用于方案评价，即可在多方案中选择价值较高的方案，也可选择价值较低的对象作为改进对象；二是寻找提高产品或对象价值的途径。总之，在产品形成的各个阶段，都可就用价值工程提高产品或对象的价值。但应注意，在不同阶段进行价值工程活动，其经济效果的提高幅度却大不相同。对于大量复杂的产品，应用价值工程的重点是在产品的研究、设计阶段，产品的设计图纸一旦完成并投入生产后，产品的价值就已基本确定，这时再进行价值工程分析就变得更加复杂，不仅原来的许多工作成果要付诸东流，而且改变生产工艺、设备工具等可能会造成很大的浪费，使价值工程活动的技术经济效果大幅下降。因此，价值工程活动更侧重于产品的研究、设计阶段，以寻找技术突破，取得最佳的综合效果。

三、价值工程的工作程序

应用价值工程的工作程序主要包括四个阶段，如表 7-1 所示。第一，准备阶段。在此阶段,主要完成价值工程研究对象的选择,组建价值工程分析小组并制订工作计划。第二阶段,分析阶段。通过收集整理资料,确定研究对象的功能是什么,当前对象的成本是多少,价值是多少。第三阶段,创新阶段。在此阶段,主要寻找可以实现同样功能的其他方案。确定新方案是否能满足功能的要求并且降低成本。第四阶段,方案实施与评价阶段。如何保证新方案的实施,并根据实施效果展开评价。

表 7-1 价值工程的工作程序

工作阶段	工作步骤	对应问题
准备阶段	对象选择 组成小组 制订工作计划	价值工程的研究对象是什么? 围绕价值工程对象需要做哪些准备工作?
分析阶段	收集整理资料 功能定义 功能整理 功能评价	价值工程对象的功能是什么? 价值工程对象的成本是多少? 价值工程对象的价值是多少?
创新阶段	方案创造 方案评价 提案编写	有无其他方法可以实现同样功能? 新方案的成本是多少? 新方案能满足要求吗?
方案实施与评价阶段	方案审批 方案实施 成果评价	如何保证新方案的实施? 价值工程活动的效果如何?

第二节 价值功能对象的选择

价值工程是就某个具体对象开展的有针对性的分析评价和改进,有了对象才有分析内容和目标。对企业来讲,凡是为获取功能而发生费用的事物,都可以作为价值工程研究对象,如产品、工艺、工程、服务或它们的组成部分等。价值工程的对象选择过程就是逐步收缩研究范围、寻找目标、确定主攻方向的过程。生产建设过程中的技术经济问题很多,涉及的范围也很广,为了节省资金,提高效率,只有精选其中的一部分来实施,并非企业生产的全部产品,也不一定是构成产品的全部零部件。因此,能否正确选择对象是价值工程收效大小与成败的关键。

一、对象选择的一般原则

选择价值工程对象时一般应遵循以下两条原则:优先考虑企业生产经营上迫切要求改进的主要产品,或是对国计民生有重大影响的项目;优先考虑对企业经济效益影响大的产品(或项目)。具体选择时,要从以下几个方面进行考量:(1)从社会利益方面考虑,应选择国家计划内的重点产品、重点工程建设项目中的短缺产品、社会需求量大的产品、公害与污染严重的产品;(2)从企业发展方面考虑,应选择市场潜力大的产品、有发展前途的产品、正在研制中的产品,或选择对企业有重大影响的更新改造项目;(3)从市场竞争方面考虑,选择用户意见大的产品、竞争激烈的产品、市场占有率需要扩大的产品、需要开拓市场的产品;(4)从扩大利润方面考虑,选择企业主导产品、利润低的产品、原材料耗用高且利用率低的产品、能耗高生产周期短的产品;(5)从产品发展的角度考虑,选择结构复杂、体大量重、技术性能差、能源消耗高、原材料消耗大或是稀有及贵重的奇缺产品,选择设计难度大、制造成本高的产品。

二、对象选择的方法

价值工程对象选择的方法有很多种,不同的方法适用于不同的价值工程对象。应根据具体情况选用适当的方法,以取得较好的效果。常用的方法有以下几种。

(一)因素分析法

因素分析法又称经验分析法,是指根据价值工程对象选择应考虑的各种因素,依靠分析人员的经验集体研究确定选择对象的一种方法,是一种定性分析的方法。这种方法简便易行,特别是在被研究对象彼此相差比较大以及时间紧迫的情况下比较适用。因素分析法的缺点是缺乏定量依据,准确性较差,对象选择的正确与否,主要决于价值工程活动人员的经验及工作态度,有时难以保证分析质量。为了提高分析的准确程度,可以选择技术水平高、经验丰富、熟悉业务的人员参加,要发挥集体智慧,共同确定对象。

(二)ABC 分析法

ABC 分析法又称重点选择法或不均匀分布定律法,是指基本原理为 ABC 分析法,又称帕累托分配律法,是根据帕累托对西方社会财富的分配规律研究而得来的。帕累托是意大利经济学家,他在研究资本主义社会财富的占有状况时,发现这样一个规律:占人口比例不大的少数人,占据社会财富的大部分;而占人口比例很大的多数人,却占据社会财富的小部分。因此,ABC 分析法的基本原理为“关键的少数和次要的多数”。因此,可以应用数理统计分析的方法来选择对象。在价值工程中,这种方法的基本思路是:首先将一个产品的各种部件(或企业各种产品)按成本的大小由高到低排列起来,然后绘成费用累积分配图。

经过大量对产品成本的分析可以发现,A 类零部件,占产品总零件数 10%左右,其成本往往占产品总成本的 60%~70%;B 类零部件,占产品总零件数 20%左右,其成本占总成本的 20%左右;C 类零部件,占产品总零件 70%左右,其成本只占总成本的 10%~20%。其中 A 类零部件是价值工程的主要研究对象。

ABC 分析法的优点是有利于集中精力重点突破,且简便易行;缺点是由于成本分配不合理,造成成本比重不大但用户认为功能重要的对象可能被漏选或排序推后。可通过经验分析法、强制确定法等补充修正。

(三)强制确定法

强制确定法是以功能重要程度作为选择价值工程对象的一种分析方法。具体做法是:先求出分析对象的成本系数、功能系数,然后得出价值系数,以揭示出分析对象的功能与成本之间是否相符。如果不相符,价值低的则被选为价值工程的研究对象。

(四)价值指数法

通过比较多个对象(或零部件)之间的功能水平位次和成本位次,寻找价值较低对象(零部件),并将其作为价值工程主要研究对象。

第三节　功能的系统分析

功能分析是价值工程活动的核心和基本内容。它通过分析信息资料,用动词和名词的组合方式简明正确表达各对象的功能,明确功能特性要求,并绘制功能系统图,从而弄清楚产品各功能之间的关系。功能分析包括功能定义、功能整理和功能计量等内容。通过功能分析,可以准确掌握用户的功能要求。

一、功能分类

功能可解释为功用、作用、效能、用途、目的等。对于一件产品来说,功能就是产品的用途、产品所担负的职能或所起的作用。功能所回答的是“它的作用或用途是什么”的问题。

(一)按功能的重要程度分类

产品的功能可分为基本功能和辅助功能两类。基本功能就是要达到这种产品的目的所必不可少的功能,是产品的主要功能,如果不具备这种功能,这种产品就失去其存在的价值。例如,建设工程承重外墙的基本功能是承受荷载,室内间壁墙的基本功能是分隔空间。辅助功能是为了更有效地实现基本功能而附加的功能,是次要功能。如墙体的隔声、隔热就是墙体的辅助功能。

(二)按功能的性质分类

产品的功能可分为使用功能和美学功能两类。使用功能是从功能的内涵反映其使用属性,是一种动态功能。美学功能是从产品的外观反映功能的艺术属性,是一种静态的外观功能。建筑产品的使用功能一般包括可靠性、安全性和维护性等,其美学功能一般包括造型、色彩、图案等。无论是使用功能还是美学功能,都是通过基本能和辅助功能来实现的。建筑产品配件的使用功能和美学功能要根据产品的特点而有所侧重,例如塑料墙纸、陶瓷壁画等。当然,有的产品二者功能兼而有之。

(三)按用户的需求分类

产品的功能可分为必要功能和不必要功能两类。必要功能是指用户所需求的功能以及与实现用户所需求功能有关的功能,使用功能、美学功能、基本功能、辅助功能等均为必要功能。不必要功能是不符合用户要求的功能,又包括三类:一是多余功能,二是重复功能,三是过剩功能。不必要功能必然产生不必要的费用,这不仅增加了用户的经济负担,还浪费资源。因此,功能分析是为了可靠地实现必要功能。对这部分功能,无论是使用功能还是美学功能,都应当充分而可靠地实现,即充分满足用户必不可少的功能要求。

（四）按功能的量化标准分类

产品的功能可分为过剩功能和不足功能两类。这是相对于功能的标准而言，从定量角度对功能进行的分类。过剩功能是指某些功能虽属必要，但满足需要有余，在数量上超过了用户要求或标准功能水平。不足功能是相对于过剩功能而言的，表现为产品整体功能或零部件功能水平在数量上低于标准功能水平，不能完全满足用户需要。

总之，用户购买产品，其目的不是为了获得产品本身，而是通过购买该产品来获得其所需要的功能。因此，价值工程中的功能，一般是必要功能。价值工程对产品的分析，首先是对其功能的分析，通过功能分析，弄清楚哪些功能是必要的，哪些功能是不必要的，从而在创新方案中去掉不必要的功能，补充不足功能，使产品的功能结构更加合理，达到可靠地实现使用者所需功能的目的。

二、功能定义

用简洁的语言对产品的功能加以描述。这里要求描述的是“功能”，而不是对象的结构、外形或材质。因此，功能定义的过程就是解剖分析的过程，如图 7-2 所示。

通过对功能下定义，可以加深对产品功能的理解，并为以后提出功能代用方案提供依据。功能定义一定要从事实上抓住问题的本质。原则上，功能可用一个动词加上一个名词来表达。动词是功能承担的主体发生的动作，而动作的对象就是作为宾语的名词。如暖水瓶的功能是保持温度，马达的功能是产生转矩，传动轴的功能是传递转矩，手表的功能是显示时间。如果两个词不足以表达清楚功能的含义，允许增加一个形容词来表达。如电视的功能是提供视听信息。

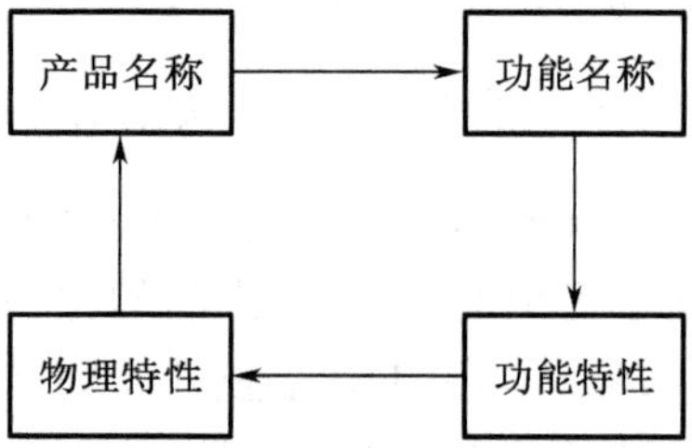

图 7-2　功能定义过程

三、功能整理

在进行功能定义时，只是把认识到的功能用动词加名词列出来，但因实际情况很复杂，这种表述事实上都很不准确，因此，需要进一步加以整理。

（一）目的

功能整理是用系统的观点将已经定义了的功能加以系统化，找出各局部功能相互之间的逻辑关系，并用图表形式表达，以明确产品的功能系统，从而为功能评价和方案构思提供依据。

（二）一般程序

功能整理的主要任务就是建立功能系统图。因此，功能整理的过程也就是绘制功能系统图的过程，其工作程序如下：(1)编制功能卡片；(2)选出最基本的功能；(3)明确各功能之间的关系；(4)对功能定义做必要的修改、补充和取消；(5)按上下位关系，将经过调整、修改和补充的功能，排列成功能系统图。功能系统图是按照一定的原则和方式，将定义的功能连接起来，从单个到局部，再从局部到整体而形成的一个完整的功能体系。如图 7-3 所示，从整体工程 F 开始，由左向右逐级展开，在位于不同级的相邻两个功能之间，左边的功能是右边功能的目标，而右边的功能是左边功能的手段。

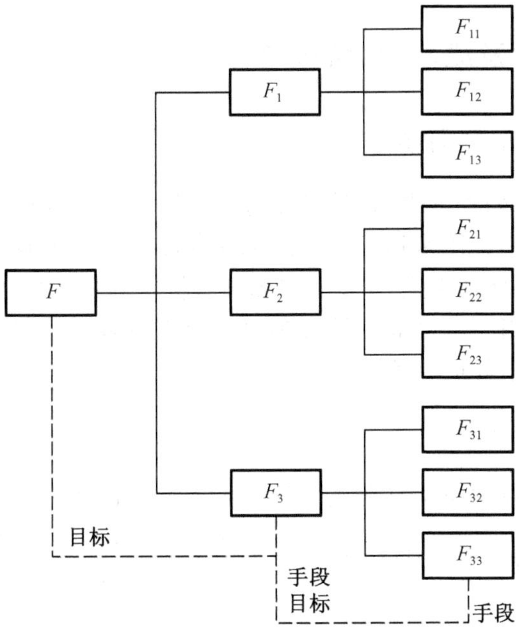

图 7-3　功能定义过程

四、功能计量

功能计量是以功能系统图为基础，依据各个功能之间的逻辑关系，以对象整体功能的定量指标为出发点，从左向右逐级测算、分析、确定各级功能程度的数量指标，揭示各级功能领域中有无功能不足或功能过剩，从而为保证必要功能，剔除过剩功能、补足不足功能的后续活动（功能评价、方案创新等）提供定性与定量相结合的依据。

功能计量又分为对整体功能的量化和对各级子功能的量化。（1）整体功能的量化。整体功能的计量应以使用者的合理要求为出发点，以一定的手段、方法确定其必要功能的数量标准，它应能在质和量两个方面充分满足使用者的功能要求而无过剩或不足。整体功能的计量是对各级子功能进行计量的主要依据。（2）各级子功能的量化。产品整体功能的数量标准确定之后，就可依据“手段功能必须满足目的功能要求”的原则，运用目的–手段的逻辑判断，由上而下逐级推算、测定各级手段功能的数量标准。各级子功能的量化方法有很多，如理论计算法、技术测定法、统计分析法、类比类推法、德尔菲法等，可根据具体情况灵活选用。

第四节　功能评价

通过功能分析与整理明确必要功能后，价值工程的下一步工作就是功能评价。功能评价，即评定功能的价值，找出实现功能的最低费用作为功能的目标成本（又称功能评价值），以功能目标成本为基准，通过与功能现实成本的比较，求出两者的比值（功能价值）和两者的差异值（改善期望值），然后选择功能价值低、改善期望值大的功能作为价值工程活动的重点对象。

一、功能现实成本及成本指数的计算

（一）功能现实成本的计算

在计算功能现实成本时，需要根据传统的成本核算资料，将产品或零部件的现实成本换算成功能的现实成本。具体来讲，当一个零部件只有一项功能时，该零部件的成本就是其本身的功能成本；当一项功能要由多个零部件共同实现时，该功能的成本就等于这些零部件的功能成本之和。当一个零部件具有多项功能或与多项功能有关时，就需要将零部件成本根据具体情况分摊给各项有关功能。

（二）成本指数的计算

成本指数指评价对象的现实成本在全部成本中所占的比率。其计算公式为

$$\text{第 } i \text{ 个评价对象的成本指数 } C_I = \frac{\text{第 } i \text{ 个评价对象的现实成本 } C_i}{\text{全部成本}} \tag{7-2}$$

二、功能评价值 *F* 的计算

功能评价值（目标成本），指可靠地实现用户要求功能的最低成本。它可以理解为是企业有把握，或者说应该达到的实现用户要求的最低成本。从企业目标的角度来看，功能评价值可以看成是企业预期的、理想的成本目标值。功能的成本一般以货币价值形式表达。功能的现实成本较易确定，而功能评价值较难确定。确定功能评价值的方法很多，下面重点介绍功能重要性系数评价法。功能重要性系数评价法是一种根据功能重要性系数确定功能评价值的方法。这种方法是将功能划分为几个功能区（即子系统），并根据各功能区的重要程度和复杂程度，确定各个功能区在总功能区中所占的比重，即功能重要性系数。然后将产品的目标成本按功能重要性系数分配给各功能区作为该功能区的目标成本，即功能评价值。

（一）确定功能重要性系数

功能重要性系数又称功能系数或功能指数，是指评价对象（如零部件等）的功能在整体功能中所占的比率。确定功能重要性系数的关键是对功能进行打分，常用的打分方法有强制打分法（0-1 评分法或 0-4 评分法）、多比例评分法、逻辑评分法、环比评分法等。

1. 环比评分法

环比评分法又称为 DARE 法。这是一种通过确定各因素的重要性系数来评价和创造创新方案的方法。具体做法如下：

①根据功能系统图决定评价功能的级别，确定功能区 F_1、F_2、F_3、F_4，即表 7-2 的第（1）栏。

②对上下相邻两项功能的重要性进行对比打分，作为暂定重要性系数。

③对暂定重要性系数进行修正。

④将第(3)栏中各功能的修正重要性系数除以全部功能总分 19.0,即得各功能区的重要性系数。

表 7-2　功能重要性系数计算表

功能区	功能重要性评价		
	暂定重要性系数	修正重要性系数	功能重要性系数
(1)	(2)	(3)	(4)
F_1	1.5	9.0	9/19=0.47
F_2	2.0	6.0	6/19=0.32
F_3	3.0	3.0	3/19=0.16
F_4		1.0	1/19=0.05
合计		19.0	1.00

环比评分法适用于各个评价对象有明显的可比关系,能直接对比,并能准确地评定功能重要性程度比值的情况。

2. 强制评分法

(1)0-1 评分法

0-1 评分法是请 5~15 名对产品熟悉的人员参加功能的评价。首先按照功能重要程度一一对比打分,重要的打 1 分,相对不重要的打 0 分。

如表 7-3 所示,要分析的对象(零部件)自己与自己相比不得分,用“×”表示。根据每个参与人员选择该零部件得到的功能重要性系数 W_i ,可以得到该零部件的功能重要性系数平均值 W。

$$W=\frac{\sum_{i=1}^{k}W_i}{k}$$

式中　k ——参加功能评价的人数。

表 7-3　功能重要性系数计算表

零部件	A	B	C	D	E	功能总分	修正得分	功能重要性系数
A	×	1	1	0	1	3	4	4/15=0.267
B	0	×	1	0	1	2	3	3/15=0.200
C	0	0	×	0	1	1	2	2/15=0.133
D	1	1	1	×	1	4	5	5/15=0.333
E	0	0	0	0	×	0	1	1/15=0.067
合计						10	15	1.00

通常将各功能累计得分加 1 分进行修正,用修正后的总分分别去除各功能累计得分即

得到功能重要性系数。

【例题 7-1】 某产品设计方案，根据相关专家的意见，决定从四个功能(分别以 F_1、F_2、F_3、F_4 表示)对不同方案进行评价，若四个功能之间的重要性关系排序为 $F_2>F_1>F_4>F_3$。采用 0-1 评分法确定各功能的权重，并将计算结果填入表 7-4 中。

表 7-4 0-1 评分法指标重要程度评分表

	F_1	F_2	F_3	F_4	功能得分	修正得分	功能重要系数
F_1							
F_2							
F_3							
F_4							
合计							

解：根据各功能因素重要性之间的关系，将各功能一一对比，重要者得 1 分，不重要的得 0 分。

为防止功能指数中出现零的情况，需要将各功能总得分分别加 1 进行修正后再计算其权重。

最后用修正得分除以总得分得到功能权重，即某项功能重要系数(表 7-5)。

表 7-5 0-1 评分法指标权重计算表

	F_1	F_2	F_3	F_4	功能得分	修正得分	功能重要系数
F_1	×	0	1	1	2	3	0.3
F_2	1	×	1	1	3	4	0.4
F_3	0	0	×	0	0	1	0.1
F_4	0	0	1	×	1	2	0.2
合计					6	10	1

(4)0-4 评分法

由于 0-1 评分法没能拉开不同功能间重要性的档次，因此引入 0-4 评分法。为了弥补 0-1 评分法的不足，将分档扩大为 4 级，其打分矩阵仍同 0-1 评分法。划分档次如下：

F_1 比 F_2 重要得多：F_1 得 4 分，F_2 得 0 分；

F_1 比 F_2 重要：F_1 得 3 分，F_2 得 1 分；

F_1 与 F_2 同等重要：F_1 得 2 分，F_2 得 2 分；

F_1 不如 F_2 重要：F_1 得 1 分，F_2 得 3 分；

F_1 远不如 F_2 重要：F_1 得 0 分，F_2 得 4 分。

以各部件功能得分占总分的比例确定各部件功能评价指数(功能重要系数)。

强制打分法适用于被评价对象在功能重要程度上的差异不太大，并且评价对象的子功能数不太多的情况。

以各部件功能得分占总分的比例确定各部分功能评价指数。

$$第\ i\ 个评价对象的功能指数\ F_I=\frac{第\ i\ 个评价对象的功能得分值\ F_i}{全部功能得分值}$$

功能评价指数大，说明功能重要；反之，功能评价指数小，说明功能不太重要。

【例题 7-2】 某产品设计方案，有关专家决定从四个功能（分别以 F_1、F_2、F_3、F_4 表示）对不同方案进行评价，若四个功能之间的重要性关系为：F_1 与 F_2 同等重要，F_1 相对 F_4 较重要，F_2 相对 F_3 很重要。采用 0-4 评分法确定各功能的权重，并将计算结果填入表 7-6 中（计算结果保留三位小数）。

表 7-6　0-4 评分法指标重要程度评分表

功能区	F_1	F_2	F_3	F_4	功能得分	功能重要系数
F_1						
F_2						
F_3						
F_4						
合计						

解：按 0-4 评分法的规定，两个功能因素比较时，其相对重要程度有以下三种基本情况：很重要的功能因素得 4 分，较不重要的功能因素得 0 分；较重要的功能因素得 3 分，另一个较不重要的功能因素得 1 分；同样重要的功能因素各得 2 分。

计算汇总各功能得分。

计算功能权重，即

某项功能重要系数=该功能得分/ $\sum$ 各功能得分。

表 7-7　0-4 评分法指标权重计算表

功能区	F_1	F_2	F_3	F_4	功能得分	功能重要系数
F_1	×	2	4	3	9	0.375
F_2	2	×	4	3	9	0.375
F_3	0	0	×	1	1	0.042
F_4	1	1	3	×	5	0.208
合计					24	1

（二）确定功能评价值 F

1. 新产品设计

一般在产品设计之前，根据市场供需情况、价格、企业利润与成本水平，已初步设计了目标成本。因此，在功能重要性系数确定之后，就可将新产品设定的目标成本（如为 800 元）按已有的功能重要性系数加以分配计算，求得各个功能区的功能评价值，并将此功能评价值作为功能的目标成本，如表 7-8 所示。

表 7-8　新产品功能评价计算表

功能区	功能重要性系数 F_I	功能评价值 F/元
F_1	0.47	376
F_2	0.32	256
F_3	0.16	128
F_4	0.05	40
合计	1.00	800

注：$F=F_1\times 800$。

2. 既有产品的改进设计

根据改进设计中新确定的功能重要性系数，重新分配既有产品的原有成本。正确分析和处理各功能区新分配成本与原分配成本之间的差异，合理确定各功能区的功能评价值。

既有产品应以现实成本为基础确定功能评价值，进而确定功能的目标成本。由于既有产品已有现实成本，就没有必要再假定目标成本。但是，既有产品的现实成本原已分配到各功能区中的比例不一定合理，这就需要根据改进设计中新确定的功能重要性系数，重新分配既有产品的原有成本。从分配结果来看，各功能区新分配的成本与原分配成本之间存在差异。正确分析和处理这些差异，就能合理确定各功能区的功能评价值，求出产品功能区的目标成本。

表 7-9 将产品的现实成本 $C=500$，按改进设计方案的新功能重要性系数重新分配给各功能分区。此分配结果可能有三种情况：

(1)功能区新分配的成本等于现实成本。如 F_3 就属于这种情况。此时应将现实成本作为功能评价值 F。

(2)新分配成本小于现实成本。如 F_2 和 F_3 就属于这种情况。此时，应以新分配的成本作为功能评价值 F。

(3)新分配的成本大于现实成本。如 F_1 就属于这种情况。出现这种情况的原因，需进行具体的分析。如果是因为功能重要性系数定高了，经过分析后可以将其适当降低。因功能重要性系数确定过高可能存在任意功能，如果是这样，先调整功能重要性系数，再定功能评价值。如因成本确实投入太少而不能保证必要功能，可以允许适当提高一些。除此之外，还可用目前成本作为功能评价值 F。表 7-1 中，即是假定重要性系数合理，且现有 F_1 投入能保证必要的功能，故将现有投入作为功能评价值。这样使目标成本降低了 105 元。

表 7-9　既有产品功能评价值计算表

功能区	功能现实成本 C/元	功能重要性系数 F_I	根据产品现实成本和功能重要性系数重新分配的功能区成本 C_j /元	功能评价值 F（目标成本）/元	成本降低幅度 ΔC /元
F_1	130	0.47	235	130	—
F_2	200	0.32	160	160	40
F_3	80	0.16	80	80	—
F_4	90	0.05	25	25	65
合计	500	1.00	500	395	105

注：$C_j=F_I\times 500$；$\Delta C=C-F$。

三、功能价值指数 V 的计算及分析

(一)功能成本法

第 i 个评价对象的功能价值指数 V_i=第 i 个评价对象的功能评价值 F_i/第 i 个评价对象的现实成本 C_i。

功能价值指数计算结果有以下三种情况:

(1) $V_i=1$。功能评价值等于功能现实成本,表明评价对象的功能现实成本与实现功能所必需的最低成本大致相当。评价对象的价值为最佳,无须改进。

(2) $V_i<1$。功能现实成本大于功能评价值,表明评价对象的现实成本偏高,而功能要求不高。一种可能是由于存在着过剩的功能,另一种可能是功能虽无过剩,但实现功能的条件或方法不佳,以致实现功能的成本大于功能的现实需要。这两种情况都应列入功能改进的范围,并且以剔除过剩功能及降低现实成本为改进方向,使成本与功能比例趋于合理。

(3) $V_i>1$。功能现实成本低于功能评价值,表明该部件功能比较重要,但分配的成本较少。此时,应进行具体分析,功能与成本的分配问题可能已较理想,或者有不必要的功能,或者应该提高成本。应注意一个情况,即 $V=0$ 时,要进一步分析。

如果是不必要的功能,该部件应取消;但如果是最不重要的必要功能,则要根据实际情况处理。

(二)功能指数法

功能指数法又称相对值法。利用功能指数与相对应的成本指数进行比较,得出价值指数 V_{uv} 第 i 个评价对象的功能价值指数 V_i=第 i 个评价对象的功能指数 F_i/成本指数 C_I。功能价值指数的计算结果有以下三种情况:

$V_i=1$:功能比重与成本比重大致平衡,功能的现实成本合理。

$V_i<1$:评价对象的成本比重大于其功能比重,目前所占的成本偏高,将评价对象列为改进对象,改善方向主要是降低成本。

$V_i>1$:评价对象的成本比重小于其功能比重。原因有三:第一,现实成本偏低,不能满足应具有的功能要求,改善方向是增加成本;第二,存在过剩功能,改善方向是降低功能水平;第三,功能很重要而消耗的成本却很低的情况,不列为改进对象。

四、确定评价对象的改进范围

改进范围有两个方面:(1) F/C 值低的功能区域;(2) $C-F$ 值大的功能区域。成本改善期望值的表达式为 $\Delta C=C-F$。

第五节　方案创造及实施

方案创造是从提高对象的功能价值出发,在正确的功能分析和评价的基础上,针对应改进的具体目标,通过创造性的思维活动,提出能够可靠地实现必要功能的新方案。从价值工程实践来看,方案创造是决定价值工程成败的关键。

一、方案创造的方法

方案创造的理论依据是功能载体具有替代性。这种功能载体替代的重点是以功能新产品替代旧产品和以功能创新的结构替代原有结构方案。而方案创造的过程是思想高度活跃、进行创造性开发的过程。为了引导和启发创造性的思考,可以采用以下几种方法。

(一)头脑风暴法

头脑风暴法是指自由奔放地思考问题。具体地说,就是由对改进对象有较深了解的人员组成的小集体在非常融洽和不受任何限制的气氛中进行讨论、座谈,打破常规、积极思考、互相启发、集思广益,提出创新方案。这种方法可使获得的方案新颖、全面、富于创造性,并可以防止片面和遗漏。

(二)哥顿法

哥顿法是指在会议上提方案,但究竟研究什么问题,目的是什么,只有会议的主持人知道,以免其他人受约束。这种方法的指导思想是把要研究的问题适当抽象,以利于拓展思路。在研究新方案时,会议主持人开始并不全部摊开要解决的问题,而是只对大家做一番抽象笼统的介绍,要求大家提出各种设想,以激发出有价值的创新方案。例如,想要研究试制一种新型剪板机,主持会议者请大家就如何把东西切断和分离提出方案。当会议进行到一定时机,再宣布会议的具体要求,在此联想的基础上研究和提出各种新的具体方案。这种方法要求会议主持人机智灵活,提问太具体,容易限制思路;提问太抽象,则方案可能离题太远。

(三)专家意见法

这种方法又称德尔菲法,是由组织者将研究对象的问题和要求,函寄给若干有关专家,使他们在互不商量的情况下提出各种建议和设想。将专家返回设想意见整理分析后,归纳出若干较合理的方案和建议,再函寄给有关专家征求意见,再回收整理,如此经过几次反复后专家意见趋向一致,从而最后确定出新的功能实现方案。这种方法的优点是专家们彼此不见面,研究问题时间充裕,可以无顾虑、不受约束地从各种角度提出意见和方案;缺点是花费时间较长,缺乏面对面的交谈和商议。

(四)专家检查法

这种方法不是靠大家想办法,而由主管设计的工程师做出设计,提出完成所需要功能的办法和生产工艺,然后顺序请各方面的专家(材料方面的、生产工艺的、工艺装备的、成本管理的、采购方面的)审查。这种方法应先由熟悉的人进行审查,以提高效率。

二、方案评价

在方案创造阶段提出的设想和方案是多种多样的,要想付诸实施,就必须对各个方案的优缺点和可行性研究进行分析、比较、论证和评价,并在评价过程中进一步完善有希望的方案。方案评价包括概略评价和详细评价两个阶段。其评价内容都包括技术评价、经济评价和社会评价以及在三者基础上进行的综合评价。在对方案进行评价时,无论是概略评价还是详细评价，一般可先进行技术评价，再分别进行经济评价和社会评价，最后进行综合评价。

（一）概略评价

概略评价是对方案创新阶段提出的各个方案设想进行初步评价，目的是淘汰那些明显不可行的方案，筛选出少数几个价值较高的方案，以供详细评价做进一步的分析。概略评价的内容包括以下几个方面：(1)技术可行性。分析和研究创新方案能否满足所要求的功能及其本身在技术上能否实现。(2)经济可行性。分析和研究产品成本能否降低和降低的幅度，以及实现目标成本的可能性。(3)社会评价。分析研究创新方案对社会利害影响的大小。(4)综合评价。分析和研究创新方案能否使价值工程活动对象的功能和价值有所提高。

（二）详细评价

详细评价是在掌握大量数据资料的基础上，对通过概略评价的少数方案，从技术、经济、社会三个方面进行详尽的评价分析，为提案的编写和审批提供依据。详细评价的内容应包括以下四个方面：(1)技术可行性。以用户需要的功能为依据，对创新方案的必要功能条件实现的程度做出分析评价，特别对产品或零部件，一般要对功能的实现程度（包括性能、质量、寿命等）、可靠性、维修性、操作性、安全性以及系统的协调性等进行评价。(2)经济可行性。主要考虑成本、利润、企业经营的要求；创新方案的适用期限与数量；实施方案所需费用、节约额与投资回收期，以及实现方案所需的生产条件等。(3)社会评价。主要研究和分析创新方案给国家和社会带来的影响，如环境污染、生态平衡、国民经济效益等。(4)综合评价。综合评价是在技术评价、经济评价、社会评价的基础上，对整个创新方案的诸多因素做出全面系统的评价。为此，首先要明确评价项目，即确定评价所需的各种指标和因素；其次分析各个方案对每一评价指标的满足程度；最后再根据方案结合评价项目的满足程度来权衡利弊，判断各方案的总体价值，从而选出总体价值最大的方案，即技术上先进、经济上合理和对社会有利的最优方案。

三、方案评价的方法

用于方案综合评价的方法有很多，常用的定性方法有德尔菲法、优缺点列举法等；常用的定量方法有直接评分法、加权评分法、比较价值评分法、环比评分法、强制评分法、几何平均评分法。

（一）优缺点列举法

把每一个方案在技术上、经济上的优缺点详细列出，进行综合分析，并对优缺点做进一步调查，用淘汰法逐步缩小考虑范围，在范围不断缩小的过程中找出最后的结论。

（二）直接评分法

根据各项方案能够达到各种功能要求的程度，按 10 分制（或 100 分制）评分，然后算出每个方案达到功能要求的总分，比较各方案总分，做出采纳、保留、舍弃的决定，再对采纳、保留的方案进行成本比较，最后确定最优方案。

(三)加权评分法

加权评分法又称矩阵评分法。这种方法是将功能、成本等各种因素根据要求的不同进行加权计算,权数的大小应根据其在产品中所处的地位而定,算出综合分数,最后与各方案寿命周期成本进行综合分析,选择最优方案。加权评分法主要包括以下四个步骤:(1)确定评价项目及其权重系数;(2)根据各方案对各评价项目的满足程度进行评分;(3)计算各方案的评分权数和;(4)计算各方案的价值系数,以较大的为优。方案经过评价,不能满足要求的就淘汰,有价值的就保留。

四、方案的实施与评价

在方案实施过程中,应该对方案的实施情况进行检查,发现问题及时解决。方案实施完成后,要进行总结评价和验收。

第六节　价值工程分析案例

一、价值工程在多方案选优中的应用

利用价值工程进行多方案选优的求解思路如下:

(1)确定各项功能的功能重要系数

运用 0-1 评分法或 0-4 评分法对功能重要性评分,并计算功能重要性系数(即功能权重)。

(2)计算各方案的功能加权得分

根据专家对功能的评分表和功能重要性系数,分别计算各方案的功能加权得分。

(3)计算各方案的功能指数(F_I)

$$各方案的功能指数 = 该方案的功能加权得分 / \sum 各方案加权得分$$

(4)计算各方案的成本指数(C_I)

$$各方案的成本指数 = 该方案的成本或造价 / \sum 各方案成本或造价$$

(5)计算各方案的价值指数(V_I)

$$各方案的价值指数=该方案的功能指数/该方案的成本指数$$

(6)方案选择

比较各方案的价值指数,选择价值指数最大的为最优方案。

二、功能价值 V 的计算及分析

主要解题思路如下:

(1)计算各项功能的功能指数 F_I

$$F_I = 该功能得分 / \sum 各功能得分。$$

(2)计算各项功能的成本指数 C_I

$$C_I = 该功能的成本或造价 / \sum 各功能的成本。$$

(3)计算各项功能的价值指数 V_I

$$V_I = \text{该功能项目的功能指数} / \text{该功能项目的成本指数}$$

(4)确定各项功能的目标成本

某项功能的目标成本=该功能项目的功能指数×总目标成本。

(5)确定各项功能的成本降低期望值 ΔC

某项功能的成本降低值 ΔC=该功能的目前成本(改进前的成本)-该功能的目标成本

(6)结论

把成本降低额最大的功能列为首要成本改进对象。

三、案例分析

【案例 7-1】 背景资料:某市高新技术开发区拟开发建设集科研和办公于一体的综合大楼,其主体工程结构设计方案对比如下。

A 方案:结构方案为大柱网框架剪力墙轻墙体系,采用预应力大跨度叠合楼板,墙体材料采用多孔砖及移动式可拆装式分室隔墙,窗户采用中空玻璃断桥铝合金窗,面积利用系数为 93%,单方造价为 1 438 元/平方米;

B 方案:结构方案同 A 方案,墙体采用内浇外砌,窗户采用双玻塑钢窗,面积利用系数为 87%,单方造价为 1 108 元/平方米;

C 方案:结构方案采用框架结构,采用全现浇楼板,墙体材料采用标准黏土砖,窗户采用双玻铝合金窗,面积利用系数为 79%,单方造价为 1 082 元/平方米。

方案各功能的权重及各方案的功能得分见表 7-10。

表 7-10 各方案功能的权重及得分表

功能项目	功能权重	各方案功能得分		
		A	B	C
结构体系	0.25	10	10	8
楼板类型	0.05	10	10	9
墙体材料	0.25	8	9	7
面积系数	0.35	9	8	7
窗户类型	0.10	9	7	8

【问题】

1. 试应用价值工程方法选择最优设计方案。

2. 为控制工程造价和进一步降低费用,拟针对所选的最优设计方案的土建工程部分,以分部分项工程费用为对象开展价值工程分析。将土建工程划分为四个功能项目,各功能项目得分值及其目前成本见表 7-11。按限额和优化设计要求,目标成本额应控制为 12 170 万元。

表 7-11　各功能项目得分及目前成本表

功能项目	功能得分	目前成本/万元
A. 桩基围护工程	10	1 520
B. 地下室工程	11	1 482
C. 主体结构工程	35	4 705
D. 装饰工程	38	5 105
合计	94	12 812

试分析各功能项目的目标成本及其可能降低的额度，并确定功能改进顺序。

3. 若某承包商以表 7-11 中的总成本加 3.98%的利润报价（不含税）中标并与业主签订了固定总价合同，而在施工过程中该承包商的实际成本为 12 170 万元，则该承包商在该工程上的实际利润率为多少？

4. 若要使实际利润率达到 10%，成本降低额应为多少？

解：

【问题 1】

（1）计算方案的功能权重，结果见表 7-12。

表 7-12　功能权重计算表

方案功能	功能权重	方案功能加权得分		
		A	B	C
结构体系	0.25	10×0.25＝2.50	2.50	2.00
楼板类型	0.05	10×0.05＝0.50	0.50	0.45
墙体材料	0.25	8×0.25＝2.00	2.25	1.75
面积系数	0.35	9×0.35＝3.15	2.80	2.45
窗户类型	0.10	9×0.10＝0.90	0.70	0.80
合计		2.50+0.50+2.00+3.15+0.90＝9.05	8.75	7.45
功能指数		9.05/25.25≈0.358	8.75/25.25≈0.347	7.45/25.25≈0.295

注：表 7-12 中各方案功能加权得分之和为 9.05+8.75+7.45＝25.25。

（2）计算各方案的成本指数，如表 7-13 所示。

表 7-13　成本指数计算表

方案	A	B	C	合计
单方造价/(元·米$^{-2}$)	1 438	1 108	1 082	3 628
成本指数	0.396	0.305(0.305≈1 108/3 628)	0.298	0.999

（3）计算各方案的价值指数，如表 7-14 所示。

表 7-14 价值指数计算表

方案	A	B	C
功能指数	0.358	0.347	0.295
成本指数	0.396	0.305	0.298
价值指数	0.904	1.138	0.990

由表 7-14 的计算结果可知,B 方案的价值指数最高,为最优方案。

【问题 2】

(1)计算各方案的功能指数、成本指数、价值指数和目标成本降低额。

表 7-15 功能指数、成本指数、价值指数和目标成本降低额计算表

功能项目	功能评分	功能指数 F_I	目前成本 C/万元	成本指数 C_I	价值指数 V_I	目标成本 F/万元	成本降低额 ΔC/万元	功能改进顺序
桩基围护工程	10	0.106 4	1 520	0.118 6	0.897 1	1 295	225	(1)
地下室工程	11	0.117 0	1 482	0.115 7	1.011 2	1 424	58	(4)
主体结构工程	35	0.372 3	4 705	0.367 2	1.013 9	4 531	174	(3)
装饰工程	38	0.404 3	5 105	0.398 5	1.014 6	4 920	185	(2)
合计	94	1.000 0	12 812	1.000 0		12 170	642	

注:$V_I=F_I/C_I$;$\Delta C=C-F$。

【问题 3】

实际利润额=总价-实际成本

实际利润率=实际利润额/实际成本额

实际利润额=12 812×(1+3.98%)-12 170=1 151.92 万元

实际利润率=1 151.92/12 170≈9.47%

【问题 4】

设成本降低额为 X 万元,则

$$利润=12\ 812\times 3.98\%+X$$

$$实际成本=12\ 812-X$$

$$10\%=(12\ 812\times 3.98\%+X)/(12\ 812-X)$$

$$X=701.17(万元)$$

结论:成本降低额为 701.17 万元。

【思考与练习】

1. 简述应用价值工程原理解决问题的工作程序。
2. 简述价值工程对象的选择方法。
3. 简述提高价值的五种路径。
4. 简述价值工程的主要应用领域。

第八章　项 目 融 资

【内容提要】

(1)项目的资金来源；
(2)资金成本的计算；
(3)融资方式；
(4)税种和险种。

【核心概念】

项目融资、资金成本、税收、保险

【引导案例】

北京地铁4号线PPP融资模式

北京地铁4号线项目是北京市轨道交通路网中的主干线之一。4号线工程概算总投资153亿元,2004年8月正式开工,2009年9月28日通车试运营,目前日均客流量已超过100万人次。北京地铁4号线是我国城市轨道交通领域的首个PPP项目,该项目顺应国家投融资体制改革方向,在我国城市轨道交通领域首次探索和市场化PPP融资模式,有效缓解了当时北京市的投资压力,实现了北京市轨道交通行业投资和运营市场主体多元化突破,形成同业竞争的格局,促进了技术进步和管理服务水平提升。从实际情况分析,4号线是由北京市政府主导并支持的PPP项目,已取得阶段性成功,项目实施效果良好。

4号线工程投资建设划分为A、B两个相对独立的部分:A部分为洞体、车站等土建工程,投资额约为107亿元,约占项目总投资的70%,由政府国有独资企业北京市基础设施投资有限公司成立的全资子公司北京地铁4号线投资有限公司负责投资建设;B部分为车辆、信号等设备部分,投资额约为46亿元,约占项目总投资的30%,由PPP项目公司北京京港地铁有限公司负责投资建设和运营。

北京地铁4号线PPP项目实施过程大致分为两个阶段:第一阶段为北京市发展改革委员会主导的实施方案编制和审批阶段;第二阶段为北京市交通委员会主导的投资人竞争性谈判比选阶段。经北京市政府批准,北京市交通委员会与京港地铁于2006年4月12日正式签署了《特许经营协议》。北京地铁4号线项目通过精心设计的“分割投资比例、前补偿的运作模式、黄金股的股权结构”很好地实现了政府与社会资本优势互补同时又制约平衡的合作关系。票价机制、客流机制、资产租赁费调节机制、提前回购机制都良好地体现了风险共担、利益共享的原则。

第一节　项目资金来源

一、项目资本金制度

（一）项目资本金及其来源

项目资本金是指在项目总投资中由投资者认缴的出资额。项目资本金可以用货币出资，也可以用实物、工业产权、非专利技术、土地使用权作价出资。以工业产权、非专利技术作价出资的比例不得超过投资项目资本金总额的20%，国家对采用高新技术成果有特别规定的除外。

投资者以货币方式认缴的资本金来源有：(1)各级人民政府的财政预算内资金、国家批准的各种专项建设基金、经营性基本建设基金回收的本息、土地批租收入、国有企业产权转让收入、地方人民政府按国家有关规定收取的各种规费及其他预算外资金；(2)国家授权的投资机构及企业法人的所有者权益、企业折旧资金以及投资者按照国家规定从资金市场上筹措的资金；(3)社会个人合法所有的资金；(4)其他。

（二）项目资本金的比例

项目资本金的具体比例在审批可行性研究报告时核定。经国务院批准，个别特殊的国家重点建设项目可适当降低资本金比例。根据固定资产投资项目资本金制度，作为计算资本金基数的总投资，是指投资项目的固定资产投资与铺底流动资金之和，具体核定时以经批准的动态概算为依据。根据《国务院关于调整和完善固定资产投资项目资本金制度的通知》，对于产能过剩的水泥项目，项目资本金占项目总投资的最低比例为35%，钢铁、电解铝为40%。城市轨道交通项目、普通商品住房项目、玉米深加工项目资本金占项目总投资最低比例均为20%，如表8-1所示。

表8-1　项目资本金占项目总投资最低比例

序号	投资项目		项目资本金占项目总投资最低比例/%
1	城市和交通基础设施项目	城市轨道交通项目	20
		港口、沿海及内河航运项目	
		铁路、公路项目	
		机场项目	25
2	房地产开发项目	保障性住房和普通商品住房项目	20
		其他项目	25

表 8-1(续)

序号	投资项目		项目资本金占项目总投资最低比例/%
3	产能过剩行业项目	钢铁、电解铝项目	40
		水泥项目	35
		煤炭、电石、铁合金、烧碱、焦炭、黄磷、多晶硅项目	30
4	其他工业项目	玉米深加工项目	20
		化肥(钾肥除外)项目	25
		电力等其他项目	20

(三)项目资本金的管理

对项目来说,项目资本金是非债务性资金,项目法人不承担这部分资金的任何利息和债务。投资者可按其出资的比例依法享有所有者权益,也可转让其出资,但不得以任何方式抽回。投资项目资本金一次认缴,并根据批准的建设进度按比例逐年到位。投资项目在可行性研究报告中要就资本金筹措情况做出详细说明,包括出资方、出资方式、资本金来源及数额、资本金认缴进度等。投资项目资本金只能用于项目建设,不得挪作他用,更不得抽回。

二、资金筹措的渠道与方式

(一)筹措原则

资金筹措的主要原则:规模适宜、时机适宜、经济效益、结构合理(包括来源结构和期限结构)。

(二)既有法人项目资本金筹措

内部资金来源主要包括:(1)企业现金;(2)未来生产经营中获得的可用于项目的资金;(3)企业资产变现;(4)企业产权转让。

外部资金来源主要包括:(1)企业增资扩股,通过原有股东增资扩股或吸收新股东增资扩股,包括国家股、企业法人股、个人股和外资股;(2)优先股,是一种介于股本资金与负债之间的融资方式,优先股股东没有控制权,股息固定(税后支付),无须还本;(3)国家预算内投资。

(三)新设法人项目资本金筹措

一种是在新法人设立时由发起人和投资人按项目资本金额度要求提供足额资金;另一种是由新设法人在资本市场上进行融资来形成项目资本金。由初期设立的项目法人进行的资本金筹措形式主要有:(1)在资本市场募集股本资金,可以采取私募或公开募集;(2)合资合作。

(四)债务资金筹措的渠道与方式

筹措债务资金应考虑债务期限、债务偿还、债务序列、债权保证、违约风险利率结构、货币结构与国家风险等主要因素。

1. 信贷方式融资

信贷方式融资是项目负债融资的重要组成部分,是公司融资和项目融资中最基本、最简单也是比重最大的债务融资形式。

(1)商业银行贷款

按照贷款的期限,可以分为短期贷款、中期贷款和长期贷款。期限在1年以内的为短期贷款,1~3年的为中期贷款,3年以上的为长期贷款。国外商业银行贷款有浮动利率和固定利率两种。

(2)政策性银行贷款

目前,我国的政策性银行有中国进出口银行、中国农业发展银行。

(3)出口信贷

按照获得贷款资金的借款人不同,出口信贷分为三种:①买方信贷,出口方银行直接向进口商提供的贷款,而出口商与进口商所签订的成交合同中则规定为即期付款方式。出口方银行根据合同规定,凭出口商提供的交货单据,将货款付给出口商。同时记入进口商偿还账户内,然后由进口方按照与银行订立的交款时间,陆续将所借款项偿还出口方银行,并付给利息。②卖方信贷,是指出口方银行向本国出口商提供的贷款。这种贷款协议由出口商与银行签订。由于机器设备、船舶等商品出口所需的资金额大、时间长,进口商一般都要求采用延期付款的方式。出口商为加速资金周转而向银行贷款,其向银行支付的利息、费用有的通过货价外加价,有的包括在货价中而转嫁给进口商负担。③福费廷(FORFEIT),即未偿债务买卖,也称包买票据或票据买断,就是在延期付款的大型设备贸易中,出口商把经进口商承兑的,或经第三方担保的,期限在半年至五六年的远期汇票,无追索权地售予出口商所在地的银行或大金融公司,提前取得现款的一种资金融通形式,它是出口信贷的一种类型。

(4)银团贷款

使用银团贷款,除了贷款利率之外,借款人还要支付一些附加费用,包括管理费、安排费、代理费、承诺费和杂费等。

(5)国际金融机构贷款

①国际货币基金组织,只限于成员国的财政和金融当局,贷款用途限于弥补国际收支逆差或用于经常项目的国际支付,期限为1~5年。②世界银行,专款专用,接受世界银行监督。贷款期限较长,最长可达30年。③其他的国际金融机构还有亚洲开发银行、亚洲基础设施投资银行。

2. 债券方式融资

债券筹资的优点包括:筹资成本较低;保障股东控制权;发挥财务杠杆作用;便于调整资本结构。缺点包括:可能产生财务杠杆负效应;可能使企业总资金成本增大;经营灵活性降低。

3. 租赁方式融资

租赁方式融资有经营租赁和融资租赁两种方式。租赁双方的任何一方可以随时以一定方式在通知对方后的规定期限内取消或终止租约,临时使用的设备(如车辆、仪器等)通常采用这种方式。融资租赁是指出租人根据承租人对租赁物件的特定要求和对供货人的选择,出资向供货人购买租赁物件,并租给承租人使用,承租人则分期向出租人支付租金,在租赁期内租赁物件的所有权属于出租人所有,承租人拥有租赁物件的使用权。租期届满,租金支付完毕并且承租人根据融资租赁合同的规定履行完全部义务后,对租赁物的归属没有约定的或者约定不明的,可以协议补充;不能达成补充协议的,按照合同有关条款或者交易习惯,仍然不能确定的,租赁物件所有权归出租人所有。融资租赁是集融资与融物、贸易与技术更新于一体的新型金融产业。由于其融资与融物相结合的特点,出现问题时租赁公司可以回收、处理租赁物,因而在办理融资时对企业资信和担保的要求不高,非常适合中小企业融资。

(1)融资租赁对于承租人的优点

①在资金短缺的情况下,既可用较少资金获得生产急需的设备,也可以引进先进设备,加速技术进步的步伐;

②可获得良好的技术服务;

③可以保持资金的流动状态,防止呆滞,也不会使企业资产负债状况恶化;

④可避免通货膨胀和利率波动的冲击,减少投资风险;

⑤设备租金可在所得税前扣除,能享受税费上的利益。

(2)融资租赁对于承租人的缺点

①在租赁期间承租人对租用设备无所有权,只有使用权,故承租人无权随意对设备进行改造,不能处置设备,也不能用于担保、抵押贷款;

②承租人在租赁期间所交的租金总额一般比直接购置设备的费用要高;

③长年支付租金,形成长期负债;

④融资租赁合同规定严格,毁约要赔偿损失,罚款较多等。

(3)租金的计算

融资租赁的租金包括租赁资产的成本、租赁资产的利息和租赁手续费。

第二节 资金成本的计算

一、资金成本

(一)资金成本的构成

资金成本是指企业为筹集和使用资金而付出的代价,由筹集成本和使用成本两部分组成。

(1)资金筹集成本:指在资金筹集过程中所支付的各项费用,一般属于一次性费用,筹资次数越多,资金筹集成本也就越大。

(2)资金使用成本:又称为资金占用费(股息、红利、利息),具有经常性、定期性的特征,是资金成本的主要内容。

资金筹集成本与资金使用成本是有区别的,前者是在筹措资金时一次支付的,在使用资金过程中不再发生，因此可作为筹资金额的一项扣除，而后者是在资金使用过程中多次、定期发生的。

（二）资金成本的性质

资金成本是资金使用者向资金所有者和中介机构支付的占用费和筹资费。资金成本与资金的时间价值既有联系，又有区别。资金的时间价值是一种时间函数；而资金成本则表现为资金占用额的函数。资金成本具有一般产品成本的基本属性。但是资金成本只有一部分具有产品成本的性质，即这一部分耗费计入产品成本，而另一部分则作为利润的分配，不能列入产品成本。

（三）资金成本的作用

资金成本的作用主要有三个方面：(1)个别资金成本主要用于比较各种筹资方式资金成本的高低，是确定筹资方式的依据；(2)综合资金成本是项目公司资本结构决策的依据；(3)边际资金成本是追加筹资决策的重要依据。

二、资金成本的计算

（一）资金成本计算的一般形式

资金成本可用绝对数表示，也可用相对数表示。

$$K = \frac{D}{P - F} \tag{8-1}$$

或

$$K = \frac{D}{P(1 - f)} \tag{8-2}$$

式中 K——资金成本率，一般也可称资金成本；

D——使用费；

P——筹资资金总额；

F——筹资费；

f——筹资费费率（即筹资费占筹资总额的比率）。

（二）个别资金成本

1. 权益资金成本

(1)优先股成本。优先股成本是指公司发行优先股股票筹集资金需支付的发行费用，包括注册费、代销费等。其计算公式为

$$K_P = \frac{D_P}{P_0(1 - f)} \tag{8-3}$$

或

$$K_P = \frac{P_0 i}{P_0(1 - f)} = \frac{i}{1 - f} \tag{8-4}$$

式中 K_P——优先股成本率；

D_P——优先股每年股息；

P_0——优先股票面值；

i——股息利率。

（2）普通股资金成本。权益资金的资金占用费是向股东分派的股利，而股利是以所得税后净利润支付的，不能抵减所得税。其计算方法有以下两种：

①股利增长模型法，假定其收益以固定的年增长率递增。其计算公式为

$$K_C = \frac{D_C}{P_C(1-f)} + g = \frac{i_C}{1-f} + g \tag{8-5}$$

式中 K_C——普通股成本率；

D_C——预期年股利额；

P_C——普通股总面值或市场发行总额；

i_C——固定预计年股利率；

g——收益年增长率。

②资本资产定价模型法，其计算公式为

$$K_C = R_F + \beta(R_m - R_F) \tag{8-6}$$

式中 R_F——无风险报酬率；

R_m——平均风险股票必要报酬率；

β——股票的风险校正系数。

（3）留存收益成本。留存收益成本是指股东因未分配股利而丧失对外投资的机会损失。其计算公式为

$$K_S = \frac{D_C}{P_C} + G \tag{8-7}$$

式中 K_S——留存收益成本；

D_C——预期年股利额；

P_C——普通股市价；

G——普通股利年增长率。

2. 负债资金成本

（1）债券资金成本。债券资金成本的利息在税前支付，具有减税效应，但筹措费用一般较高。其计算公式为

$$K_b = \frac{I_b(1-T)}{B(1-F_b)} \tag{8-8}$$

或

$$K_b = \frac{R_b(1-T)}{1-F_b} \tag{8-9}$$

式中 K_b——债券资本成本；

I_b——债券年利息；

T——所得税率；

B——债券筹资额，或称债务本金；

F_b——债券筹资费用率，或称筹资费用或债券总额；

R_b——债券利率。

（2）银行借款成本。银行借款成本是指对每年年末支付利息、贷款期末一次全部还本的借款。其计算公式为

$$K_g = i + \frac{1 - T}{1 - f} \tag{8-10}$$

式中 K_g——借款成本率；

i——贷款年利率；

T——企业所得税税率；

f——银行借款融资费率。

第三节 工程项目融资

一、项目融资的程序与特点

（一）项目融资特点

与传统的贷款方式相比，项目融资有其自身的特点，在融资出发点、资金使用的关注点等方面均有所不同。项目融资主要有项目导向、有限追索、风险分担、非公司型负债融资、信用结构多样化、融资成本高、可利用税务优势的特点。

1. 项目导向

项目融资主要以项目的资产、预期收益、预期现金流等来安排融资。

2. 有限追索

贷款人只能在特定阶段或时期追偿。

3. 风险分担

融资结构建立后，任何一方都要准备承担任何未能预料到的风险。

4. 非公司负债型融资

非公司负债型融资亦称为资产负债表之外的融资，是指项目的债务不表现在项目投资者（即实际借款人）的公司资产负债表中负债栏的一种融资形式。

5. 信用结构多样化

在项目融资中，用于支持贷款的信用结构的安排是灵活多样的，一个成功的项目融资，可以将贷款的信用支持分配到与项目有关的各个关键方面。典型的做法包括以下几个方面：

（1）对于项目产品的需求方，可以要求购买者提供一种长期购买合同作为融资的信用支持，这种信用支持所能起到的作用取决于合同的形式和购买者的资信。资源性项目的开发受国际市场需求、价格变动的影响很大，能否获得一个稳定的、合乎贷款银行要求的项目产品长期销售合同往往成为能否成功组织项目融资的关键。

（2）对于提供工程建设的工程承包公司，为了减少风险，可以要求其提供固定价格、固定工期的合同，或“交钥匙”合同。

（3）对于原材料和能源供应商，可以要求其在保证供应的同时，在定价上根据项目产品的价格变化设计一定的浮动价格公式，以保证项目的最低收益。

上述做法都可以成为项目融资强有力的信用支持,提高项目的债务承受能力,减少融资对投资人(借款人)资信和其他资产的依赖程度。

6. 融资成本高

与传统的融资方式相比,项目融资的一个主要问题是相对筹资成本较高,组织融资所需要的时间较长。项目融资涉及面广,结构复杂,需要做好大量有关风险分担、税收结构、资产抵押等一系列技术性的工作,筹资文件比一般公司融资往往要多出几倍,需要几十个甚至上百个法律文件才能解决问题,这必然造成两个方面的后果;(1)组织项目融资花费的时间要长一些;(2)项目融资的大量前期工作和有限追索性质,导致融资的成本要比传统融资方式高。融资成本包括融资的前期费用和利息成本两个主要部分。

7. 可利用税务优势

通常包括加速折旧、利息成本、投资优惠以及其他费用的抵税等。

(二)项目融资程序

从项目投资决策开始,至选择项目融资方式为项目建设筹措资金,一直到最后完成该项目融资为止,项目融资大致可分为五个阶段:投资决策分析、融资决策分析、融资结构设计、融资谈判及融资执行。每一阶段的主要工作如表 8-2 所示。

表 8-2 项目融资程序分析

阶段名称	主要工作内容
投资决策分析阶段	工业部门、技术、市场分析;项目可行性分析;投资决策;初步确定项目投资结构
融资决策分析阶段	选择项目的融资方式,决定是否采用项目融资;任命项目融资顾问,明确融资任务和具体目标要求
融资结构设计阶段	评价项目风险因素;评价项目的融资结构和资金结构;修正项目融资结构
融资谈判阶段	选择银行,发出项目融资建议书;组织贷款银团;起草融资法律文件融资谈判
融资执行阶段	签署项目融资文件;执行项目投资计划;贷款银团经理人监督并参与项目决策;项目风险控制与管理

1. 投资决策分析

这些分析包括宏观经济形势的趋势判断,项目的行业、技术和市场分析,以及项目的可行性研究等标准内容。一旦投资者做出投资决策,随后首要工作就是确定项目的投资结构,项目的投资结构与将要选择的融资结构和资金来源有着紧密的关系。此外,在很多情况下,项目投资决策也是与项目能否融资及如何融资密切联系的。投资者在决定项目投资结构时需要考虑的因素很多,主要包括项目的产权形式、产品分配形式、债务责任、决策程序、现金流量控制、会计处理和税务结构等方面的内容。投资结构的选择将影响到项目融资的结构和资金来源的选择;反过来,项目融资结构的设计也会对投资结构的安排做出调整。

2. 融资决策分析

这一阶段的主要内容是项目投资者将决定采用何种融资方式为项目开发筹集资金。项目建设是否采用项目融资方式主要取决于项目的贷款数量、时间、融资费用、债务责任分担以及债务会计处理等方面的要求。如果决定选择项目融资作为筹资手段,投资者就需要聘请融资顾问,如投资银行、财务公司或者商业银行中的项目融资部门。融资顾问在明确融资的具体任务和目标要求后,开始研究和设计项目的融资结构。

3. 融资结构设计

这一阶段的一个重要步骤是对与项目有关的风险因素进行全面的分析、判断和评估,确定项目的债务承受能力和风险,设计出切实可行的融资方案和抵押保证结构,项目融资的信用结构的基础是由项目本身的经济强度以及与之有关的各个利益主体与项目的契约关系和信用保证构成的。项目融资结构及相应的资金结构的设计和选择,必须全面地反映投资者的融资战略要求和考虑。

4. 融资谈判

在项目融资方案初步确定以后,项目融资进入谈判阶段。首先,融资顾问将选择性地向商业银行或其他一些金融机构发出参加项目融资的建议书,组织银团贷款,并起草项目融资的有关文件。随后,便可以与银行谈判。在谈判中,法律顾问、融资顾问和税务顾问将发挥很重要的作用。他们一方面可以使投资者在谈判中处于有利地位,保护投资者利益;另一方面又可以在谈判陷入僵局时,及时、灵活地采取有效措施,使谈判沿着有利于投资者利益的方向进行。

融资谈判不会一蹴而就,在谈判中,要对有关的法律文件做出修改,有时会涉及融资结构或资金来源的调整问题,有时也会对项目的投资结构做出修改,以满足贷款银团的要求。通过对融资方案的反复设计、分析、比较和谈判,最后选定一个既能在最大限度上保护项目投资人的利益,又能被贷款银行所接受的融资方案。其中包括选择银行、发出项目融资建议书、组织贷款银团、起草融资法律文件、融资谈判等。

5. 融资决策执行

当正式签署了项目融资的法律文件以后,项目融资就进入执行阶段。在项目建设阶段,贷款银团通常委派融资顾问为经理人,经常性地监督项目的进展情况,根据项目预算和项目建设进度表安排贷款。在项目的试生产阶段,贷款银团的经理人将监督项目的生产(运行)情况,将项目的实际生产成本数据及有关技术指标与融资文件上规定的相应数据与指标对比,确认项目是否已达到了融资文件规定的有关标准,在项目的正常运行阶段,贷款银团的经理人将根据融资文件的规定,参与部分项目的决策程序,管理和控制项目的贷款投放和部分现金流量。除此之外,贷款银团的经理人也会参与一部分的生产经营决策,并经常帮助投资者加强对项目风险的控制与管理。

二、项目融资的主要方式

(一)BOT 融资方式

BOT 融资方式,是指由本国公司或者外国公司作为项目的投资者和经营者安排融资,承担风险,开发建设项目并在特许权协议期间经营项目获取商业利润,特许期满后,根据协议将该项目转让给相应的政府机构。

通常所说的 BOT 主要包括典型的 BOT、BOOT 和 BOO 三种基本方式,除了上述三种典型的方式外,还有十余种演变形式,如 BT、BTO 方式。

BT 融资方式的项目中,投资者仅获项目的建设权,而项目的经营权则属于政府。BT 融资方式适用于各类基础设施项目，特别是出于安全考虑的必须由政府直接运营的项目。对银行和承包商而言，BT 项目的风险比基本的 BOT 项目大。

（二）TOT 融资方式

TOT，即移交—运营—移交，是通过转让已建成项目的产权和经营权来融资的。也就是说，TOT 融资方式是通过出售现有投产项目在一定期限内的现金流量，从而获得资金来建设新项目的一种融资方式。

1. TOT 融资方式的运作程序

（1）制定 TOT 融资方案并报批。（2）项目发起人设立 SPC 或 SPV①，发起人把完工项目的所有权和新建项目的所有权均转让给 SPC 或 SPV，以确保有专门机构对两个项目的管理、转让、建造负有全权，并对出现的问题加以协调。（3）TOT 融资项目招标。（4）SPV 与投资者洽谈以达成转让投产运行项目在未来一定期限内全部或部分经营权的协议，并取得资金。（5）转让方利用获得资金来建设新项目。（6）新项目投入运行。（7）转让项目经营期满后，收回转让的项目。

2. TOT 融资方式的特点

TOT 融资方式的特点主要包括四个方面：（1）TOT 融资是通过已建成项目为新项目进行融资，而 BOT 是为筹建中的项目进行融资；（2）TOT 融资避开了风险，只涉及转让经营权，不存在产权、股权问题；（3）从东道国政府角度看，TOT 融资缓解了中央和地方财政的支出压力；（4）TOT 融资方式既可回避建设中超支、停建或建成后不能正常运营、现金流量不足以偿还债务等风险，又能尽快取得收益。

（三）ABS 融资方式

ABS 融资方式也称为资产支持的证券化。它是以目标项目所拥有的资产为基础，以该项目资产的未来收益为保证，通过在国际资本市场上发行债券筹集资金的一种项目融资方式。

1. ABS 融资方式的运作过程

（1）组建特殊目的机构 SPV。成功组建 SPV 是 ABS 能够成功运作的基本条件和关键因素。（2）SPV 与项目结合。即 SPV 寻找可以进行资产证券化融资的对象。SPV 进行 ABS 方式融资时，其融资风险仅与项目资产未来现金收入有关，而与建设项目的原始权益人本身的风险无关。（3）进行信用增级。（4）SPV 发行债券。（5）SPV 偿债。

2. BOT 融资方式与 ABS 融资方式的区别

两种融资方式的区别主要集中在六个方面：（1）项目所有权、运营权归属。BOT 融资方式的所有权、运营权在特许期内属于项目公司，特许期经营结束，所有权、运营权将移交给政府。ABS 融资方式中，在债券存续期内，项目资产的所有权由原始权益人转至 SPV，而经营权与决策权属于原始收益人，债券到期后，利用项目所产生的收益还本付息并支付各类费用之后，项目的所有权又重新回到原始权益人手中。（2）适用范围的差异。某些关系国计民生的要害部门是不能采用 BOT 融资方式的。ABS 融资方式的适用范围要比 BOT 融资方式广泛。（3）资金来源。虽然来源主要是民间资本，但 ABS 融资方式强调通过证券市场

---

① SPC 或 SPV 通常是政府设立或政府参与设立的具有特许权的机构。

发行债券筹集资金。(4)对项目所在国的影响。BOT 融资方式会给东道国带来一些负面效应,但 ABS 融资方式很少出现。(5)风险分散性。BOT 融资方式风险主要由政府、投资者/经营者、贷款机构承担;ABS 融资方式则由众多的投资者承担。(6)融资成本。BOT 融资方式由于过程复杂,成本较高;ABS 融资方式由于过程简单,成本较低。

(四)PFI 融资方式

PFI 融资是由私营企业进行项目的建设与运营,从政府方或接受服务方收取费用以回收成本。政府购买私营企业提供的产品或服务,或给予私营企业以收费特许权,或政府与私营企业以合伙方式共同营运等方式,来实现政府公共物品产出中的资源配置最优化、效率和产出的最大化。

1. PFI 融资的典型模式

(1)在经济上自立的项目。私营企业提供服务时,政府不向其提供财政的支持,但有政府的政策支持。(2)向公共部门出售服务的项目。私营企业提供项目服务所产生的成本,完全或主要通过私营企业服务提供者向公共部门收费来补偿,如私人融资兴建的监狱、医院和交通线路等。(3)合资经营项目。公共部门与私营企业共同出资、分担成本和共享收益。项目的控制权由私营企业来掌握,公共部门只是一个合伙人的角色。

2. PFI 融资的优点

PFI 在本质上是一个设计、建设、融资和运营模式,政府与私营企业是一种合作关系,对 PFI 项目服务的购买是由有采购特权的政府与私营企业签订的。

IPFI 融资方式的主要优点表现在:(1)有非常广泛的适用范围,不仅包括基础设施项目,在学校、医院、监狱等公共项目上也有广泛的应用。(2)推行 PFI 融资方式,能够广泛吸引经济领域的私营企业或非官方投资者,参与公共物品的产出,这不仅大大缓解了政府公共项目建设的资金压力,同时也提高了政府公共物品的产出水平。(3)吸引私营企业的知识、技术和管理方法,提高公共项目的效率和降低产出成本。(4)PFI 融资方式最大的优势在于,它是政府公共项目投融资和建设管理方式的重要的制度创新。

3. PFI 融资方式和 BOT 融资方式的比较

表 8-3 从适用领域、合同类型、承担风险、合同期满处理方式四个方面对 PFI 融资方式和 BOT 融资方式进行比较分析。

表 8-3 PFI 融资方式和 BOT 融资方式的比较

比较事项	BOT 融资方式	PFI 融资方式
适用领域	主要适用于基础设施或市政设施	不仅包括基础设施项目,在学校、医院、监狱等公共项目上也有广泛的应用
合同类型	特许经营合同	服务合同
承担风险	设计风险由政府承担	私营企业承担设计风险
合同期满处理方式	一般规定特许经营期满后,项目必须无偿交给政府管理及运营	如果私营企业通过正常经营未达到合同规定的收益,可以继续保持运营权

(五)PPP 融资方式

PPP 融资方式,即政府和社会资本合作模式。投资规模大、需求长期稳定、价格调整机制灵活、市场化程度较高的基础设施及公共服务类项目适合采用该模式。

1. PPP 融资方式的项目实施方案的内容

(1)项目概况;(2)风险分配基本框架;(3)项目运作方式;(4)交易结构;(5)合同体系;(6)监管架构;(7)采购方式选择。其中,项目合同是最核心的法律文件。

2. 物有所值(VFM)评价

物有所值评价是判断是否采用 PPP 融资方式代替政府传统投资运营方式提供公共服务项目的一种评价方法。财政部门应对项目实施方案进行物有所值和财政承受能力验证,通过验证可报政府审核;未通过验证的,可调整方案后重新验证;经过重新验证仍不通过,不采用 PPP 融资方式。物有所值(VFM)评价包括定性评价和定量评价,如表 8-3 所示。项目的 *PPP* 值,可等同于 PPP 融资项目全生命周期内股权投资、运营补贴、风险承担和配套投入等各项财政支出责任的现值。*PSC* 值是以下三项成本的全寿命现值之和:(1)参照项目的建设和运营维护净成本;(2)竞争性中立调整值;(3)项目全部风险成本。结论分为"通过"和"未通过"。若 *PPP* 值≤*PSC* 值,表示通过;反之未通过。"通过"的项目,可进行财政承受能力论证。

表 8-4 项目的物有所值(VFM)评价

定性评价	基本指标	全寿命周期整合程度、风险识别与分配、绩效导向与鼓励创新、潜在竞争程度、政府机构能力、可融资性等
	补充指标	项目规模大小、预期使用寿命长短、主要固定资产种类、全生命周期成本测算准确性、运营收入增长潜力、行业示范性等
定量评价	通过对 PPP 融资项目全寿命周期内政府方净成本的现值(*PPP* 值)与公共部门比较值(*PSC* 值)进行比较,判断 PPP 融资能否降低项目全寿命周期成本	

3. PPP 融资项目财政承受能力论证

(1)责任识别。PPP 融资项目全寿命周期过程的财政支出责任,主要包括股权投资、运营补贴、风险承担、配套投入等。(2)支出测算。财政部门综合考虑各类支出责任特点、情景和发生概率等因素,对项目全寿命周期内财政支出责任分别进行测算。PPP 融资项目财政承受能力论证中,确定年度折现率时应考虑财政补贴支出年份,并参照同期地方政府债券收益率合理确定。(3)能力评估。财政部门识别和测算单个项目的财政支出责任后,汇总年度已实施和拟实施的 PPP 融资项目,进行财政承受能力评估。为确保政府财政承受能力,每一年度全部 PPP 融资项目需要从预算中安排的支出,占一般公共预算支出比例应当不超过 10%。

第四节　与工程项目有关的税收及保险规定

一、与工程项目有关的税收规定

在工程项目的投资与建设过程中，所要缴纳的主要税收包括增值税、所得税、城市维护建设税和教育费附加（可视作税收）。此外，针对其占有的财产和行为，还涉及房产税、土地使用税、土地增值税、契税及进出口关税等的征收。

（一）增值税

1. 纳税人

在中华人民共和国境内销售服务、无形资产或不动产的单位和个人，为纳税人。单位以承包、承租、挂靠方式经营的，承包人、承租人、挂靠人（统称为承包人）以发包人、出租人、被挂靠人（统称为发包人）名义对外经营并由发包人承担相关法律责任的，发包人为纳税人；否则，以承包人为纳税人。

纳税人分为一般纳税人和小规模纳税人。应税行为的年应征增值税额超过财政部和国家税务总局规定标准的纳税人为一般纳税人，未超过规定标准的纳税人为小规模纳税人。

增值税是价外税，纳税人缴税，最终由消费者承担，因此与纳税人的经营成本和经营利润无关；增值税税额不影响经营成本和经营利润，不在利润表中予以体现，其实质是代税务机关收取的税费。

2. 增值税税率

2019 年 3 月，《财政部、税务总局、海关总署关于深化增值税改革有关政策的公告》给出的增值税税率如表 8-5 所示。

表 8-5　一般纳税人增值税税率

<table>
<tr><th>序号</th><th colspan="2">增值税纳税行业</th><th>增值税税率</th></tr>
<tr><td rowspan="3">1</td><td colspan="2">销售或进口一般货物（另有列举的货物除外）</td><td rowspan="3">13%</td></tr>
<tr><td rowspan="2">提供服务</td><td>提供加工、修理、修配劳务</td></tr>
<tr><td>提供有形动产租赁服务</td></tr>
<tr><td rowspan="6">2</td><td rowspan="5">销售或进口货物</td><td>粮食等农产品、食用植物油、食用盐</td><td rowspan="6">9%</td></tr>
<tr><td>自来水、暖气、冷气、热气、煤气、石油液化气、天然气、沼气、居民用煤炭制品</td></tr>
<tr><td>图书、报纸、杂志、音像制品、电子出版物</td></tr>
<tr><td>饲料、化肥、农药、农机、农膜</td></tr>
<tr><td>国务院规定的其他货物</td></tr>
<tr><td>销售（提供）服务</td><td>转让土地使用权、销售不动产、提供不动产租赁、提供建筑服务、提供交通运输服务、提供邮政服务、提供基础电信服务</td></tr>
</table>

表 8-5(续)

序号	增值税纳税行业		增值税税率
3	销售(转让)无形资产	技术、商标、著作权、商誉、自然资源使用权(不含土地使用权)和其他权益性资产	6%
4	出口货物(国务院另有规定的除外)		零税率
	提供服务	国际运输服务、航天运输服务	
		向境外单位提供完全在境外消费的相关服务	
		财政局和国家税务总局规定的其他服务	

3. 应纳税额计算

纳税人销售货物、劳务、服务、无形资产、不动产(以下统称应税销售行为),应纳税额为当期销项税额抵扣当期进项税额后的余额。应纳税额计算公式为

$$应纳税额=当期销项税额-当期进项税额 \tag{8-11}$$

当期销项税额小于当期进项税额而不足抵扣时,其不足部分可以结转下期继续抵扣。

纳税人发生应税销售行业,按照销售额和增值税暂行条例规定的税率计算收取的增值税额,为销项税额。销售税额计算公式为

$$销项税额=销售额\times税率 \tag{8-12}$$

销售额为纳税人发生应税销售行为收取的全部价款和价外费用,但不包括收取的销项税额。

销售额以人民币计算。纳税人以人民币以外的货币结算销售额的,应当折合成人民币计算。

纳税人购进货物、劳务、服务、无形资产、不动产支付或者负担的增值税额,为进项税额。

(1)准予抵扣的进项税额

下列进项税额准予从销项税额中抵扣:

①从销售方取得的增值税专用发票上注明的增值税额;

②从海关取得的海关进口增值税专用缴款书上注明的增值税额;

③自境外单位或者个人购进劳务、服务、无形资产或者境内的不动产,从税务机关或者扣缴义务人取得的代扣代缴税款的完税凭证上注明的增值税税额。

准予抵扣的项目和扣除率的调整,由国务院规定。

纳税人购进货物、劳务、服务、无形资产、不动产,取得的增值税扣税凭证不符合法律、行政法规或者国务院税务主管部门有关规定的,其进项税额不得从销项税额中抵扣。

(2)不得抵扣的进项税额

下列项目的进项税额不得从销项税额中抵扣:

①用于简易计税方法计税的项目、免征增值税项目、集体福利或者个人消费的购进货物、劳务、服务、无形资产和不动产;

②非正常损失的购进货物,以及相关的劳务和交通运输服务;

③非正常损失的在产品、产成品所耗用的购进货物(不包括固定资产)、劳务和交通运输服务;

④国务院规定的其他项目。

4. 小规模纳税人应纳税额简易计算办法

小规模纳税人发生应税销售行为,实行按照销售额和征收率计算应纳税额的简易办

法，并不得抵扣进项税额。应纳税额计算公式为

$$应纳税额=销售额\times征收率 \tag{8-13}$$

小规模纳税人的标准由国务院财政、税务主管部门规定。

小规模纳税人增值税征收率为 3%，国务院另有规定的除外。

小规模纳税人以外的纳税人应当向主管税务机关办理登记。具体登记办法由国务院税务主管部门制定。

5. 建筑业增值税的计算

（1）采用一般计税方法，建筑业增值税税率为 9%，计算公式为

$$增值税=税前造价\times9\% \tag{8-14}$$

税前造价为人工费、材料费、施工机具使用费、企业管理费、利润和规费之和，各费用项目均不包含增值税可抵扣进项税额的价格计算。

（2）当采用简易计税方法时，建筑业增值税税率为 3%，计算公式为

$$增值税=税前造价\times3\% \tag{8-15}$$

（二）城市维护建设税与教育费附加

1. 城市维护建设税

以实际缴纳的增值税、消费税之和为计税依据，与之同时缴纳。

纳税人所在地为市区的，税率为 7%；在县城或镇的，税率为 5%；不在市区、县城或镇的，税率为 1%。

【例 8-1】 某公司为国有企业，位于某市区，2018 年 12 月份应缴增值税 120 000 元，实际缴纳增值税 100 000 元；应缴消费税 80 000 元，实际缴纳消费税 70 000 元。计算该公司 12 月份应缴的城市维护建设税。

解：应缴城市维护建设税=（100 000+70 000）×7%=11 900（元）

2. 教育费附加

教育费附加的纳税人是指实际缴纳增值税、消费税的单位和个人。教育费附加以实际缴纳的增值税、消费税的税额为计税依据，与增值税、消费税同时缴纳。教育费附加税率为 3%。

地方教育费附加大部分地区税率是 2%。

（三）企业所得税

1. 计税依据

企业所得税的计税依据为应纳税所得额。

$$应纳税所得额=收入总额-不征税收入-免税收入-各项扣除-弥补以前年度亏损 \tag{8-16}$$

（1）收入总额。包括：销售货物收入；提供劳务收入；转让财产收入；股息、红利等权益性投资收益；利息收入；租金收入；特许权使用费收入；接受捐赠收入；其他收入。

（2）不征税收入。财政拨款；依法收取并纳入财政管理的行政事业性收费、政府性基金；国务院规定的其他不征税收入。

（3）免税收入。国债利息收入；符合条件的居民企业之间的股息、红利等权益性投资收益；在中国境内设立机构、场所的非居民企业从居民企业取得与该机构、场所有实际联系的

股息、红利等权益性投资收益;符合条件的非营利组织的收入。

(4)各项扣除。企业实际发生的与取得收入有关的、合理的支出,包括成本、费用、税金、损失和其他支出,准予在计算应纳税所得额时扣除。同时,企业发生的公益性捐赠支出,在年度利润总额12%以内的部分,准予在计算应纳税所得额时扣除。

(5)弥补以前年度亏损。根据利润的分配顺序,企业发生的年度亏损,在连续5年内可以用税前利润进行弥补。

(6)在计算应纳税所得额时,不得扣除的支出。向投资者支付的股息、红利等权益性投资收益款项;企业所得税税款;税收滞纳金;罚金、罚款和被没收财物的损失;允许扣除范围以外的捐赠支出;赞助支出;未经核定的准备金支出;与取得收入无关的其他支出。

2. 税率。企业所得税实行25%的比例税率。

对于非居民企业取得的应税所得额,适用税率为20%。

符合条件的小型微利企业,减按20%的税率征收企业所得税;国家需要重点扶持的高新技术企业,减按15%的税率征收企业所得税。

3. 应纳税额计算

$$应纳税额=应纳税所得额\times所得税税率-减免和抵免的税额 \quad (8-17)$$

(四)土地增值税

1. 纳税人

土地增值税的纳税人是转让国有土地使用权、地上建筑物及其附着物并取得收入的单位和个人。

2. 纳税对象

转让国有土地使用权、地上建筑物及其附属物连同国有土地使用权一并转让所取得的增值额。

3. 计税依据和税率

(1)计税依据。土地增值税以纳税人转让房地产所取得的收入减除税法规定的扣除项目金额后的余额为计税依据。

税法准予纳税人从转让收入中扣除的项目包括下列几项:

①取得土地使用权支付的金额。

a. 纳税人为取得土地使用权所支付的地价款。

b. 按国家统一规定缴纳的有关登记、过户手续费。

②房地产开发成本。

③房地产开发费用。

④与转让房地产有关的税金。非房地产开发企业扣除城市维护建设税、教育费附加和印花税;房地产开发企业因印花税已列入管理费用中,故不允许在此扣除。

⑤其他扣除项目。对从事房地产开发的纳税人可加计20%扣除:

$$加计扣除费用=(取得土地使用权支付的金额+房地产开发成本)\times20\% \quad (8-18)$$

⑥旧房及建筑物的评估价格。

(2)税率

土地增值税实行四级超率累进税率。

表 8-6 一般纳税人增值税税率

增值额占扣除项目金额比例	税率/%	速算扣除系数/%
50%以下(含 50%)	30	0
超过 50%~100%(含 100%)	40	5
超过 100%~200%(含 200%)	50	15
200%以上	60	35

【例 8-2】 某公司 2019 年转让一幢新建办公楼取得收入 5 000 万元,该办公楼建造成本和相关费用为 3 700 万元,缴纳与转让办公楼相关的税金为 277.5 万元(其中印花税金 2.5 万元)。试确定该公司应缴纳的土地增值税。

解: 扣除项目金额=3 700+277.5=3 977.5(万元)

土地增值额=5 000-3 977.5=1 022.5(万元)

增值额与扣除项目比例=1 022.5÷3 977.5=26%,适用税率为 30%,扣除率为 0

应纳土地增值税=1 022.5×30%=306.75(万元)。

【例 8-3】 某企业转让房地产,收入总额为 1 000 万元,扣除项目金额为 400 万元,试确定该公司应缴纳的土地增值税。

解:

增值额=1 000-400=600(万元)

增值额与扣除项目比例=600÷400=150%,适用税率为 50%,扣除率为 15%

土地增值税=600×50%-400×15%=240(万元)。

3. 税收优惠

(1)纳税人建造普通住宅出售时,增值额未超扣除项目金额 20%的,免征土地增值税;超过扣除项目金额 20%的,就其全部增值额计税。

(2)对个人转让房地产的,凡居住满 5 年或以上的,免征土地增值税;满 3 年未满 5 年的,减半征收;未满 3 年的,不实行优惠。

(3)因国家建设需要依法征用、收回的房地产,免征土地增值税。

(4)1994 年 1 月 1 日前签订的房地产转让合同,无论房地产在何时转让,均免征土地增值税。

(五)房产税

1. 纳税人

(1)产权属国家所有的,由经营管理单位纳税;产权属集体和个人所有的,由集体单位和个人纳税。

(2)产权出典的,由承典人纳税。

(3)产权所有人、承典人不在房屋所在地的,产权未确定及租典纠纷未解决的,由房产代管人或者使用人纳税。

(4)无租使用的其他单位的房产,应由使用人代为缴纳房产税。

(5)外商投资企业、外国企业和外国人经营的房产不适用房产税。

2. 纳税对象

房产税的纳税对象为房产。与房屋不可分割的各种附属设施或不单独计价的配套设施,也属于房屋,应一并征收房产税;但独立于房屋之外的建筑物(如水塔、围墙等)不属于房屋,不征房产税。

房地产开发企业建造的商品房,在出售前,不征收房产税;但对出售前房地产开发企业已使用或出租、出借的商品房应按规定征收房产税。

3. 计税依据和税率

(1)从价计征。计税依据是房产原值一次减除10%~30%的扣除比例后的余值,税率为1.2%。

(2)从租计征。计税依据为房产租金收入,税率为12%,对个人按市场价格出租的居民住房,暂按4%税率征收房产税。

【例8-4】 某企业2018年1月1日的房产原值3 000万元,4月1日将其中原值1 000万元的临街房出租给某连锁商店,月租金5万元。当地政府规定允许按房产原值减除20%后的余值计税。试确定该企业当年应缴纳的房产税额。

解:自身经营用房的房产税按房产余值从价计征,临街房4月1日才出租,1~3月仍从价计征。

自身经营用房应缴房产税 = (3 000−1 000)×(1−20%)×1.2%
+1 000×(1−20%)×1.2%÷12×3
= 19.2+2.4 = 21.6(万元)

出租的房产按本年租金从租计征 = 5×9×12% = 5.4(万元)

企业当年应缴房产税 = 21.6+5.4 = 27(万元)

【例8-5】 某企业有一处房产原值1 000万元,2018年7月1日用于联营投资(收取固定收入,不承担联营风险),投资期为5年。已知该企业当年取得固定收入50万元,当地政府规定的扣除比例为20%。试确定该企业2018年应缴纳的房产税额。

解:以房产联营投资,不承担风险,只收取固定收入,应由出租方按租金收入计缴房产税。7月1日前房产自营,应当按照从价计征。

应纳房产税 = [1 000×(1−20%)×1.2%÷2+50×12%] = 4.8+6 = 10.8(万元)

【例8-6】 某企业有一处房产原值1 000万元,2018年7月1日用于联营投资(承担联营风险),投资期为5年。已知该企业当年取得固定收入50万元,当地政府规定的扣除比例为20%。试确定该企业2018年应缴纳的房产税额。

解:收入不固定,承担联营风险,按照从价计征。

1 000×(1−20%)×1.2% = 9.6(万元)

(六)城镇土地使用税

1. 纳税人

纳税人指在城市、县城、建制镇、工矿区范围内使用土地的单位和个人。

2. 纳税对象

城镇土地使用税的纳税对象包括在城市、县城、建制镇和工矿区内的国有和集体所有土地,但不包括农村土地。

3. 应纳税额

城镇土地使用税采用定额税率。

(七)契税

1. 纳税人

契税的纳税义务人是境内转移土地、房屋权属承受的单位和个人。单位包括内外资企业、事业单位、国家机关、军事单位和社会团体。个人包括中国公民和外籍人员。

2. 纳税对象

在境内转移土地、房屋权属的行为。

3. 计税依据和税率

计税依据是不动产的价格。契税实行3%~5%的幅度税率。

4. 应纳税额

$$契税应纳税额=计税依据\times税率 \tag{8-19}$$

【例8-7】 某公司2018年发生两笔互换房产业务,并已办理了相关手续。第一笔业务换出的房产价值500万元,换进的房产价值800万元;第二笔业务换出的房产价值700万元,换进的房产价值300万元。已知当地政府规定的契税税率为3%。试确定该公司应缴纳的契税额。

解:房屋或土地使用权相交换,变换价格相等,免征契税;交换价格不等,由多交付货币、实物、无形资产或其他利益的一方按价差缴纳契税。第一笔交换业务应由该公司缴纳契税,第二笔交换业务由承受方缴纳契税。

$$该公司应缴契税:(800-500)\times3\%=9(万元)$$

(八)关税

进出口关税应纳税额的计算公式为

$$关税应纳税额=货物完税价格\times适用税率 \tag{8-20}$$

二、与工程项目有关的保险规定

(一)建筑工程一切险

建筑工程一切险的被保险人一般可包括以下各方:(1)业主;(2)承包商;(3)技术顾问;(4)其他关系方。投保人:(1)全部承包方式,由承包方负责投保;(2)部分承包方式,在合同中规定由某一方投保;(3)分段承包方式,一般由业主投保;(4)施工单位只提供劳务的承包方式,一般也由业主投保。

保险项目包括物质损失、第三者责任及附加险三部分。物质损失包括:(1)建筑工程项目。该部分保险金额为承包工程合同的总金额,即建成该项工程的实际价格,包括设计费、材料设备费、施工费(人工及施工设备费)、运杂费、税款及其他有关费用。(2)业主提供的物料及项目。(3)安装工程项目。是指承包工程合同中未包含的机器设备安装工程项目。该项目的保险金额为其重置价值。所占保额不应超过总保险金额的20%。超过20%的按安装工程一切险费率计收保费;超过50%的,则另投保安装工程一切险。(4)施工用机器、装置及设备。(5)场地清理费。(6)工地内现成的建筑物。(7)业主或承包商在工地上的其他财产。以上各部分之和为建筑工程一切险物质损失部分的总保险金额。货币、票证、有价证券、文件、账簿、图表、技术资料，领有公共运输执照的车辆、船舶以及其他无法鉴定价值的财产，不能作为建筑工程一切险的保险项目。第三者责任包括被保险人在工程保险期内因意外事故造成工地及工地附近的第三者人身伤亡或财产损失依法应负的赔偿责任。此外，还有附加险。

物质损失的责任范围包括：(1)在保险期限内，若保险单列明的被保险财产在列明的工地范围内，因发生除外责任之外的任何自然灾害或意外事故造成的物质损失，保险人应负责赔偿；(2)上述有关费用包括必要的场地清理费用和专业费用等，也包括被保险人采取施救措施而支出的合理费用。物质损失的除外责任，保险人对以下情况不承担赔偿责任：(1)设计错误引起的损失和费用；(2)自然磨损、内在或潜在缺陷、物质本身变化、自燃、自热、氧化、锈蚀、渗漏、鼠咬、虫蛀、大气(气候或气温)变化、正常水位变化或其他渐变原因造成的被保险财产自身的损失和费用；(3)因原材料缺陷或工艺不善引起的被保险财产本身的损失以及为换置、修理或矫正这些缺点错误所支付的费用；(4)非外力引起的机械或电气装置的本身损失，或施工用机具、设备、机械装置失灵造成的本身损失；(5)维修保养或正常检修的费用；(6)档案、文件、账簿、票据、现金、各种有价证券、图表资料及包装物料的损失；(7)盘点时发现的短缺；(8)领有公共运输行驶执照的，或已由其他保险予以保障的车辆、船舶和飞机的损失；(9)除已将工地内现成的建筑物或其他财产列入保险范围外，在被保险工程开始以前已经存在或形成的位于工地范围内或其周围的属于被保险人的财产的损失；(10)除非另有约定，在保险期限终止以前，被保险财产中已由工程所有人签发完工验收证书或验收合格或实际占有或使用或接收的部分。

第三者责任的责任范围：(1)在保险期限内，因发生与承保工程直接相关的意外事故引起工地内及邻近区域的第三者人身伤亡、疾病或财产损失，依法应由被保险人承担的经济赔偿责任，保险公司负责赔偿；(2)对被保险人因上述原因而支付的诉讼费用以及事先经保险公司书面同意而支付的其他费用，保险公司亦负责赔偿。第三者责任的除外责任包括：(1)物质损失项下或本应在该项下予以负责的损失及各种费用。(2)由于震动、移动或减弱支撑而造成的任何财产、土地、建筑物的损失及由此造成的任何人身伤害和物质损失。(3)下列原因引起的赔偿责任。①工程所有人、承包商或其他关系方或他们所雇佣的在工地现场从事与工程有关工作的职员、工人以及他们的家庭成员的人身伤亡或疾病；②工程所有人、承包商或其他关系方或他们所雇佣的职员、工人所有的或由其照管、控制的财产发生的损失；③领有公共运输行驶执照的车辆、船舶、飞机造成的事故；④被保险人根据与他人的协议应支付的赔偿或其他款项，但即使没有这种协议，被保险人仍应承担的责任不在此限。

总除外责任。保险人对以下各项不承担赔偿责任：(1)战争、类似战争行为、敌对行为、武装冲突、恐怖活动、谋反、政变引起的任何损失、费用和责任；政府命令或任何公共当局的没收、征用、销毁或毁坏；罢工、暴动、民众骚乱引起的任何损失、费用和责任；(2)被保险人及其代表的故意行为或重大过失引起的任何损失、费用和责任；(3)核裂变、核聚变、核武器、核材料、核辐射及放射性污染引起的任何损失、费用和责任；(4)大气、土地、水污染及其他各种污染引起的任何损失、费用和责任；(5)工程部分停工或全部停工引起的任何损失、费用和责任；(6)罚金、延误、丧失合同及其他后果损失；(7)保险单明细表或有关条款中规定的应由被保险人自行负担的免赔额。

保险期限是在保险单列明的建筑期限内，自投保工程动工日或自被保险项目被卸至建筑工地时起生效，直至建筑工程完毕经验收合格时终止。(1)建筑期。保险责任的开始有两种情况：①工程破土动工之日；②保险工程材料、设备运抵至工地时。以先发生者为准，但不得超过保单规定的生效日期。保险责任的终止也有两种情况：①工程所有人对部分或全部工程签发验收证书或验收合格时；②工程所有人实际占有或使用或接受该部分或全部工程时。以先发生者为准且最迟不得超过保单规定的终止日期。(2)试车期。若被保险设备本身是在本次安装前已被使用过的设备或转手设备，则自其试车之日起，保险责任即告终止。如安装的是新机器，保险人按保单列明的试车期，对试车和考核期限内引起的损失、费用和责任负责赔偿。(3)保证期。保证期的保险期限一般与工程合同中规定的质量保修期一致。从工程所有人对部分或全部工程签发完工验收证书或验收合格或工程所有人实际占有或使用或接收该部分或全部工程时起算，以先发生者为准。保证期投保与否，由投保人自己决定，需要投保时，必须加批单，增收相应的保费。(4)保险期限的延长。如工程不能在保险单规定的保险期内完工，经投保人申请并加缴规定的保费后，可签发批单延长保险期限。

建筑工程一切险的费率应分项确定，一般可分为以下几项：(1)建筑工程、安装工程、场地清理费、业主提供的物质及项目、工地内现成的建筑物、业主或承包商在工地上的其他财产，各项为一个总的费率，整个工期实行一次性费率；(2)施工用机器、装置及设备为单独的年费率。保期不足一年的，按短期费率计收保费；(3)保证期费率，是整个保证期一次性费率；(4)各种附加保障增收费率，也是整个工期一次性费率；(5)第三者责任险费率，按整个工期一次性费率计取。

(二)安装工程一切险

与建筑工程一切险相比，安装工程一切险具有下列特点：(1)建筑工程保险的标的从开工以后逐步增加，保险额也逐步提高，而安装工程一切险的保险标的一开始就存放于工地，保险公司一开始就承担着全部货价的风险。在机器安装好之后，试车、考核和保证阶段风险最大。由于风险集中，试车期的安装工程一切险的保险费通常占整个工期的保费的三分之一左右。(2)在一般情况下，建筑工程一切险承担的风险主要为自然灾害，而安装工程一切险承担的风险主要为人为事故损失。(3)安装工程一切险的风险较大，保险费率也要高于建筑工程一切险。

安装工程一切险的被保险人包括：(1)业主；(2)承包商(含分包商)；(3)供货商，即负责提供被安装机器设备的一方；(4)制造商，即被安装机器设备的制造商，但因制造商的过失引起的直接损失，即本身部分，不包括在安装工程险责任范围内；(5)技术顾问；(6)其他关系方。一般来说，在全部承包方式下，由承包商作为投保人投保整个工程的安装工程保险，同时把有关利益方列为共同被保险人。如非全部承包方式，最好由业主投保。

安装工程一切险的保险责任与建筑工程一切险基本相同，主要承保保单列明的除外责任以外的任何自然灾害或意外事故造成的损失及有关费用。

安装工程保险期限。(1)安装期。保险责任的开始。在保险单列明的起始日期前提下，实际保险责任的开始有两种情况：①投保工程动工之日；②保险财产运到施工地点。以先发生者为准，但不得超过保单列明的生效日。保险责任的终止，也有两种情况：①安装完毕签发验收证书或验收合格时终止;②工程所有人实际占有或使用或接受该部分或全部工程之时,最晚终止日不超过保险单中列明的终止日期。在实践中,工程的安装一般分期或分项进行,尤其是大型项目。因此,对于在保险期限内提前验收移交或实际投入使用的部分项目,则在验收完毕或实际投入使用时对该部分的责任即告终止。(2)试车考核期。一般不超过3个月,若保险设备是使用过的,则自试车之时起,保险人的责任终止。(3)保证期。(4)保险期限的延长。与建筑工程一切险的有关规定相同。

(三)工伤保险

投保人是中国境内的用人单位,被保险人是其用人单位的全部职工或者雇工。只要形成劳动关系的职工,就享有工伤保险待遇的权利。

工伤责任范围:(1)在工作时间和工作场所内,因工作原因受到事故伤害的;(2)工作时间前后在工作场所内,从事与工作有关的预备性或者收尾性工作受到事故伤害的;(3)在工作时间和工作场所内,因履行工作职责受到暴力等意外伤害的;(4)患职业病的;(5)因公外出期间,由于工作原因受到伤害或者发生事故下落不明的;(6)在上下班途中,受到非本人主要责任的交通事故或者城市轨道交通、客运轮渡、火车事故伤害的;(7)法律、行政法规规定应当认定为工伤的其他情形。视同工伤的范围:(1)在工作时间和工作岗位,突发疾病死亡或者在48小时之内经抢救无效死亡的;(2)在抢险救灾等维护国家利益、公共利益活动中受到伤害的;(3)职工原在军队服役,因战、因公负伤致残,已取得革命伤残军人证,到用人单位后旧伤复发的。有下列情形之一的,不得认定为工伤或者视同工伤:(1)故意犯罪的;(2)醉酒或者吸毒的;(3)自残或者自杀的。

工伤保险基金由三部分构成:企业缴纳的工伤保险费、工伤保险基金的利息和其他资金。由企业按照职工工资总额的一定比例缴纳,职工个人不缴纳工伤保险费。工伤保险基金存入社会保障基金财政专户。根据不同行业工伤风险程度由低到高,依次将行业工伤风险划分为一至八类(房屋建筑业、土木工程建筑业属于六类;建筑安装业、建筑装饰和其他建筑业属于五类),对应的全国工伤保险行业基准费率分别控制在该行业用人单位职工工资总额的0.2%、0.4%、0.7%、0.9%、1.1%、1.3%、1.6%、1.9%左右。用人单位通过费率浮动的办法确定每个行业的费率档次。一类行业分为三个档次,即在基准费率基础上,可向上浮动至120%、150%;二类至八类行业分为五个档次,即在基准费率基础上,可分别向上浮动至120%、150%或向下浮动至80%、50%。费率浮动的具体办法由统筹地区人力资源社会保障部门商财政部门制定,并征求工会组织、用人单位代表的意见。

(四)意外伤害险

投保人以工程项目为投保单位,实行不记名投保方式。施工人员意外伤害保险的范围应当覆盖工程项目,是指施工单位为施工现场从事施工作业和管理的人员受到的意外伤害,以及由于施工现场施工直接给其他人员造成的意外伤害。已在企业所在地参加工伤保险的人员,从事现场施工时仍可参加施工人员意外伤害保险。施工人员意外伤害保险投保的保险金额不得低于最低保险金额。最低保险金额要能够保障施工伤亡人员得到有效的经济补偿。建筑意外伤害保险期限应从施工工程项目被批准正式开工,并且投保人已缴付保险费的次日(或约定起保日)零时起,至施工合同规定的工程竣工之日24时止。提前竣工的，保险责任自行终止。因故延长工期的，应当办理保险顺延手续。施工单位和保险公司双方根据各类风险因素商定施工人员意外伤害保险费率，实行差别费率和浮动费率。

【思考与练习】

1. 某公司发行优先股股票，票面额按正常市价计算为 200 万，筹资费费率为 4%，股票年利率为 14%，则其资金成本率为多少？

2. 为什么有些企业采用吸收直接投资的筹资方式？吸收直接投资有哪些可供选择的具体形式？

3. 公司为什么要申请股票上市？分析电信业龙头“华为技术有限公司”不上市的原因。

4. 如何划分一般纳税人和小规模纳税人？

第三篇　应　用　篇

第九章　项目可行性研究与评估

【内容提要】

(1)投资项目可行性研究概述;
(2)投资项目财务评价流程;
(3)投资项目财务盈利能力及生存能力分析;
(4)投资项目偿债能力分析。

【核心概念】

可行性研究、市场分析、建设条件研究、工程估价

【引导案例】

港珠澳大桥建设项目案例

港珠澳大桥是中国境内一座连接香港、珠海和澳门的桥隧工程,大桥东起香港国际机场附近的香港口岸人工岛,向西横跨南海伶仃洋水域接珠海和澳门人工岛,止于珠海洪湾立交;桥隧全长55千米,其中主桥29.6千米、香港口岸至珠澳口岸41.6千米;桥面为双向六车道高速公路,设计速度100千米/小时;工程项目总投资额1 269亿元。截至2018年10月,港珠澳大桥是世界上里程最长、沉管隧道最长、寿命最长、钢结构最大、施工难度最大、技术含量最高、科学专利和投资金额最多的跨海大桥;大桥工程的技术及设备规模创造了多项世界纪录,它被英国《卫报》评为"现代世界七大奇迹"之一。

2008年12月,《港珠澳大桥工程可行性报告》通过专家初审并上报到国家发展和改革委员会。2009年10月28日,国家发展和改革委员会对《港珠澳大桥可行性研究报告》进行批复。2009年12月15日动工建设,2017年7月7日实现主体工程全线贯通,2018年2月6日完成主体工程验收。2018年12月1日起,首批粤澳非营运小汽车可免加签通行港珠澳大桥跨境段。2020年8月16日,港珠澳大桥口岸珠澳货运通道正式启用。

港珠澳大桥是"一国两制"条件下首项涉及内地和港澳两个特别行政区合作共建的超大型基础设施项目。大桥的管理机构为港珠澳大桥管理局,由广东省、香港和澳门三地政府共同组建成立,承担大桥主体部分建设、运营、维护和管理的组织实施等工作。港珠澳大桥投融资方案及实施建议研究是港珠澳大桥工程可行性研究工作的重要环节之一。大桥主体采用"政府全额支付资金,另一部分资金由粤港和澳共同组建的项目管理机构通过贷款解决"的融资方式。其中,香港投入了500亿元,占总量的50%,大陆投资200亿元,澳门投资100多亿元,其余都是贷款融资。桥梁建成后,通过桥梁收费偿还贷款,收费期50年。

建设港珠澳大桥是中央政府支持香港、澳门和珠三角地区城市快速发展的一项重大举

措，是“一国两制”下粤港澳密切合作的重大成果。作为连接粤港澳三地的跨境大通道，港珠澳大桥将在大湾区建设中发挥重要作用。它被视为粤港澳大湾区互联互通的“脊梁”，可有效打通湾区内部交通网络的“任督二脉”，从而促进人流、物流、资金流、技术流等创新要素的高效流动和配置，推动粤港澳大湾区建设成为更具活力的经济区、宜居宜业宜游的优质生活圈和内地与港澳深度合作的示范区，打造国际高水平湾区和世界级城市群。

第一节　投资项目和投资决策

一、投资概述

（一）投资的本质

投资，是指经济主体为获得经济效益而于现在投入生产要素，以形成资产的一种经济活动，即为将来的收益而做的现时的投入。投资概念既包括购买股票、债券等间接的纯金融投资，即间接投资，也包括购置和建造固定资产、购买和储备流动资产直接的生产资料投资，即直接投资。直接投资可分为宏观投资、中观投资和微观投资。项目评估中研究的投资则专指增加或恢复生产能力的直接投资，不包括纯金融投资。而在直接投资中，项目评估研究的是项目投资，即微观投资。

（二）投资的作用

投资的作用可从宏观和微观两个角度展开。从宏观来看，投资可以影响社会总需求水平，从而在短期内影响产出和就业水平；投资还会增加社会的资本积累，提高潜在的生产能力，从而促进长期的经济增长。从微观来看，投资可以增强投资者的经济技术实力、创新能力和市场竞争能力。

（三）投资的决定因素

投资活动主要取决于收益、成本、经济发展预期。投资决策取决于三个因素：(1)对新投资所生产出来的产品的需求状况；(2)影响投资成本的利率和税收；(3)企业对未来经济状况的预期。

二、投资项目

（一）投资项目的界定

投资项目简称项目，是指在规定的期限内，为完成一项（或一组）开发目标而规划的投资、政策、机构以及其他各方面的综合体。投资项目包含的内容：(1)具有能用于土建工程和（或）设备及其安装等投资的资金；(2)具有提供有关工程设计、技术方案、实施施工监督、改进操作和维修等业务的能力；(3)拥有一个按集中统一原则组织起来的，能协调与有关各方的关系，促进各类要素合理配置，高效、精干的组织机构；(4)改进与项目有关的价格、税收、补贴和成本回收等方面的政策，使项目能与经济的发展目标协调一致；(5)拟定明确的项目目标和具体的实施计划。

(二)投资项目分类

按项目性质分为基本建设项目和更新改造项目;按项目内容分为工业投资项目和非工业投资项目;按项目用途分为生产性投资项目和非生产性投资项目;按项目投资管理形式分为政府投资项目和企业投资项目;按项目产品性质和行业差别分为竞争性投资项目、基础性投资项目和公益性投资项目;按项目投资主体分为国内投资项目、外商投资项目;按项目融资主体分为新设法人项目和既有法人项目。

三、投资决策

(一)投资决策的含义

投资决策就是根据预期的投资目标,拟订若干个有价值的投资方案,并用科学的方法或工具对这些方案进行分析、比较和遴选,以确定最佳实施方案的过程。

(二)投资决策的理论意义

1. 资源的稀缺性

投资者要审慎地选择项目,以达到最佳的资源配置,使生产最有效率。政府通过投资提供公共品,满足社会需求,提高效率;企业通过投资提供私人物品,满足市场需求,取得利润。都需要运用脑力的理性行为,即要进行科学的分析论证。

2. 信息的不对称性

投资者、资金的供给者的信息不对称需要科学决策。

3. 未来的不确定性

投资者、资金的供给者存在的不确定需要科学决策。

(三)投资决策的程序

1. 投资决策的一般程序

投资决策的一般程序包括四个步骤:(1)调查研究,收集信息,提出问题,在此基础上确定预期目标;(2)根据宏观环境和现有条件拟定若干个有价值的方案;(3)对拟定的方案进行分析、比较,遴选出最满意的实施方案;(4)确定实施计划,提出合理化建议。

2. 国际金融投资机构的投资决策

与我国投资决策的程序不同,国际金融投资机构的投资决策包括10个步骤:(1)明确问题和目标;(2)研究项目的背景;(3)搜集有关信息资料;(4)安排项目分析的步骤;(5)对项目进行经济分析;(6)衡量非经济因素的影响;(7)进行不确定性分析;(8)综合权衡;(9)提出项目评估报告及其他建议;(10)最终做出投资决策。

3. 我国现行的投资项目决策程序

企业投资项目决策实行核准制和备案制。(1)核准制。对于需要核准的企业投资的重大项目和限制类项目,应在可行性研究报告的基础上编制项目申请报告,投资者仅需向政府提交项目申请报告,不再经过批准项目建议书、可行性研究报告和开工报告的程序。企业提交的项目申请报告,政府主要是从维护经济安全、合理开发利用资源、保护生态环境、优化重大布局、保障公众利益、防止出现垄断等方面进行核准。企业提交项目申请报告,政府仅对重大项目和限制类项目从维护社会公共利益角度进行核准,政府有一定的选择权。对于外商投资项目,政府还要从市场准入、资本项目管理等方面进行核准。(2)备案制。其他项目无论规模大小,均为备案制。项目的市场前景、经济效益、资金来源和产品方案等均由企业自主决策,自担风险,并依法办理环境保护、土地使用、资源利用、安全生产、城市规划等许可手续和减免税确认手续。按照属地原则向地方政府投资主管部门备案,是信息告知义务。

政府投资项目决策实行审批制。审批的程序包括项目建议书和可行性研究报告等。采用直接投资和资本金注入方式的,从投资决策角度只审批项目建议书和可行性研究报告,除特殊情况外不再审批开工报告,同时应加强政府投资项目的初步设计、概算审批工作;采用投资补助、转贷和贷款贴息方式的,只审批资金申请报告。根据2004年发布的《国务院关于投资体制改革的决定》,改革目的就是要实现“谁投资、谁决策、谁分享收益、谁承担风险”,真正实现投资决策自主权下放给企业。2016年,国务院发布《企业投资项目核准和备案管理条例》,2017年2月1日施行。这是我国固定资产投资领域第一部行政法规,进一步规范了项目核准和备案行为,加强事中事后监管,优化服务。

企业投资项目实行核准制的决策程序:(1)提交项目申请报告;(2)政府职能部门对投资者提交的项目申请报告进行核准;(3)办理相关手续;(4)金融机构进行项目评估。政府投资项目实行审批制的决策程序:(1)提交项目建议书;(2)编制并提交可行性研究报告;(3)办理相关手续;(4)金融机构进行项目评估。

第二节 投资项目可行性研究概述

项目可行性研究报告简称可研,是在制订生产、基建、科研计划的前期,通过全面的调查研究,分析论证某个建设或改造工程、某种科学研究、某项商务活动切实可行而提出的一种书面材料。项目可行性研究报告主要是通过对项目的主要内容和配套条件,如市场需求、资源供应、建设规模、工艺路线、设备选型、环境影响、资金筹措、盈利能力等,从技术、经济、工程等方面进行调查研究和分析比较,并对项目建成以后可能取得的财务、经济效益及社会影响进行预测,从而提出该项目是否值得投资和如何进行建设的咨询意见,为项目决策提供依据的一种综合性的分析方法。可行性研究具有预见性、公正性、可靠性、科学性的特点。

财务评价是在国家现行财税制度和价格体系的前提下,从工程项目角度出发,计算项目范围内的财务效益和费用,并分析项目的盈利能力、偿债能力和财务生存能力,据此评价项目在财务上的可行性的一种经济评价方法,它是工程经济分析的重要组成部分。通过本章的学习,需要掌握工程项目财务评价的内容、程序和作用;阐述财务效益分析的盈利能力分析、偿债能力分析和财务生存能力分析的各种指标;并且要了解对非经营性项目的财务评价。

一、可行性研究的概念和目的

(一)可行性研究的概念

1978年联合国工业发展组织(United Nations Industrial Development Organization, UNIDO)在《工业可行性研究编制手册》中,首次给出了可行性研究(feasibility)的定义:"可行性研究是为工业项目的投资决策提供技术、经济和商业上的基础。"可行性研究是对投资建议、工程项目建设等方案的确定,进行系统的、科学的、综合性的研究、分析、论证的一种工作方法,是运用多种科学研究成果,对建设项目投资决策进行技术经济论证的一门综合性学科。

它通过对项目的主要内容和配套条件,如市场需求、资源供应、建设规模、工艺路线、设备选型、环境影响、投资和融资等,从技术、经济、工程等方面进行调查研究和分析比较,并对项目建成以后可能取得的财务、经济效益及社会环境影响进行预测,从而提出该项目是否值得投资和如何进行建设的分析评价意见。其主要任务是以市场为前提,以技术为手段,以经济效果为最终目的来研究建设项目在经济上的合理性、财务上的盈利能力和技术上的先进性。

(二)可行性研究的目的

可行性研究是为了避免投资的盲目,降低投资风险,以求项目在投产或者使用后在其产品竞争中获得社会上、经济上的最佳效果。简单易懂地讲就是回答六个问题——5W1H,即what,是指要干什么,就是说明投资意向并提出项目基本情况;why,是指为什么要干,就是说明投资行为的基本原因;where,是指在哪里干,就是投资行为的发生地;when,是指什么时候干,也就是投资行为的时间指标——投资的初始时间;who,是指谁来承担,也是投资行为的主体情况、投资行为人及其代表和所负责的事务;how,是指如何进行,说明投资行为主体如何实施。

二、可行性研究的主要作用

可行性研究是投资前期工作的重要内容,它一方面充分研究建设条件,提出建设的可能性;另一方面进行经济分析评估,提出建设的合理性。既是开始的先决条件,又是后续的依据基础。可行性研究主要有以下几点作用:

(一)作为建设项目投资决策和编制可行性研究报告的依据

一个投资项目是否能成功受到社会多方面因素的影响,包括政治、经济、技术、法律、管理以及不可抗力或自然因素等。对这些因素进行科学的调查与预测、分析与计算、比较与评价,是一项重要又复杂的系统性工作,可行性研究为这种工作提供了科学的研究方法和理论依据,可以说可行性研究决定了投资项目的命运。

(二)作为项目建设单位进行项目融资的重要依据

一般情况下,项目运行离不开金融贷款,可行性研究报告详细预测了项目的财务效益、经济效益和贷款偿还能力。世界银行等国际金融组织,均把可行性报告作为申请项目投资的前提条件。中国建设银行、国家开发银行和中国投资银行等也都把可行性研究报告作为审批建设项目投资贷款的依据。通过全面细致的分析评估,银行等金融机构只有在确认不会承担较大风险的时候,才会同意放款。

（三）作为项目主管部门与其他单位商谈合同、签订协议的依据

可行性研究报告通过之后,项目就进入落实实施阶段,要进行多方面的谈判,可行性研究报告是签订承包协议、设备订货合同、原材料供应合同、销售合同的重要依据。对于技术引进和设备进口项目,国家规定必须在可行性报告被批准后才能与外商正式签约。

（四）作为项目进行规划设计及组织实施的依据

项目可行性研究的基本任务之一就是构造多种可能的投资方案,甚至可以认为项目可行性研究本身就是关于拟建项目的总体性方案,其中包括项目的目标、规模、地点、融资、功能、技术方案等,这相当于一个总体的计划和设计。同时可行性研究关于投资条件和实施等方面的构思或各种因素的分析,也可以作为组织实施考虑的重要依据。

（五）作为环保部门、地方政府和规划部门审批项目的依据

我国有关环保法规条例规定,在编制项目可行性研究报告时,需对环境影响做出评价、审查环保方案也是审查可行性研究报告内容之一,可行性报告对选址、总图布置、环境及生态保护方案等诸多方面进行的论证,可作为审批施工许可的重要依据。

（六）作为项目组织管理、机构设置、劳动定员的依据

在可行性报告中,要对项目的组织机构设置及人力资源的配置等做出安排,而这些安排则可作为项目在具体实施过程中进行组织管理、机构设置和劳动定员的依据。

（七）作为项目考核和后评价的重要依据

一个建设项目在项目后评价中,可行性研究的资料和成果,大多数用来与运营效果进行对比分析,将项目的预期效果与实际效果进行对比考核,从而能够全面地评价。

三、可行性研究的阶段划分

工程项目建设的全过程一般分为三个主要时期:投资前时期,投资时期,生产时期。而按照研究深度可分为投资机会研究、初步可行性研究和详细可行性研究三个阶段,如图 9-1 所示。

（一）投资机会研究阶段

投资机会研究又称投资机会论证。这一阶段的主要任务是提出建设项目投资方向建议,即在一个确定的地区和部门内,根据自然资源、市场需求、国家产业政策和国际贸易情况,通过调查、预测和分析研究,选择建设项目,寻找投资的有利机会。机会研究要解决两个方面工程经济学的问题:一是社会是否需要;二是有没有可以开展项目的基本条件。

投资机会研究可分为一般投资机会研究与具体项目投资机会研究两类。一般投资机会研究是一种全面的搜索过程,需要进行广泛的调查,收集大量的数据。一般机会研究又

可分为以下三类:(1)地区投资机会研究。通过调查分析地区的基本特征,即人口及人均收入、地区产业结构、经济发展趋势、地区进出口结构等状况,研究、寻找在某一特定地区的投资机会。(2)部门投资机会研究。通过调查分析产业部门在国民经济中的地位和作用、产业的规模和结构、各类产品的需求及其增长率等状况,研究、寻找在某一特定产业部门的投资机会。(3)资源开发投资机会研究。通过调查分析资源的特征和储量、可利用和已利用情况、相关产品的需求和限制条件等情况去研究寻找投资机会。具体项目投资机会研究。在一般机会研究初步筛选投资方向和投资机会后,需要进行具体项目的投资机会研究,需要对项目的背景,市场需求、资源、发展前景以及投入和产出进行调查研究和分析。

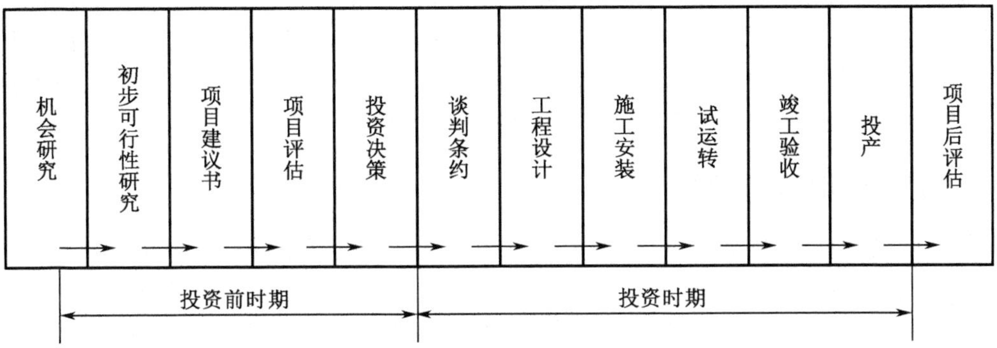

图 9-1　工程项目进展周期

(二)初步可行性研究阶段

初步可行性研究又称预可行性研究,是对机会研究所选择的项目进行进一步的分析论证。初步可行性研究的目的有:(1)投资机会是否有前景,是否值得进一步去做详细可行性研究;(2)确定的项目要点大纲是否准确,是否需要进一步校正分析;(3)项目中有哪些关键功能,是否需要辅助性专题研究,即通过市场调查、实验性研究及工业性实验使功能研究进一步深化。

不是所有项目都需要进行初步可行性研究,对投资机会研究所选择的较大或者较复杂的项目,如果所掌握的数据对现实性判断仍然感到不足时,应进行初步可行性研究,避免在详细可行性研究过程中耗费大量的时间和金钱而又判断不可行时造成的损失。

(三)详细可行性研究阶段

详细可行性研究又称技术经济可行性研究,是可行性研究的主要阶段,是建设项目投资决策的基础。它为项目决策提供技术、经济、社会、商业方面的评价依据,为项目的具体实施提供科学依据。这一阶段的主要目标有:①提出项目建设方案;②效益分析和最终方案选择;③确定项目投资的最终可行性和选择依据标准。这一阶段主要论证项目的生产纲领、厂区、厂址、工艺、电气、设备、土木施工、生产系统、车间划分、投资总额、建设时间、运作、投资回收期、建立组织机构等一系列问题,从而进行各方案的比较,以便使投资费用和生产成本减至最低限度,取得最佳经济效果。

这一阶段的内容比较详尽,所花费的时间和精力都比较大。建设投资和生产成本计算精度要求误差控制在±10%以内;大型项目研究工作所花费的时间为 8~12 个月,所需费用占投资总额的0.2%~1%;中小型项目研究工作所花费的时间为4~6个月,所需费用占投资总额的1%~3%。

(四)评价和决策阶段

评价和决策是由投资决策部门组织和授权有关咨询公司或有关专家,代表项目业主和出资人对建设项目可行性研究报告进行全面的审核和再评价。其主要任务是对拟建项目的可行性研究报告提出评价意见,最终决策该项目投资是否可行,确定最佳投资方案。项目评价与决策是在可行性研究报告基础上进行的,其内容包括:(1)全面审核可行性研究报告中反映的各项情况是否属实;(2)分析项目可行性研究报告中各项指标计算是否正确,包括各种参数、基础数据、定额费率的选择;(3)从企业、国家和社会等方面综合分析和判断工程项目的经济效益和社会效益;(4)分析判断项目可行性研究的可靠性、真实性和客观性,对项目做出最终的投资决策;(5)最后写出项目评估报告。

四、可行性研究的内容

项目可行性研究的内容主要包括:(1)市场分析;(2)投资条件与项目选址;(3)技术方案;(4)环境保护与劳动安全;(5)企业组织和劳动定员;(6)项目实施进度安排;(7)投资估算与资金筹措;(8)财务分析;(9)国民经济与社会效益分析;(10)结论与建议。其中,市场环境研究是可行性研究的前提和基础,解决项目的必要性问题;技术研究是可行性研究的技术基础,解决项目在技术上的可行性问题;经济效益研究是可行性研究的核心,解决项目在经济上的合理性问题。

(一)市场分析

项目可行性研究和银行贷款项目评估的市场分析要回答的问题是:项目的产品最适合以什么样的价格卖出去?市场分析的目的是项目产品是否有市场、有多大市场,如何将项目产品有效推向市场等问题,即做什么、做多少、为谁做。市场分析的作用:一是确定合理的生产规模;二是初步确定投资规模;三是确定产品生产方案;四是为财务分析提供合理的数据分析基础;五是为市场风险分析提供客观的判断依据。

1. 市场环境分析

(1)政策环境分析。包括国家宏观政策环境、中观产业政策环境、区域性微观政策环境。(2)经济环境分析。对项目所在国家或地区的整体宏观经济发展情况,以及项目所处行业(产业)和相关行业(产业)的发展状况的分析。(3)自然和资源环境分析。与项目相关的自然和资源环境包括原材料的供应、交通运输、人力资源及相关产业发展状况等诸多方面的分析。

2. 市场现状的分析

市场现状分析主要包括市场需求现状分析与市场供给现状分析两个方面。市场需求现状分析,就是分析产品现阶段的市场销售总量,销售量的历史水平及变化趋势,有效需求和潜在需求,消费偏好的改变对产品类别、特点更新的影响,分析影响目前销售量变化的主要因素,需求预测提供依据。市场供给是指在一定时期、一定条件下,在一定市场范围内可提供给消费者的某种商品或劳务的总量。市场供给现状分析的具体内容有国内外市场的总体供给能力,供给的地区分布状况,主要生产企业的生产能力、产量、品种、性能及质量水平,影响总供给的主要因素等。

产品市场供求现状综合分析是在了解了项目产品的市场容量和供求现状后,根据历史数据分析目前供求平衡状况。主要分析市场是供不应求还是供大于求,其形成的原因和发展趋势、行业平均利润水平、行业竞争水平等。需要获取并分析产品目前的价格水平,包括产品价格的历史走势,影响价格波动的主要因素等。分析价格的形成机制,是市场定价还是行政控制价格,有无行业垄断或倾销;价格对行业利润率和行业竞争度的影响;国际国内市场价格变化有无相关性,关联程度的大小等。

3. 市场需求预测

市场现状分析的基础数据和结论是市场预测的前提和基础,市场预测是市场现状分析的进一步拓展和深入,是得出项目评估结论的主要依据之一。市场预测的原则是,以历史数据为基础,以国内外经验数据为参考,以经济预测模型分析为主要手段,定性和定量分析相结合。市场预测的内容主要包括产品未来的供应量、需求量,产品价格变化趋势,主要原材料供应价格,市场容量和产品饱和度,市场分布情况,主要竞争对手的竞争力和市场份额,项目实施后预计所占的市场份额以及项目产品预计的市场价格等。

4. 细分市场与目标市场

由于购买者对产品的各种性能、样式、价格等因素存在不同的偏好和敏感度,因此,可以根据特定方法进行市场细分,使项目产品能更好地服务于特定消费者。每一个细分的市场应该满足有足够的规模和需求、细分市场内消费者偏好相似并具有一定的购买力、细分市场之间具有相斥性。市场细分是指在充分考虑构成总体市场不同消费者的需求特点、购买习惯基础上,将消费者划分为若干个群体的过程。市场划分的方式多种多样,既可以把市场作为一个整体进行分析评估,也可以就每个部分单独进行市场分析。市场划分的标准包括人口统计标准、地理状况标准、消费心理标准、消费行为标准。

市场定位是指企业根据自身实际情况和竞争对手的状况比较,确定产品在目标市场中应处的最佳位置。企业产品市场定位工作包括以下几项内容:一是确认潜在的竞争优势;二是准确地选择竞争优势;三是有效地传播企业的市场定位观念。市场定位分析要找到有技术优势,或有资源优势,或有市场优势(下家是自己的企业),或供需有缺口的产品,或同时具备多种优势的产品。

5. 项目竞争力的分析

可采用迈克尔·波特的五种竞争力模型或者 SWOT 分析法对项目的竞争力展开分析。根据对项目产品性能、价格的定位,可以选择如下 7 种战略:(1)领导者战略;(2)声望竞争者战略;(3)性能竞争者战略;(4)价值竞争者战略;(5)跟随者战略;(6)价格竞争者战略;(7)经济竞争者战略。

6. 项目产品分析

项目产品分析主要分析产品的功能和特性,主要考察的内容:与同类产品比较,在功能上有哪些改进,具有什么独特优势?能否完全或部分替代现有产品?该部分研究可以使投资者通过对拟建项目产品在性能上与市场原有产品的比较,做到知己知彼。

7. 市场营销策略分析

市场营销阶段是将生产产品以正确的途径和合理的成本进入消费领域的过程,是实现产品向现金流转化的关键环节。一般认为,传统的 4P 营销理论具有较好的代表性和实用性。4P 营销理论包括:产品分析(product)、价格分析(price)、渠道分析(place)和促销分析

(promotion)价格预测、销售收入预测。

(二)投资条件与项目选址

建设地区选择是指在几个不同地区之间对拟建项目适宜配置的区域范围的选择,建设地点选择则是对项目具体坐落位置的选择。建设地区的选择要遵循两个基本原则:(1)靠近原料、燃料提供地和产品消费地的原则,但这一原则并不是意味着项目安排在距原料、燃料提供地和产品消费地的等距离范围内,而是根据项目的技术经济特点和要求,具体对待。(2)工业项目适当聚集的原则。建设地点(厂址)的选择费用分析应具有全寿命周期的理念,包括项目投资费用分析和项目投产后生产经营费用比较。

(三)技术方案

技术方案选择的基本原则:先进适用、安全可靠、经济合理。技术方案选择的内容包括生产方法选择、工艺流程方案选择。生产方法直接影响生产工艺流程的选择。在设备选用中,应注意处理好以下问题:(1)要尽量选用国产设备;(2)要注意进口设备之间以及国内外设备之间的衔接配套问题;(3)要注意进口设备与原有国产设备、厂房之间的配套问题;(4)要注意进口设备与原材料、备品备件及维修能力之间的配套问题。一般在选择生产方法时,从以下几个方面着手:(1)积极采用先进适用的生产方法;(2)采用的生产方法是否与采用的原材料相适应;(3)采用生产方法的技术来源的可得性;(4)研究拟采用生产方法是否符合节能和清洁的要求。

(四)环境保护与劳动安全

在项目建设中,必须贯彻执行国家有关环境保护和职业安全卫生方面的法规、法律,对项目可能对环境造成的近期和远期影响,对影响劳动者健康和安全的因素,提出防治措施,并对其进行评价,推荐技术可行、经济、布局合理、对环境的有害影响较小的最佳方案。环境治理方案比选的主要内容有技术水平对比、治理效果对比、管理及监测方式对比、环境效益对比。

(五)企业组织和劳动定员

根据项目规模、组成和工艺流程,研究提出相应的企业组织机构,劳动定员总数以及劳动力来源和相应的人员培训计划。企业组织的内容有企业组织形式、企业工作制度、企业薪酬制度。劳动定员和人员的培训包括劳动定员、年总投资和职工年平均工资估算、人员培训及费用估算。

(六)项目实施进度安排

项目实施时期,也称为投资时期,它是指从正式确定建设项目到项目达到正常生产这一段时间。这一时期有以下工作阶段:项目实施准备、资金安排、勘察设计与设备订货施工准备、施工与生产准备、试运转直到竣工验收和交付使用等。

(七)投资估算与资金筹措

项目建议书阶段的投资估算是项目主管部门审批项目建议书的依据之一,也是编制项目规划、确定建设规模的参考依据。项目可行性研究阶段的投资估算,是项目投资决策的重要依据,也是研究、分析、计算项目投资经济效果的重要条件。机会研究阶段,对投资估算精度的要求为误差控制在±30%以内。初步可行性研究阶段的投资估算,对投资估算精度的要求为误差控制在±20%以内。详细可行性研究阶段的投资估算,对投资估算精度的要求为误差控制在±10%以内。

投资估算的内容主要包括投资估算编制说明、投资估算分析、总投资估算、单项工程投资估算、工程建设其他费用估算、主要技术经济指标。其中投资估算分析的内容包括:(1)工程投资比例分析。一般民用项目要分析主体工程和附属工程占总投资的比例。(2)各类费用构成占比分析。分析设备及工器具购置费、建筑工程费、安装工程费、工程建设其他费用、预备费、建设期利息占建设总投资的比例;分析引进设备费用占全部设备费用的比例等。(3)分析影响投资的主要因素。(4)与国内类似工程项目的比较,分析说明投资高低的原因。

资金筹措是在国家当前法规和政策许可的条件下,以财务费用最经济为原则,探索寻求和比较分析资金的各种来源,力求能最合理、最经济地配合项目各个时期的现金流量进行借款、使用和偿还的整个过程。我国建设项目的资金,自拨改贷后,资金筹措及用好借贷资金,业已成为项目可行性研究及项目审核中一个十分重要的问题。资金筹措可以分为两大类,即内部资金筹措与外部资金筹措。所谓内部资金筹措就是动用公司积累的财力,具体来说就是把股份公司的公积金(留存收益)作为筹措资金的来源。所谓外部资金筹措就是向公司外的经济主体(包括公司现有股东和公司职员及雇员)筹措资金。外部资金筹措的渠道主要有三种:一是向金融机构筹措资金,例如从银行借贷,从信托投资公司、保险公司等处获得资金等;二是向非金融机构筹措资金,例如通过商业信用方式获得往来工商企业的短期资金来源,向设备租赁公司租赁相关生产设备获得中长期资金来源等等;三是在金融市场上发行有价证券。从经济角度来讲,发行有价证券可以直接面对投资大众,最大限度地利用社会闲散资金,并利用广大投资者之间的购买竞争来有效地降低筹资成本。从战略角度来讲,发行有价证券又可以提高发行者的知名度,形成筹资公司的多样化负债结构,以避免单一化负债结构下债权人对债务人经济活动的垄断性干预,还可以利用广大债权人对债务还本付息的关心来获得各方面的有效信息。

(八)财务分析

财务分析是在国家现行会计制度、税收制度和价格体系的前提下,从项目的角度出发,预测估计项目的财务效益和费用,编制财务报表,计算评价指标,分析考察项目财务盈利能力、偿债能力和财务生存能力,据以评价和判定项目在财务上的可行性的一种经济评价方法。财务分析包括融资前分析和融资后分析两个层次。融资前分析为考虑融资方案前的项目现金流量分析,分析项目自身的盈利能力,考察项目是否具有投资价值;融资后分析是在通过融资前分析的检验后,考虑融资方案,分析项目的生存能力、项目投资人的盈利能力等。财务效益分析的程序:(1)分析和估算财务基础数据;(2)编制财务分析基本报表;(3)计算和分析财务效益指标;(4)进行不确定性分析;(5)提出财务分析结论。

(九)国民经济分析

国民经济分析是按照资源合理配置的原则,从社会经济的角度出发,用一套经济分析参数分析项目对社会经济的贡献,评价项目在宏观经济上的合理性的经济评价方法。财务分析考察项目给企业带来多少商业利润,经济分析考察给社会经济带来多大的净效益。国民经济分析不但考虑了项目的内部效益和内部费用,而且考察了项目的外部效益和外部费用。需要国民经济分析的项目范围包括自然垄断项目、公共产品项目、具有明显外部效果的项目、国家控制的战略性资源开发及涉及国家经济安全的项目。

国民经济分析与财务分析既有相同点,又有不同点,如表 9-1 所示。二者的共同点:(1)评估目的相同。两者都是寻求以最小的投入获得最大的产出。(2)评估基础相同。两者都是在完成产品需求预测、厂址选择、工艺技术路线和工程技术方案论证、投资估算和资金筹措基础上进行的。(3)基本分析方法和主要指标的计算方法类同。两者都采用现金流量分析方法,通过基本报表计算净现值、内部收益率等指标。二者的不同点:(1)经济目标不同。财务分析是从企业或项目的角度,追求利润最大化。国民经济分析是从国家的角度,分析项目对整个国民经济是否达到可行的要求。(2)价值尺度不同。财务分析使用的是市场价格。国民经济分析使用影子价格,即对现实的市场价格进行了一些调整。(3)折现率不同。财务分析采用的是行业标准或部门标准,而国民经济分析采用的是社会标准,是不分行业、不分部门的。(4)汇率不同。(5)分析内容不同。

表 9-1　国民经济与财务分析的区别

项目	财务分析	国民经济分析
目标	企业盈利最大化	经济效益最大化
出发点	投资项目企业	社会与经济
价格	现行市场价格	影子价格
折现率	行业、部门基准折现率	社会折现率
外部性	不计入	计入
评价指标	财务内部收益率、净现值、投资回收期、借款偿还期、利息备付率、偿债备付率	经济内部收益率、经济净现值和经济效益费用比

国民经济分析的开展一种情况是在财务分析基础上进行国民经济分析,另一种情况是直接进行国民经济分析。在财务分析基础上进行国民经济分析的步骤:(1)效益和费用范围的调整。剔除已计入财务效益和费用中的转移支付,识别和计算项目间接费用和间接效益,凡是能定量计算的应进行定量计算,对不能定量的应作定性描述。(2)效益和费用数值的调整。建设投资的调整、流动资金的调整、经营费用的调整、营业收入的调整。(3)编制项目经济效益费用流量表(全部投资),并据此计算全部投资经济内部收益率和经济净现值等指标。直接进行国民经济分析的步骤:(1)识别和计算项目的内部效益;(2)用货物的影子价格、土地的影子费用、影子工资、影子汇率、社会折现率等参数直接进行项目的投资估算;(3)流动资金估算;(4)根据生产经营的实物消耗,用货物的影子价格、影子费用、影子工资、影子汇率等参数计算经营费用;(5)识别和计算项目的外部效益和费用;(6)编制有关报表,计算相应的评价指标。

五、项目评估与可行性研究

（一）项目评估的定义

项目评估是由不同单位、不同的技术经济专家，从不同的角度对拟建项目本身及可行性研究报告进行技术可行性、组织体制可行性、财务可行性、经济可行性、社会可行性的评价论证，是为项目决策而进行的一种再评价，该评价因其参加评价单位的多样化而更具公正性和客观性。

（二）项目评估与可行性研究的比较

项目评估与可行性研究既存在相同点，又存在差异，如表 9-2 所示。二者的联系主要体现在四个方面：(1)均处于项目发展周期的建设时期，都是该时期的中心工作；(2)理论基础基本相同；(3)工作内容基本相同，经济评价指标的基本原理、分析对象、分析依据和分析内容基本上是一致的；(4)最终目标和要求基本相同或接近，都是通过分析论证，判断项目的可行性。二者的差异表现在四个方面：(1)行为主体不同，是由不同机构负责的；(2)立足点不同，项目评估是以可行性研究为基础，评估审查的对象是可行性研究及其报告；(3)作用不同；(4)所处阶段不同，可行性研究是项目评估的基础，而项目评估可作为可行性研究的继续。

表 9-2　项目评估与可行性研究的比较

比较项	项目可行性研究	项目评估
研究内容、原则、方法	基本相同	基本相同
时间安排	在前	在后，但可向前延伸参与项目建议书，向后延伸到项目后评估
考虑因素	微观角度	宏观角度
立足点	站在拟建项目的角度	由不同的专家从不同的角度审查
繁简程度	彻底全面研究选择最优方案	审查取消、同意或修正方案
研究单位	投资主体委托工程咨询机构	审批单位或银行委托工程咨询机构

第三节　投资项目财务评价流程

一、财务评价的基本概念

投资项目财务评价(亦称财务分析)是根据国家现行的财税制度和价格体系，分析计算工程项目直接发生的财务效益和作用，编制报表，计算评价指标，考察项目的盈利能力，清偿能力以及外汇平衡状况，并且还要进行不确定性分析，以判别工程项目的投资在财务上是否可行。

财务评价是考察项目竣工投产后的获利能力,项目贷款的偿还能力,以及项目外汇效果等财务状况,是工程项目经济评价的核心内容。作为工程项目财务评价的重要组成部分,财务评价拟解决的主要问题:(1)从项目或企业的角度和范围,按照现行财税制度和市场价格计算项目的费用和效益,衡量项目的盈利大小、竞争能力和抗风险能力,用以判断项目财务评价的可行性;(2)为项目制定资金规划,通过不同的资金筹措,使用和偿还方案比较,选择最佳资金规划方案,分析清偿能力;(3)为协调企业利益和国家利益提供参考建议。

财务评价与企业的日常财务分析存在根本的区别:(1)日常财务分析是事后评价,而工程项目的财务评价是事前评价;(2)日常财务分析是针对企业会计期的生产经营活动,而财务评价是针对项目正格计算期的投资和生产经营活动;(3)日常财务分析主要对企业财务收支进行静态分析,而财务评价既要进行静态分析,又要做动态分析,还要展开不确定性分析。

二、投资项目财务评价的作用

(一)财务评价可衡量工程项目的财务盈利能力

投资者在投资时,必须对工程项目的策划、筹资、建设直至生产经营、归还贷款和债务本息以及资产保值增值,实行全过程的负责,在享受投资利益的同时承担风险,在符合产业政策的前提下,企业对投资项目拥有自主决策权。因此,投资者必须十分关注投资项目的盈利能力,此外,中央和地方各级决策部门对项目盈利能力也很重视。为了准确地掌握投资项目的财务盈利能力,保证财务上的可行性,应当进行投资项目的财务评价。

(二)财务评价有助于工程项目资金的筹措

一般来说,进行项目投资首先要知道投资额的大小,以及资金成本的高低和投资资金的来源构成,然后制定详细的计划来筹措资金。对投资项目情形采取评价,不仅能够详细地了解投资项目的盈利能力,而且还可以掌握投资规模的大小以及投资资金的构成。因此,为了保证投资资金的供给,项目能够顺利地发展,进行财务评价是必不可少的一步。

(三)财务评价对非营利项目也可进行比较权衡

对于一些非营利项目或微利项目,如基础设施建设项目,在经过有关部门审核批准的情况下,可以实行还本付息价格或微利价格。在这类项目的决策中,为了权衡项目所需中央或地方政府财政支持的程度,例如政策性补贴或减免税等,也需要进行财务评价。

(四)为合营项目签约谈判提供重要依据

在和其他公司进行合作签约时,为了展示公司的实力以及对项目的重视程度,并且取得对方公司的信任,保证合作签约的顺利进行,必须要进行项目财务评价。

(五)财务评价是进行国民经济评价的基础

国民经济分析与财务分析都是试图判别一个项目的费用和效益,并以此计算其盈利能力。对大多数工业建设项目而言,国民经济评价都是在财务评价的基础上,对其费用和效益范围、价格、折现率等进行适当的调整而进行的,因此财务评价是国民经济评价的基础

三、投资项目财务评价的内容

财务评价的主要内容包括以下几点:(1)在明确项目评价范围的基础上,根据项目性质和融资方式选取适当的方法;(2)选取必要的基础数据进行财务效益与费用的估算,包括营业收入,建设投资,成本费用和相关税金等估算,同时编制相关辅助报表,为财务评价做好准备工作;(3)进行财务经济评价,即编制财务评价报表和计算财务评价指标,包括盈利能力分析,偿债能力分析和财务生存能力分析。对非经营性项目,主要进行财务生存能力分析。财务经济评价后还应进行不确定性分析,包括盈亏平衡分析和敏感性分析。

四、财务评价的方法

财务评价主要采用现金流量分析,静态和动态获利性分析,以及财务报表分析等方法。

(一)现金流量分析

现金流量分析以项目作为一个独立系统,反映项目在建设期和生产经营期内各年流入和流出的现金活动,即工程项目寿命期内各年现金流入与现金流出的数量,在项目经济评价前,必须尽可能准确无误地预先估计出切合实际的各项现金流入量和现金流出量,做好财务和经济效益预测工作,这是项目评价的基础和起点。

(二)静态和动态获利性分析

静态分析方法是一种简单的分析方法,它的计算特点是:(1)不计算资金的时间价值,所采用的年度资金流量是当年的数值,而不是折现值。计算现金流量时,只计算某一个典型年份的现金流量或取年平均值。(2)动态分析法是采用折现现金流量的分析方法,它比静态分析法更加复杂。其计算的点是:考虑资金的时间价值,根据资金占用的时间长短,按照指定的利息率计算资金的时间价值;计算项目整个寿命期内的总收益,能如实反映资金实际运行情况和全面体现项目整个寿命期内的经济活动和经济效益因而能对项目财务方面做出正确,符合实际的评价。

财务报表分析是根据项目的具体财务条件及国家有关财税制度和条例规定,对项目在建设期内的全部投资和投产后的经营费用与收益,逐年进行计算和平衡,用报表形式来反映。通过财务报表分析,可以预计项目寿命期内各年的利润和资金盈缺情况,选择合适的资金筹措方案,制定资金筹措和偿还计划,进行偿债能力分析和预测项目总的获利能力。

五、财务评价的基本流程

(一)财务评价前的准备工作

熟悉拟建项目的基本情况,收集整理有关基础数据资料;编制财务评价辅助报表。财务评价辅助报表主要包括建设投资估算表、流动资金估算表、营业收入、营业税金及附加和增值税估算表、总成本费用估算表等。

(二)融资前分析

融资前经济分析属于项目决策中的投资决策,是不考虑债务融资条件下的财务经济评价,重点在于考察项目的净现金流量的价值是否大于其投资成本,由于未考虑资金来源,融资前经济分析只进行盈利能力分析。融资前经济分析的基本步骤如下:(1)编制项目投资现金流量表,计算项目投资内部收益率,净现值和项目投资回收期等指标;(2)如果分析结果表明项目效益符合要求,再考虑融资方案,继续进行融资后分析;(3)如果分析结果不能满足要求,可通过修改设计方案来完善项目方案,有时甚至可据此做出放弃项目投资的建议。

(三)融资后分析

融资后分析属于项目决策中的融资决策,是以设定的融资方案进行财务评价,重点在于考察项目资金筹措方案能否满足要求。融资后分析包括盈利能力分析,清偿能力分析和财务生存能力分析。融资后分析的基本步骤如下:(1)在融资前分析结论满足要求的前提下,初步设定融资方案;(2)在已有财务经济评价报表的基础上,编制项目总投资使用计划与资金筹措表和建设期利息估算表;(3)编制项目资本现金流量表,计算项目资本金财务内部收益率指标,考察项目资本金可获得的收益水平;(4)编制投资各方现金流量表,计算投资各方的财务内部收益率指标,考虑投资各方可获得的收益水平;(5)得出项目盈利能力、清偿能力和财务生存能力等确定性财务评价的结论;(6)在确定性评价的基础上进行项目的不确定性分析;(7)做出财务评价结论,为决策提供依据。

第四节　投资项目财务盈利能力及生存能力分析

一、项目财务盈利能力分析

工程项目盈利能力分析是指分析和测算工程项目计算期的盈利能力和盈利水平。其主要分析指标包括项目投资财务内部收益率和财务净现值、项目资本金财务内部收益率、投资回收期、总投资收益率、项目资本金净利润率等,可根据项目的特点及财务分析的目的、要求等选用。

(一)工程项目盈利能力分析概述

1.融资前盈利能力分析

融资前盈利能力分析是在不考虑债务融资的情况下,从项目投资总获利能力角度,考察项目方案设计的合理性。融资前分析计算的相关指标,应作为初步投资决策与融资方案研究的依据和基础。在项目建议书阶段,可只进行融资前分析。融资前盈利能力分析应以动态分析为主,静态分析为辅。动态分析是以营业收入、建设投资、经营成本和流动资金的估算为基础,考察整个计算期内现金流入和现金流出,编制项目投资现金流量表,计算项目投资财务内部收益率和财务净现值,以及动态投资回收期。静态分析是指计算静态投资回收期指标,用以反映收回项目投资所需要的时间。根据分析角度的不同,融资前分析可选择计算所得税前指标和所得税后指标。所得税前指标是投资盈利能力的完整体现,用以考察项目的基本面,即由项目方案设计本身所决定的财务盈利能力,它不受融资方案和所得税政策变化的影响,仅仅体现项目方案本身的合理性。这里的本身的合理性,可以作为初步投资决策的主要指标,用于考察项目是否基本可行,并值得去为其投资。所得税后分析是所得税前分析的延伸,由于其现金流量中剔除了所得税,有助于判断在不考虑融资方案的条件下项目投资对企业价值的贡献,是企业投资决策依据的主要指标。

2. 融资后盈利能力分析

融资后盈利能力分析是指以设定的融资方案为基础,考察项目在具体融资条件资本金和投资各方的盈利能力。盈利能力分析应先进行融资前分析,在融资前满足要求的情况下,初步设定融资方案,再进行融资后分析。融资后分析多用于分析销地案,帮助投资者做出融资决策。

融资后盈利能力分析包括动态分析和静态分析两种。

动态分析通过编制财务现金流量表,根据资金时间价值原理,计算财务内部收益率、财务净现值、投资回收期等盈利能力指标,分析项目的获利能力。动态分析包括以下两个层次:(1)项目资本金现金流量分析。应在拟定的融资方案下,从项目资本金出资者的角度,确定其现金流入和现金流出,编制项目资本金现金流量表,计算项目资本金财务收益率指标,考察项目资本金可获得的收益水平。(2)投资各方现金流量分析。应从投资各方实际收入和支出的角度,确定其现金流入和现金流出,分别编制投资各方现金流量表,计算投资各方的财务内部收益率指标,考察投资各方可能获得的收益水平。当投资各方不按股本比例进行分配或有其他不对等的收益时,可选择进行投资各方现金流量分析。

静态分析是指不采取折现方式处理数据,静态分析计算资本金净利润率、静态投资回收期等指标,评价项目的盈利能力。依据利润与利润分配表计算项目资本金净利润率和总投资收益率指标。静态盈利能力分析可根据项目的具体情况选作。

(二)项目财务盈利能力评价

项目财务盈利能力评价主要分析指标包括财务内部收益率、财务净现值、投资回收期、投资利润率、投资利税率、项目资本金净利润率等,可根据项目的特点及财务分析的目的、要求等选用。

1. 财务内部收益率

财务内部收益率是指能使项目计算期内净现金流量现值累计等于零的折现率,即财务内部收益率作为折现率使式(9-1)成立:

$$\sum_{i=1}^{n}(CI_t - CO_t)(1 + FIRR)^{-t} = 0 \tag{9-1}$$

CI 为现金流入量,CO 为现金流出量,CI_t-CO_t 为第 t 期的净现金流量,n 为项目计算期。

用内插值试算法,按式(9-2)计算:

$$FIRR = i_1 + \frac{NPV_1}{NPV_1 + |NPV_2|}(i_2 - i_1) \tag{9-2}$$

项目投资财务内部收益率、项目资本金财务内部收益率和投资各方财务内部收益率都依据式(9-2)计算,但所用的现金流入和现金流出不同。当财务内部收益率大于或等于所设定的判别基准 i_c(通常称为基准收益率)时,项目方案在财务上可考虑接受。项目投资财务内部收益率、项目资本金财务内部收益率和投资各方财务内部收益率可有不同的判别基准。

2. 财务净现值

财务净现值是指按设定的折现率(通常称为基准收益率)计算的项目计算期内净现金流量的现值之和,按式(9-3)计算:

$$FNPV = \sum_{t=1}^{n}(CI_t - CO_t)(1 + i_c)^{-t} \tag{9-3}$$

式中,i_c 为设定的折现率(同基准收益率)。

一般情况下,财务盈利能力分析只计算项目投资财务净现值,可根据需要选择计算所得税前净现值或所得税后净现值。按照设定的折现率计算的财务净现值大于或等于零时,项目方案在财务上可考虑接受。

3. 投资回收期

投资回收期(P_t)是指以项目的净收益回收项目投资所需要的时间,一般以年为单位。投资回收期宜从项目建设开始年算起,若从项目投产开始年计算,应予以特别注明。静态投资回收期和动态投资回收期见式(9-4)至式(9-9)。

(1)静态投资回收期

$$\sum_{t=1}^{P_1}(CI_t - CO_t) = 0 \tag{9-4}$$

判别准则:$P_t \leqslant P_c$ 项目可以考虑接受;$P_t > P_c$ 不可行(P_c 为部门或行业的基准投资回收期)。

$$不包括建设期的投资回收期 = \frac{原始总投资}{年内每年相等的净现金流量} \tag{9-5}$$

$$P_t = (累计净现金流量出现正值或零的年份数-1) + \frac{上一年累计净现金流量的绝对值}{出现正值或零年份的净现金流量} \tag{9-6}$$

(2)动态投资回收期

$$\sum_{t=0}^{P_t}(CI_t - CO_t)(1 + i_c)^{-t} = 0 \tag{9-7}$$

判别准则:$P_t \leqslant P_c$ 方案可以考虑接受;$P_t > P_c$ 方案不可行(P_c 为部门或行业的基准投资回收期)。

$$P_t = (上一年累计折现净现金流量的绝对值 - 1) + \frac{上一年累计折现金流量的绝对值}{当年折净现金流量} \tag{9-8}$$

4. 投资利税率

投资利润率表示总投资的盈利水平,是指项目达到设计能力后正常年份的年利润总额与项目总投资额的比率。投资利润率按式(9-9)计算:

$$投资利润率 = \frac{项目达产正常年份的年利润总额}{项目总投资额} \times 100\% \tag{9-9}$$

投资利润率高于同行业的收益率参考值,表明用投资利润率表示的盈利能力满足要求。

5. 投资利税率

投资利税率是指项目达到设计生产能力后的某一正常生产年份的年利润、税金总额或项目生产期内的年平均利润、税金总额与总投资额的比率。投资利税率按式(9-10)计算：

$$\text{投资利税率}=\frac{\text{项目达产正常年份税金总额或年平均利税总额}}{\text{项目总投资额}}\times 100\% \qquad (9-10)$$

投资利税率越高表明项目财务效益越好。

6. 项目资本金净利润率

项目资本金净利润率表示项目资本金的盈利水平，是指项目达到设计能力后正常年份的年净利润或运营期内年平均净利润与项目资本金的比率。项目资本金净利润率应按式(9-11)计算：

$$\text{资本金净利润率}=\frac{\text{项目达产正常年份的年净利润或运营期内年平均净利润}}{\text{项目资本金}}\times 100\% \qquad (9-11)$$

项目资本金净利润率高于同行业的净利润率参考值，表明用项目资本金净利润率表示的盈利能力满足要求。

二、项目财务生存能力分析

(一)项目财务生存能力概念

财务生存能力分析是根据财务计划现金流量表，综合考察项目计算期内的投融资活动和经营活动产生的各项现金流入和流出，计算净现金流量和累计盈余资金，分析项目是否有足够的净现金流量以维持正常运营。因此，财务生存能力分析也称为资金平衡分析。若出现负值，应进行短期借款，同时分析该短期借款的年份长短和数额大小，进一步判断项目的财务生存能力。应结合偿债能力分析进行，可通过以下两方面进行。

1. 分析是否有足够的净现金流量维持正常运营

在项目运营期间，各项经济活动中得到足够的净现金流量，项目才能得以生存。拥有足够的经营净现金流量是财务上可持续的基本条件，特别是在运营初期。通常因运营期前期的还本付息负担较重，故应特别注重运营期前期的财务生存能力分析。

2. 各年累计盈余资金不出现负值是财务上可持续的必要条件

在整个运营期内，允许个别年份的净现金流量出现负值，但不能容许任一年份的累计盈余资金出现负值。一旦出现负值时应适时进行短期融资。较大的或较频繁的短期融资，有可能导致以后的累计盈余资金无法实现正值，致使项目难以持续运营。

(二)项目财务生存能力分析报表的编制

在项目运营期间，确保从各项经济活动中得到足够的净现金流量是项目能够持续生存的条件。财力计划现金流量表是反映项目技术方案计算期各年的投资、融资及经营活动所产生的现金流入和流出，用于计算净现金流量和累计盈余资金，考察资金平衡和余缺情况，分析项目技术方案的财务生存能力，即分析项目技术方案是否能为企业创造足够的净现金流量维持正常运营，进而考察实现财务可持续性的能力。财务计划现金流量，如表 9-3 所示。

表 9-3 财务计划现金流量表

序号	项目	评价期				
		1	2	3	…	n
1	经营活动净现金流量(1.1~1.2)					
1.1	现金流入					
1.1.1	营业收入					
1.1.2	增值税销项税额					
1.1.3	补贴收入					
1.1.4	回收固定资产余值					
1.1.5	回收流动资金					
1.1.6	其他流入					
1.2	现金流出					
1.2.1	经营成本					
1.2.2	增值税进项税额					
1.2.3	营业中税金及附加					
1.2.4	增值税					
1.2.5	所得税					
1.2.6	其他流出					
2	投资活动净现金流(2.1~2.2)					
2.1	现金流入					
2.2	现金流出					
2.2.1	建设投资					
2.2.2	维持运营投资					
2.2.3	流动资金					
2.2.4	其他流出					
3	筹资净现金流(3.1~3.2)					
3.1	现金流入					
3.1.1	项目资本金投入					
3.1.2	建设投资借款					
3.1.3	流动资金借款					
3.1.4	债券					
3.1.5	短期借款					
3.1.6	其他流入					
3.2	现金流出					
3.2.1	各种利息支出					
3.2.2	偿还债务本金					

表 9-3(续)

序号	项目	评价期				
		1	2	3	…	n
3.2.3	应付利润(股利分配)					
3.2.4	其他流出					
4	净现金流量(1+2+3)					
5	累计盈余资金					

如果项目技术方案拟安排的还款期过短,致使还本付息负担过重,导致维持资金平衡必须筹借的短期借款过多,可以设法调整还款期,甚至寻求更有利的融资方案,减轻各年还款负担。所以项目技术方案财务生存能力分析应结合偿债能力分析进行。此外,项目技术方案的财务生存能力与利润分配的合理性有关。利润分配过多、过快都有可能导致项目累计盈余资金出现负值。出现这种情况时,应调整项目利润分配方案。

第五节 投资项目偿债能力分析

一、偿债能力分析概述

工程项目偿债能力分析包括资金来源与运用表的分析、资产负债表的分析、借款清偿能力及财务比率的分析。新建项目清偿能力的分析,是在财务盈利能力分析的基础上,进一步对资金来源与资金运用平衡进行分析、资产负债表进行分析,分析项目的总体负债水平、清偿长期债务及短期债务的能力,为信贷决策提供评估依据。

二、偿债能力分析报表编制

(一)借款还本付息计划表

借款还本付息计划表是反映项目借款偿还期内项目支用、还本付息和可用于偿还借款的资金来源情况,用以计算借款偿还期指标,进行清偿能力分析的一种报表,如表 9-4 所示。借款还本付息计划表可与“建设期利息估算表”合二为一。借款还本付息表的结构包括两大部分,即借款及还本付息部分和偿债能力分析指标部分。借款还本付息表的填列,在项目的建设期,当期期初余额为上期期末借款余额,当期期末余额为当期期初余额与当期应计利息之和(在当期期间借款或发行债券时,还应加上当期期间借款或债券额),当期还本、付息均为零。在项目的生产期,当期还本付息额度应区别不同的还本付息方式采用不同的计算方法。例如采用等额还本利息照付方式还款,生产期当期还本额=建设期末借款余额(或运营期初借款余额)+计划还本年限。当期付息额度可以根据期初借款余额结合贷款年利率求得。

表 9-4　借款还本付息表

序号	项目	合计	计算期					
			1	2	3	4	5	...
1	借款 1							
1.1	期初借款余额							
1.2	当期还本付息							
	其中:还本							
	付息							
1.3	期末借款余额							
2	借款 2							
2.1	期初借款余额							
2.2	当期还本付息							
	其中:还本							
	付息							
2.3	期末借款余额							
3	债券							
3.1	期初借款余额							
3.2	当期还本付息							
	其中:还本							
	付息							
3.3	期末借款余额							
4	借款和债券合计							
4.1	期初余额							
4.2	当期还本付息							
	其中:还本							
	付息							
4.3	期末余额							
计算指标	偿债备付率							
	利息备付率							

(二)资产负债表

资产负债表表示企业在一定日期(通常为各会计期末)的财务状况(即资产、负债和业主权益的状况)的主要会计报表。资产负债表利用会计平衡原则,将合乎会计原则的资产、负债、股东权益交易科目分为“资产”和“负债及股东权益”两大区块,在经过分录、转账、分类账、试算、调整等会计程序后,以特定日期的静态企业情况为基准,浓缩成一张报表。资产负债表的作用主要包括三个点:(1)资产负债表向人们揭示了企业拥有或控制的能用货币表现的经济资源,即资产的总规模及具体的分布形态。由于不同形态的资产对企业的经营活动有不同的影响,因而分析企业资产结构可以对企业的资产质量做出一定的判断。(2)把流动资产(1 年内可以或准备转化为现金的资产)、速动资产(流动资产中变现能力较强的货币资金、债权、短期投资等)与流动负债(1 年内应清偿的债务责任)联系起来分析,可以评价企业的短期偿债能力。(3)通过对企业债务规模、债务结构及与所有者权益的对比,可以对企业的长期偿债能力及举债能力(潜力)做出评价,如表 9-5 所示。

表 9-5 资产负债表

序号	项目	合计	计算期				
			1	2	3	4	…
1	资产						
1. 1	流动资产						
1. 1. 1	货币资金						
1. 1. 2	应收账款						
1. 1. 3	预付账款						
1. 1. 4	存货						
1. 1. 5	其他						
1. 2	在建工程						
1. 3	固定资产净值						
1. 4	无形及其他资产净值						
2	负债及所有者权益(2. 4+2. 5)						
2. 1	流动负债						
2. 1. 1	短期借款						
2. 1. 2	应付账款						
2. 1. 3	预收账款						
2. 1. 4	其他						
2. 2	建设投资借款						
2. 3	流动资金借款						
2. 4	负债小计(2. 1+2. 2+2. 3)						
2. 5	所有者权益						
2. 5. 1	资本金						
2. 5. 2	资本公积金						
2. 5. 3	累计盈余公积金						
2. 5. 4	累计未分配利润						
计算指标:资产负债率/%							

资产负债表的主体结构包括三大部分,即资产、负债和所有者权益。这三部分之间的

关系为,资产=负债+所有者权益。资产负债表是反映企业在某一特定日期财务状况的报表。例如,公历每年12月31日的财务状况,由于它反映的是某一时间点的情况,所以,又称为静态报表。

资产负债表主要提供有关企业财务状况方面的信息。通过资产负债表,可以提供某一日期资产的总额及其结构,表明企业拥有或控制的资源及其分布情况,即,有多少资源是流动资产,有多少资源是长期投资,有多少资源是固定资产,等等;可以提供某一日期的负债总额及其结构,表明企业未来需要用多少资产或劳务清偿债务以及清偿时间,即,流动负债有多少,长期负债有多少,长期负债中有多少需要用当期流动资金进行偿还,等等;可以反映所有者所拥有的权益,据以判断资本保值、增值的情况以及对负债的保障程度。资产负债表还可以提供进行财务分析的基本资料,如将流动资产与流动负债进行比较,计算出流动比率;将速动资产与流动负债进行比较,计算出速动比率等,可以表明企业的变现能力、偿债能力和资金周转能力,从而有助于会计报表使用者做出经济决策。

三、项目偿债能力评价

(一)资产负债率

资产负债率可以反映项目在各时间点上的负债程度及综合偿还债务的能力,它表示在资产总额中有多少资产是通过借债而得的,衡量企业在清算时保护债权人利益的程度,资产负债率等于期末负债总额除以期末资产总额。这一比率越低,则偿债能力越强。适度的资产负债率,表明企业经营安全、稳健,具有较强的筹资能力,也表明企业和债权人的风险较小。对该指标的分析,应结合国家宏观经济状况、行业发展趋势、企业所处的竞争环境等具体条件判定。项目财务分析中,在长期债务还清后,可不再计算资产负债率。

(二)借款偿还期

借款偿还期是指项目投产后获得的可用于还本付息的资金,还清借款本息所需的时间。计算这个指标的关键在于明确可用于还款的来源,尽可能做到偿还的来源与偿还的对象相一致,借款的本金由税后的利润加上折旧来归还。项目的建设投资借款的利息和流动资金的利息一样,可计入总成本费用,因此税后利润和折旧只用来还本就可以了。由于每年的利息取决于年初的欠款余额,而利润的计算又取决于利息的大小,因此,利润的计算和利息的计算无法独立进行。从开始借款年份算起的偿还期的计算公式为

$$\begin{aligned}\text{借款偿还期} &= \text{借款偿还后开始出现盈余年份数}-\text{开始借款年份}\\ &= \text{当年偿还借款额}\div\text{当年可用于还款的资金额}\end{aligned} \tag{9-12}$$

(三)利息备付率(*ICR*)

利息备付率是指在借款偿还期内的息税前利润(*EBIT*)与当期应付利息(*PI*)的比值,它从付息资金来源的充裕性角度反映项目偿付债务利息的保障程度,计算公式为

$$ICE=EBIT/PI \tag{9-13}$$

式中 *EBIT*——息税前利润,息税前利润=利润总额+计入总成本费用的利息费用;

PI——当期应付利息,指计入总成本费用的全部利息。

利息备付率应分年计算。利息备付率高,表明利息偿付的保障程度高。利息备付率应

当大于1,并结合债权人的要求确定。

（四）偿债备付率（$DSCR$）

偿债备付率是指在借款偿还期内,用于计算还本付息的资金（$EBITDA-TAX$）与应还本付息金额（PD）的比值,它表示可用于还本付息的资金偿还借款本息的保障程度,计算公式为

$$DSCR=(EBITDA-TAX)/PD \tag{9-14}$$

式中 $EBITDA$——息税前利润加折旧和摊销；

TAX——企业所得税；

PD——应还本付息金额,包括当期还本金额和计入总成本费用的全部利息。

融资租赁费用可视同为借款偿还。运营期间的短期借款本息也应纳入计算。可用于还本付息的资金包括可用于还款的折旧和摊销,成本中列支的利息费用,可用于还款的利润等。如果项目在运行期内有维持运营的投资,可用于还本付息的资金应扣除维持运营的投资。偿债备付率应分年计算。偿债备付率高,表明可用于还本付息的资金保障程度高。偿债备付率应当大于1,并结合债权人的要求确定。

【思考与练习】

1. 如何做出正确的可行性研究分析报告同时又节省资源？
2. 财务评价的主要内容有哪些？
3. 简述财务评价的方法。
4. 财务评价的基本步骤有哪些？

第四篇　创新与创业

第十章　创　　新

【内容提要】

(1)创新的内涵和目的；
(2)创新过程模式；
(3)创新战略及其选择；
(4)创新组织形式；
(5)创新思维；
(6)创新案例分析。

【核心概念】

技术创新、创新过程模式、创新战略、创新组织形式、创新思维

【引导案例】

创新是以创造新技术为目的的创新或以科学技术知识及其创造的资源为基础的创新。前者如创造一种新的激光技术，后者如以现有的激光技术为基础开发一种新产品或新服务，常合二为一。创新是企业竞争优势的重要来源，企业可持续发展的重要保障。认识技术创新本质、特点和规律，是技术创新有效管理的重要前提。

习近平总书记指出："抓住了创新，就抓住了牵动经济社会发展全局的'牛鼻子'""谁在创新上先行一步，谁就能拥有引领发展的主动权。""科技创新是人类社会发展的重要引擎，是应对许多全球性挑战的有力武器，也是中国构建新发展格局、实现高质量发展的必由之路。"创新是一个国家、民族、企业、个人在当前变革时代持续发展的动力之源。

习近平总书记在考察清华大学时的强调。要想国家之所想、急国家之所急、应国家之所需，抓住全面提高人才培养能力的这个重点，坚持把立德树人作根本任务，着力培养担当民族复兴大任的时代新人。要用好学科交叉融合的"催化剂"，加强基础学科培养能力，打破学科专业壁垒，对现有学科专业体系进行调整升级，瞄准科技前沿和关键领域，推进新工科、新医科、新农科、新文科建设，加快培养紧缺人才。

新时代，我国重视创新、鼓励创新、提倡大众创新、万众创业，实施国家创新驱动发展战略，经济得到飞速发展，成为世界第二大经济体。高铁、支付宝、共享单车、网购被外国人称为中国的"新四大发明"。我国许多重大的科技创新成果领先世界。这都是创新发展的结果。习近平总书记在党的十九大报告中指出："我们比历史上任何时期都更接近中华民族伟大复兴的目标。"

第一节 技术创新的内涵与分类

一、创新的内涵

(一)创新的内涵

创新起源于拉丁语,原意为更新、创造新的东西、改变。创新就是利用已存在的自然资源或社会要素创造新的矛盾共同体的人类行为,或者可以认为是对旧有的一切所进行的替代、覆盖。创新是指以现有的思维模式提出有别于常规或常人思路的见解为导向,利用现有的知识和物质,在特定的环境中,本着理想化需要或为满足社会需求,而改进或创造新的事物、方法、元素、路径、环境等,并能获得一定有益效果的行为。特别强调"有益"二字。创新的本质是创新思维蓝图的外化、物化、形式化。创新是以新思维、新发明和新描述为特征的一种概念化过程。

1912 年,美籍奥地利裔经济学家熊·彼特(J. A. Schumpeter)在其代表作《经济发展理论》中率先提出"创新"概念,认为创新是企业家为获取潜在的超额利润,对生产要素进行重新组合,或者说是建立一种新的生产函数,将生产要素的"新组合"引入生产体系,使得生产的技术体系发生变革,从而增加附加价值。创新内涵包含的范围很广,涉及技术性变化的创新及非技术性变化的组织创新。从广义上说,创新是指创造新价值的创造性活动,新价值既可能是商业价值,也可能是社会价值、生态价值。从狭义上说,创新是从新思想的产生、研究、开发、试制、制造,到首次商业化的全过程,是将远见、知识和冒险精神转化为财富的能力。

20 世纪 60 年代,新技术革命迅猛发展。"创新"的概念发展为"技术创新",把"技术创新"提高到"创新"的主导地位。"技术创新是几种行为综合的结果,这些行为包括发明的选择、资本投入保证、组织建立、制定计划、招用工人和开辟市场等"。80 年代,技术创新就是指新产品、新过程、新系统和新服务的首次商业性转化。21 世纪,信息技术推动下知识社会的形成及其对技术创新的影响进一步被认识,科学界进一步反思对创新的认识,提出,技术创新是一个科技、经济一体化过程,是技术进步与应用创新"双螺旋结构"(创新双螺旋)共同作用催生的产物。

(二)创新的形式

创新不是单纯技术层面的,管理、制度、战略、市场、文化乃至商业模式等非技术方面都是自主创新的有机组成部分。熊彼特将创新概括为五种形式:①生产新的产品,如对 5G 和 6G 网络的开发;②引入新的生产方法或工艺过程,如手机处理器的更新换代,手机芯片制作过程的不断革新;③开辟新的市场,如可口可乐公司根据不同人群的需要细分市场,针对每个市场提供新的产品,对于有健身需求的人群,专门提供健怡可口可乐;④开辟并利用新的原料或半制成品的供应来源,大部分国家积极开发除了化石燃料发电以外的其他发电方式,如对于风能、太阳能的利用等;⑤采用新的生产组织方法,如 Google 公司的小团队管理模式,相比于大公司的大团队而言,Google 的这种经营更有益于提高工作效率。

(三)创新的商业转化

需要强调的是,技术创新是一种商业化的行为,技术创新的目的是获得某些项目或是在新的邻域获得潜在的超额利润。企业家是技术创新的关键,同通常的创新一样,科研人员在技术创新中具有重要的价值。如果技术创新不能成功商业化,将造成大量的人力物力的浪费。因此,技术创新,其核心的部分在于它的经济价值,没有投入生产产生经济价值的创新不叫技术创新,而是发明创造。

二、创新的作用

(一)宏观角度技术创新是经济增长的发动机

人类历史上的三次革命的技术成就,表明了技术创新是一个国家或地区经济增长的发动机,如表 10-1 所示。

表 10-1 三次工业革命的影响

三次工业革命	领先国家	主要技术成就	技术实质和特点
第一次工业革命(18 世纪 60 年代~19 世纪中叶)	英国、美国	瓦特改良蒸汽机、富尔顿发明汽船、史蒂芬孙发明蒸汽火车	从手工业时代进入机械化时代
第二次工业革命(19 世纪下半叶~20 世纪末)	美国、德国	西门子制成一部发电机、爱迪生发明电灯、卡尔·弗里特立奇·本茨发明了内燃机和汽车、莱特兄弟发明了飞机、贝尔发明了电话	从机械化时代进入电气化时代
第三次工业革命(20 世纪 40 年代~20 世纪末)	美国、欧洲、日本等发达国家	信息技术、空间技术、生物与海洋技术、新材料与新能源技术不断突破	从电气化时代进入了自动化时代

进入 21 世纪,工业发展开始由自动化时代跨入智能化时代,人类开始第四次工业革命,即工业 4.0。工业 4.0 是由工业强国德国率先提出针对制造业的高科技战略,是继蒸汽动力、电气技术与自动控制三次工业革命之后的第四次工业变革,是以互联网为基础的虚拟世界与工业生产场景为核心的物质世界的全面融合。制造业是国民经济的主体,是科技创新的主战场,是立国之本、兴国之器、强国之基,《中国制造 2025》就是中国版工业 4.0。2015 年 10 月,国务院总理李克强与德国总理默克尔达成共识,携手推进"中国制造 2025"和"德国工业 4.0"战略对接。工业 4.0 的本质是其关键支撑要素互联化、智能化,即推动制造业服务化变革的服务互联化、标准化、规模化、产品化,全面提升企业竞争维度。

信息技术的发展已分别推动了人类社会的数字化、信息化与互联化的发展进程,当前正进入智能化社会发展时期。新兴发展的 5G、量子计算、云计算、物联网、人工智能、区块链等新兴 IT 技术,将支撑人类社会迈入智能社会。区块链作为智能社会的关键支撑技术之一,其核心价值是实现社会关系运行的智能化,具有巨大的产业发展机遇。

(二)微观角度创新是企业竞争优势的关键

创新是企业获取竞争优势的重要来源。创新正日益成为企业生产与发展的不竭源泉和动力。持续创新能力是决定企业获取并保持持续市场竞争优势的最为关键因素。以“苹果”公司为例,“苹果”公司能在世界范围内获得消费者的认可,主要在于它做出了很多的技术创新。如,“多触摸”屏代替键盘,用户只用手指就可操作菜单、拨号、换屏、拖动、选择音乐;“计算机智能”,与一般的智能手机不同,用户可用与“苹果”机同样功能的操作系统和网络浏览器;“自动功能”,传感器按需要显示人物或景观,在接听电话时会自动关闭,可按光线调节光暗。

三、创新的分类

(一)根据创新内容与性质分类

根据创新内容及性质,可将创新分为四大类:产品创新、工艺(process,或流程)创新、服务创新及商业模式(business mode)创新。

产品创新是指创造某种新产品或对原有产品进行功能上的创新,其目的是创造出一种能够满足顾客需要或解决顾客问题的新产品。例如,从消费者角度出发,“苹果”公司进行产品创新,推出 iPod 音乐播放器,这一系列播放器较之以往的播放器的一大特点是机身更加轻薄、纤巧,更加符合时代潮流,因此受到消费者的喜爱;再比如,电视机的演变过程从模拟彩电到数字电视再到等离子彩电也是一种产品创新,这一创新过程逐步满足了人们对色彩、清晰度、机身薄度等一系列的要求,也进一步形成竞争优势,促进产业发展。

工艺创新是指生产和传输某种新产品或服务的新方式(如对产品的加工过程、工艺路线以及设备所进行的创新)。例如在炼钢过程中,为解决投资高、除尘系统复杂、生产率低下,进行的工艺创新,用转炉代替原有的平炉解决了以上难题。

服务创新是指对现有服务系统进行有目的、有组织的改变的动态过程。服务创新通过满足人们的物质、精神和心理需求,并提供解决问题的能力,来吸引更多的顾客。例如海尔和海底捞的服务创新,以周到的服务形式让人们主动买单,吸引客流的同时也增加了企业的业绩销量。

商业模式创新是针对目前行业内通用的为顾客创作价值的方式而提出的挑战,是一种改变企业价值创造以提升顾客价值和企业竞争力的活动。通俗地说,商业模式创新就是指企业以新的有效方式盈利的手段。例如,百度的竞价排名。以竞价排名为主的搜索营销平台一直是百度最主要的收入和利益来源,但商业信息和非商业信息混淆问题严重,因此百度全面启动新一代营销系统“凤巢”来代替原有的竞价排名,以商业模式创新的形式实现自身商业利益与商业道德的有效平衡。

(二)按照自主程度分类

按照自主程度可将创新分为三大类:原始性创新、集成创新以及引进消化吸收和再创新。原始性创新是指前所未有的重大科学发现、技术发明以及原理性主导技术等创新成果。原始创新在三种模式中处于重要的核心地位,是一个民族在人类文明进步中所做贡献重要性的评判标准。

集成创新是指在一些具有较强技术关联性或产业带动性的战略产品和重大项目中，将各种相关技术有机融合，实现关键技术突破的创新形式。集成创新的目的是有效集成各种要素，在主动寻求最佳匹配要素的优化组合中产生"1+1>2"的集成效应，形成具有市场竞争力的产品和产业。

引进消化吸收和再创新是指在引进外国技术的结构、配方、原理、数据的基础上，对其进一步分析、研究、再创新，并将此技术应用到同类产品或其他产品的过程，其技术水平与引进技术基本相当或稍有提高。在经济全球化背景下，更应开展广泛的对外科技合作与交流，完善引进技术的消化吸收和再创新机制，充分利用人类共同的科技成果。

(三)按照创新面向的市场需求分类

按照面向的市场需求可将创新分为两大类：引领、创造新需求型创新以及满足现有需求型创新。引领、创造新需求型创新是一种为创造新需求而产生的创新。例如：iPhone、iPad、九阳豆浆机这些都属于为刺激新需求、增强企业竞争力而做出的引领型创新。据统计，现在只有1%的创新属于引领型创新，其余99%均属于满足现有需求型创新，因此，为进一步提高企业竞争力，可以将主力放在引领型创新上。

满足现有需求型创新是针对人们现有需求而对原有产品的不足进行的一种创新。例如，从数字手机到智能机的发展就属于满足现有需求型的创新。随着时代发展，数字手机已无法满足大众的需求，因此企业从人们需求出发，进行创新，推出了更加符合人们需求的智能手机。这种需求型创新有很多优势，它能够根据人们的需求解决某一或现有痛点，也能在产品技术和服务方面进行微创新，改善客户体验，也是现在更受企业青睐的创新形式。

(四)按照创新面向的市场需求分类

根据市场定位的不同，可将创新分为维持性创新和破坏性创新。维持性创新是指面向原有市场，在原有技术轨迹上不断改进的创新过程。目的在于保持既定的市场规则和模式，强化现有的市场格局和公司地位。维持性创新往往着眼于现有的业务模式，强调对现有产品、服务、技术及管理方式的改进，属于改良的范畴，例如海尔小小神童洗衣机更新12代，不断改良创新，维持市场格局。

破坏性创新又称颠覆性创新，目的在于打破既定的规则和模式，试图推翻现有的势力平衡，改变竞争格局，以争取公司更有利的市场位置。颠覆性创新就是要彻底打破现有的模式，要么用更优秀的产品和服务满足消费者的个性化需求，如手机让小灵通最终退出了历史舞台，数码相机的出现使传统影像市场急剧萎缩；要么干脆通过挖掘、提升消费者的需求、改变消费者的需求方式从而从根本上否定原有的行业价值模式，如传真机的发明大大改变、提升了人们对通信的需求。颠覆性创新带有革命的性质，往往会对原有的市场模式甚至整个行业构成致命威胁，甚至可能导致一个旧行业的消失和一个新行业的诞生。

(五)按照创新资源的开放程度分类

按照资源开发程度，可将创新分为封闭式创新和开放式创新两大类。封闭式创新是指20世纪80年代以前企业通用的创新模式，该模式指出：成功的创新需要企业全过程强有力的控制，企业必须自己研发技术并生产、销售产品，企业还必须提供售后服务、财务支持。该模式实质是封闭的资金供给与有限研发力量的结合，其目的是保证技术保密、独享和垄断。比较典型的封闭式创新就是施乐 PARC 实验室,在这里发明出了个人电脑、激光打印机、鼠标等。

开放式创新是指 20 世纪 80 年代以后企业通用的创新模式,将其简单定义为,在系统的企业内部和外部的广泛资源中鼓励和寻找创新资源,有意识地把企业的能力和资源与外部获得的资源整合起来,并通过多种渠道开发市场机会的一种创新模式。例如宝洁和海尔的跨界合作,实施开放性创新,将企业资源与外部资源整合,推出合作换代品——WE 跨界系列产品,旨在为用户提供整套的未来绿色衣物洗涤护理方案,该产品通过这种方式成为极具竞争力的品牌。

第二节　创新过程模式

企业技术创新过程涉及技术发现和预测、技术评价和决策、市场调查和需求预测、研究开发、创新组织与管理、产品设计、工程设计与制造、市场营销等一系列活动。在技术创新过程中,这些活动不是按照线性序列递进的,它们之间相互区别又相互联系和促进,有时要循环交叉或平行实施。技术创新过程中涉及的一系列活动以不同的方式连接起来,形成了不同企业的不尽相同的创新过程模式,主要可以分为五种:(1)技术推动模式;(2)市场拉动模式;(3)耦合模式;(4)整合模式;(5)系统集成网络模式。

一、技术推动模式

科技发展是技术创新的推动力,是技术创新的来源。技术创新始于研究开发,终于市场实现,市场和客户是研发成果的被动接受者。

技术推动模式侧重点为技术变革带来的经济效益,主要通过基础研究、技术开发、生产制造从而推动市场需求,在这种模式下,一旦研发成功并为大众接受,该企业就会获得巨大的经济利益以及在同企业竞争中的绝对领先地位。但因无法确定新技术下的成果是否能顺利研发、是否被大众普遍接受,不确定因素极高,其缺点也很明显,主要表现在创新周期长、创新难度高、创新成果应用难等方面。

采取这种模式的商家或企业,在宏观科技政策上一般都鼓励风险投资,用于科学研究的技术创新的投资比例较高。这种模式主要适合发达国家或实力雄厚的企业。

技术推动模式如图 10-1 所示。

图 10-1　技术推动模式

二、创新的来源

创新思维,是突破惯常解决问题的思维模式,重新组合既定的感觉体验,探索新的规律,得出新的解决问题的思路和想法的思维活动。创新包括产品和服务创新、技术创新,也包括制度创新和管理创新。创新的源泉来自意料之外的事、不一致的事情、进程需要、产业结构与市场结构发生变化、人口特征的变化、观念的变化、新知识。利用创新的七个来源对点子进行系统性的分析,无论专业、学科或职能领域,有意识的创新都是适用的。

(一)意料之外的事

意料之外的事情成功催生创新的可能性最大,但无论是哪个领域的管理人员,对于意料之外的事情,不仅经常忽略,反而抱有厌恶情绪。然而,正是意料之外的事反而能催生创新,"万能胶"的发明案例就是一个很好的例证。"万能胶"学名为氰基丙烯酸盐黏合剂。

在伊士曼柯达公司,哈里·韦斯利·库弗原打算应用氰基丙烯酸盐黏合剂制造塑料瞄准镜材料。氰基丙烯酸盐黏合剂是一种耐热聚合物,当时主要应用于喷气式飞机的座舱盖。在实验中,库弗的助手意外用这种材料将一昂贵的实验设备损坏,但是通过这个意外事件,库弗却发现了这种材料有超强的黏合性。1951 年,库弗发现这种材料具有潜在市场价值,并于 1958 年把它推向市场,随即风靡全球。这种材料就是我们今天所熟知的"万能胶",库弗也因而被誉为"万能胶之父"。

(二)不一致的事情

20 世纪 50 年代,在大企业主导的市场中,如果小企业能够定位准确,也能在市场中占有一席之地。只有 96 名雇员的波士顿咨询集团是一个小公司,发现了这个与主流观念的不一致之处,并且发现了产生这种现象背后的原因:企业产品是否能占领市场取决于公司如何定位市场,并如何对客户进行分类。如果一个大公司的市场定位非常宽泛,那么一个小公司就可能在这个市场上打败大公司。当 IBM 公司主导大型计算机市场之际,惠普公司将主打客户瞄准为中小企业组织,抢占了不少市场空缺。

(三)进程需要

"需要是发明之母。"这个创新源泉是直截了当的,需要什么就做什么,直至实现目标。满足进程需要的过程也是创新的来源。例如,莱特兄弟在发明创造飞机时,发动机重量和功率的测算结果与实际情况不一致,因此他们不得不制造一台发动机。但是,当发动机研制出来之后,莱特兄弟发现还需要研究合适的螺旋桨。在不断地发现问题、失败和尝试之后,莱特兄弟还通过制作三轴控制器解决了如何操纵飞机问题。最终,在 1903 年,莱特兄弟成功地解决了在发明飞机过程中出现的问题,由此,人类历史上第一个由机器动力驱动的飞行器诞生了。

(四)产业结构与市场结构发生变化

人们倾向于重复地做同一件事情,一直做下去,从产业领域到市场领域同样也是。因此,惯性思维不利于创新。当产业结构与市场结构发生变化,公司的发展战略也应当改变。亨利·福特及其汽车公司为什么能长期立于不败之地,盈利的关键在于:福特观察到市场结构已经发生了改变,汽车已经不只是富人的玩具。因此,福特设计了一款可以以相对较低的成本进行批量生产的汽车(T 型车)。由于市场需求结构改变,福特也相应地改变了产业和市场运作的模式,因而成功地打开了普通消费者的市场。与此同时,劳斯莱斯公司的创新是在原有高价基础上将价格再提高三倍,不采用福特公司高效率的装备配线,而是使用中世纪古老的生产方法和生产材料,给予劳斯莱斯汽车珍藏价值。与福特形成对比,劳斯莱斯不试图让每个人都成为客户，而是瞄准王室以及财力与王室相当的富裕人群，结果劳斯莱斯公司也取得了辉煌的成功和盈利。可见，创新应随着产业结构和市场结构的变化而变化。

（五）人口学特征的变化

人口学特征指的是一个人群的特征，可以是教育、文化、收入等方面的特征。这些特征不是静止不变的，他们会随着时间的变化而改变。随着生活水平的提高，和以前相比，人们的寿命已经大大延长，而且老年人的身体状况普遍好于以前，这种人口学特征的变化可以促进餐饮等行业的创新。德鲁克曾断言，企业执行官的教育将会逐渐向网络教育发展。但当时很多传统的教育者都排斥远程教学的理念，他们认为企业执行官的教育必须在教室里才能展开。学生必须与老师面对面，开展各种讨论，如果没有各种问答环节教育就不会有效果。学生也许能通过在线课堂中接触到一些信息和理念，但是他们不可能通过这种方式学到什么。但是，随着科技、社会观念的变化，越来越多的学校开设了在线教育。哈佛大学、斯坦福大学等都开设了在线课程。在波士顿大学，甚至博士课程都是在线授课。

（六）观念的变化

一个人的价值观、心情、过去的经验都会影响看问题的角度。对于只剩下一半的水瓶，乐观的人庆幸还拥有一半的水，而悲观的人却认为只剩下一半的水。如何利用人们观念的转变作为创新源泉呢？曾几何时，如果一件衣服上有道撕裂的口子，那么质检员完全可以以此为借口拒绝给这件衣服“合格证”。即便这个口子非常小，在出售时可能也得打很大折扣才能卖出去。然而，到 20 世纪 60 年代，嬉皮士那代人的影响力越来越大，年轻人穿的衣服经常被故意撕出一些口子。几乎是一夜之间，那种皱巴巴的、褪色的、磨损的，甚至是撕开了很大一个口子的牛仔服风靡了起来。为了应对人们在服装方面的观念变化，牛仔服制造商开始顺势制造一些看起来非常破烂的衣服，在过去，这些衣服被认为是有缺陷的，通常会被扔掉或者被捐出去，而现在却倍受追捧。

（七）新知识

新知识的实践可能与被发现和被发明的时间相隔很久，从理论到真正应用需要时间的沉淀。例如，亚历山大·弗莱明虽然于 1928 年就发现了青霉素，但是直到 1942 年，人类才第一次利用青霉素治愈疾病，从发现到实践间隔了 14 年。又如，将“营销规划”理念转化为现实推动企业成长，并不需要多少高科技做支撑，但从理念到实践却间隔了 20 年。

三、市场拉动模式

技术创新是由感受到强烈的市场需求刺激而引发的，市场需求是技术创新的来源。市场拉动模式以市场需求为导向，推动基础研究和生产，研发组织是业务开发单元。这种方案能够让创新适应于某一特定的需要，推出的产品易于商品化；同时可以让大众在较短时间内接受，创新成果易于应用，能很快产生经济效益。

但从理论上来讲，一方面它只考虑了针对需求的某一种因素，将企业所有资源全部投向单纯依靠来自市场的项目，而未考虑潜在技术机会，这是不明智的。另一方面，市场拉动模式只强调技术创新中的经济行为，存在理论上的缺失，会导致实践中的错误取向。只强调应用创新与经济行为,将使技术本身发展的规律、技术开发的可能性被忽略。这将导致企业有可能做出从技术上无法实现的技术选择,企业因此承担了本不必承担的更多更大的风险。

市场拉动模式如图 10-2 所示。

图 10-2 市场拉动模式

四、耦合模式

从潜在的市场需求出发,以技术应用为支撑,创新成果往往是开发出全新的产品,从而将潜在的市场激活为一个现实的市场。

耦合模式将社会与市场需求和科技发展状态相结合,以新需求与新技术为出发点,进行产品研发、生产制造及市场销售。在这种模式下,技术需求相互促进,形成互联优势,易形成新的产业机会,促进新产业发展,形成产业竞争优势;因其存在技术支撑与潜在的需求预测,创新周期较短,创新成果也更易于应用。但由于社会潜在需求难以预测,因此具有高风险性;另外,因其是全新产品,在技术开发与产品开发方面,也需要大量的资金投入以及实力雄厚的研发队伍,对企业要求较高。

耦合模式如图 10-3 所示。

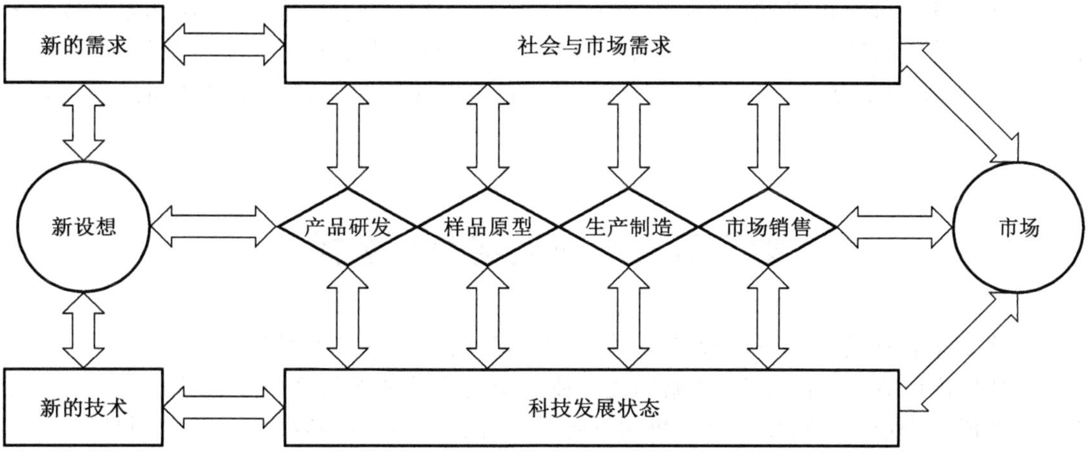

图 10-3 耦合模式

五、整合模式

整合模式将创新视为企业内部研究、开发、制造、营销等活动并行运作的过程,即并行过程,强调产品开发者从一开始就要考虑产品全生命周期中涉及的所有因素和活动,强调在技术创新过程中要求内部不同部门之间进行紧密合作和整合。

在该模式下,进行职能间的交互和协同,可实现各职能间的并行性和同步活动期间较高的职能集成。开发者考虑所有产品全生命周期及各种因素,可保证技术保密、独享和垄断,实现企业经济的最大化,更快更好地推出新产品。但由于周期长、相对封闭,可能会造成资金短缺,部分流程不够精益等缺点。从其适用范围来看,整合模式主要适用于大型企业以及发达国家。

六、系统集成网络模式

强调创新突破企业的边界,提倡与不同组织和企业间通过建立纵向和横向创新合作关系网络,同时,强调在创新过程中积极利用先进的 IT 和电子化工具推进创新活动。

系统集成是指在系统工程科学方法的指导下,结合客户的具体需求,对各种技术和产品进行优选,将各个分离的子系统优化整合,从而形成一个完整、可靠、经济和实用的整体。集成创新是指利用各种信息技术、管理技术与工具等,对各个创新要素和创新内容进行选择、集成和优化,形成优势互补的有机整体的动态创新过程。集成创新强调灵活性,重视质量和产品多样化。其目的是有效集成各种要素,在主动寻求最佳匹配要素的优化组合中产生“1+1>2”的集成效应。我们今天所使用的智能手机就属于系统集成创新的成果,一个小小的手机集电话、音乐播放器、视频播放器、相机等诸多功能于一体,NFC 功能还让手机兼具身份证、银行卡的功能,将原本分散的各个系统整合起来实现了创新,极大地方便了人们的生活。

系统集成网络模式的优点就是能够充分地将不同的子系统进行优化整合,实现各要素的优势互补,形成一个更加强大的整体。但是系统集成网络模式也存在缺点,系统集成网络模式的实施条件十分严格,很多时候,各子系统并不能实现有效的优化整合,反而会削弱原有系统的功能。必须要对采用系统集成网络模式的各子系统在宏观把握其有效运行的前提下进行微观调整,从而实现各系统以及各要素的协调。

集成创新不仅仅可以应用于信息领域,还可以广泛应用于其他领域,比如教育领域和企业经营领域。高校之间可以突破学校边界,让学校的优势专业进行交流互补,促进学科融合发展;强调创新突破企业的边界,提倡与不同组织和企业间建立纵向和横向创新合作关系网络。

第三节　创新战略及其选择

战略是指企业为了实现其经营目标,在考虑其内部条件和外部环境后,对于企业以后的发展所做出的方向性的谋划,战略的优劣成为决定企业能否赢得竞争优势的关键。由于创新日益成为企业获得市场竞争优势的重要手段,因此,技术创新战略日益受到高度重视,成为技术创新管理中新兴的重要研究领域。

一、自主创新战略

(一)自主创新的内涵

自主创新战略是指企业在创新中不单纯依赖技术引进和模仿,而通过自身的努力和探索产生技术突破,攻破技术难关,并在此基础上依靠自身的能力推动创新的后续环节,完成技术的商品化,获取商业利润,获得领先优势的创新活动。自主创新不是封闭式的独立开发,而是在以创造市场价值为导向的整合内外资源的开放式创新中掌握自主权,并能掌握全部或部分核心技术和知识产权，打造以自主品牌、赢得持续竞争优势为目标的创造新价值的创造性活动。

（二）自主创新的优点

有助于企业形成较强的技术壁垒，掌握核心技术的企业有可能控制多个技术领域，奠定自身的领导地位；自主创新企业启动早，能够较早建立起与新产品生产相适应的企业核心能力；获得初期的独占性垄断地位，较早建立原料供应网络和销售渠道，获得超额利润。

（三）自主创新的缺点

高研发资金和人员投入；研发失败的风险很高；技术创新周期长；市场开发难度大，有可能经历市场沉默期；知识产权保护不力会造成搭便车现象。

（四）自主创新案例分析

1. 万燕 VCD

世界上第一台家用 VCD 视盘机于 1993 年诞生于中国合肥的“万燕”之手，“万燕”让中国的老百姓认识了 VCD，并开创了 VCD 市场，但是它也第一个被淹没在同行激烈的竞争之中。

中国的老百姓到了 1994 年底才逐渐认识 VCD。这一年，“万燕”在前期从研制到批量生产的投入是 1 600 万美元，广告投入是 2 000 万人民币，“万燕”生产了几万台 VCD，结果只卖出 2 万台。由于前期投入太多，在市场上卖四五千元，却也基本无利可赚。不仅如此，创始人姜万勐还要开发碟片，“万燕”为此又向 11 家音像出版社购买版权，推出 97 种卡拉 OK 碟片。在成立不到一年的时间里，“万燕”倾其所有，开创了一个市场，确立了一个响当当的品牌，并形成了一整套成型的技术，独霸于 VCD 天下。

可以说，“万燕”的初创是成功的，也是辉煌的。但是，“万燕”也给自己酿下一杯苦酒。令姜万勐感到伤心的是，“万燕”推出的第一批 1 000 台 VCD 机，几乎都被国内外各家公司买去做了样机，成为解剖的对象。1995 年，其他企业大量仿制杀入 VCD 市场，中国消费者开始接受并熟悉 VCD 这一新生事物，但姜万勐已财源枯竭，无力扩大生产规模，单机成本居高不下，自然丧失竞争力。到 1996 年，全国 VCD 销量达 600 万台，可“万燕”已萎缩到无货可销。“万燕”被同行们称为“第一个吃螃蟹的人”。

“万燕”失败的一大原因是没有申请专利。“万燕”倾其所有财力，确立了独一无二的品牌，并形成一套成型技术，国内有严格的专利保护法律，假如及时申请专利，再有一定财力作后续支撑，迅速扩大生产规模，降低单机成本，填充正在发育的市场的每处空白，那么“万燕”将是中国响当当的 VCD 之王，独主沉浮。

2. 程控交换机的价格巨变

通信技术不断发展，现在每个人都有手机，想要了解通信的发展历程就要知道我国程控交换机的发展历程。实际上，我国的电话事业起步并不算晚，早在清朝末年，我国就有了电话和电话交换网络。当然那个年代，中国还处在人工交换机时代。“七七事变”后，日本军队攻入北平。出于统治需要，日伪政府新建了大量的步进制自动电话交换机，替换了人工交换机。

1978 年，全国电话普及率仅仅为 0.38%，中国拥有的话机总数，还不到世界话机总数的 1%。直到进入 80 年代，我国的电话交换网络才算开始重新艰难起步。当时改革刚刚开始，经济和社会复苏，老百姓的通信需求非常迫切。而邮电相关部门一没技术（国际封锁），二没资金（自己穷），只能引进国外的"落后"技术，甚至是淘汰下来的产品，仓促应对。当时安装一部电话需要上万元，还要单位介绍信，就算这样，还要等好几个月，甚至一年半载。1982年，福建福州引进并开通了日本富士通的F-150万门程控电话交换机，轰动全国。

1984年，上海贝尔电话设备有限公司成立。这是我国第一个研制程控电话交换机的合资企业。当时冷战尚未结束，包括程控交换机在内的通信技术都受到"巴统"（输出管制统筹委员会，总部在巴黎）的封锁和限制，我们是买不到的。通过上海贝尔来制造，都属于曲线救国。

1985年国外程控交换机企业闻风而动。AT&T、诺基亚、爱立信，纷纷跑来设立办事处。于是乎，在这些国外通信企业的"帮助"下，我们国家很快就进入了"七国八制"的混乱发展阶段。七国八制：当时中国通信市场上，总共有8种制式的机型，分别来自7个国家（日本、比利时、美国、德国、瑞典、加拿大、法国）。

全国上下，都使用国外进口程控交换机设备。而这些不同制式的程控交换机互不相通，造成了中国通信网络的一片混乱。然而，在混乱之下，中国的自主通信产业开始崛起了。越来越多的中方技术人员通过引进的设备技术进行学习、成长，越来越多的国营和民营资本开始进入利润丰厚的通信产业。

20世纪80年代中后期，大量的中国通信设备制造企业如雨后春笋一般涌现。它们的主要研发目标就是程控交换机，尤其是技术含量较低的小门数用户交换机。

就这样，巨龙、大唐、中兴、华为和金鹏五朵交换机领域的金花（也称为"巨大金中华"）突破了国外厂商的重围，凭借低廉的价格和政府支持，站住了脚跟，并一步一步改变了中国通信行业的格局。不过，后来因为种种原因，五朵金花有的早早凋谢，有的更加艳丽，完全走向了不同的命运。这里面，就有两家日后成长为世界级通信巨头的企业——华为和中兴通信。

如今，程控数字交换与数字传输相结合，构成了综合业务数字网（ISDN）。它通过普通的铜缆，以更高的速率和质量传输语音和数据，不仅实现电话交换，还能实现传真、数据、图像通信等的交换。多媒体时代正式到来。

以前，我国以制造技术为主，20年前程控机交换机从国外引进时是每线480美元。当华为、中兴通信自主研发成功后，价格迅速下降，到最后已经是每线1美元。因此不难看出自主创新对于我国建设创新型强国是非常必要的。

二、模仿创新战略

（一）模仿创新的内涵

模仿创新战略是指企业以率先创新者为榜样，通过引进购买或反求破译等手段吸收和掌握率先创新者的核心技术和技术秘密，并在此基础上对率先创新进行改进和完善，进一步开发和生产富有竞争力的产品的一种渐进性创新活动。

（二）模仿创新的优点

免除了研究开发探索的大量投资，能够在生产制造等方面投入较多的技术力量和资金，从而能够建立自己在产品质量、性能、价格等方面的竞争优势；模仿创新者不用花大力气进行市场培育、消费观念引导和消费知识普及宣传，可以充分享受率先创新者新市场开拓的外溢效应。

（三）模仿创新的缺点

作为先进技术的跟随者，模仿创新者只能被动适应，利润较薄；模仿创新对模仿者的信息识别能力、消化吸收能力和改进能力要求较高，否则技术高速发展时难以通过技术积累提升自身创新能力；容易受到率先创新者技术壁垒、市场壁垒的制约，甚至会遭遇知识产权诉讼。

（四）模仿创新的案例分析

1978 年 9 月 28 日，梁庆德决定以顺德市（现为佛山市顺德区）荣桂区西窖河畔为厂址，带领 10 余人破土动工，筹办乡镇企业“顺德桂洲羽绒厂”。1979 年，正式建厂，200 多名员工大多是当地农民，该厂的主营业务为将手工洗涤的鹅鸭羽毛卖给外贸单位。1979—1991 年，梁庆德通过与外商合资，将公司的经营业务发展到生产羽绒被、服装等产品。1988 年，成立了桂州畜产品企业（集团）公司，1991 年该企业产值超亿元，并荣获“中国乡镇企业十大百强”。

1991 年初公司最高决策层认为，羽绒服装等出口前景不佳，应从纺织行业转移到一个成长性行业。鉴于顺德市已经成为中国最大的家电生产基地，他们初步选定家电业为新的经营领域。此外考虑到中国大家电（冰箱、彩电等）企业的竞争较为激烈，他们决定以小家电为主攻方向。

1991 年的 3 月，梁庆德一行去日本考察家电市场。他们在东京秋叶原的电器专卖店，第一次见到微波炉。梁庆德觉得“这个东西有做头，越是稀货就越有做头”，而当时公司内部没有略懂家电的工程师，于是梁庆德一行考察了日本东芝微波炉生产线。

与此同时，公司其他人员开始调查国内微波炉市场，发现微波炉产品技术成熟，在发达国家的家庭被普遍使用；国内微波炉市场将是一个基数小、增长速度快、市场潜力大的市场；在华生产微波炉的中外企业只有 4 家，企业间的竞争不太激烈。

1992 年经过论证分析，梁庆德正式决定进入微波炉行业。进入“微波炉”领域后的公司面临的首要问题是：作为一家生产羽绒的企业，完全不了解家电产品的生产技术。为此梁庆德带着他的儿子梁昭贤，5 次去上海无线电 18 厂聘请 5 位微波炉专家为高级工程师。

被梁氏父子一片真诚所感动，5 位专家放弃上海优越的工作和生活条件，来顺德创业。以这 5 人为核心，迅速形成了一支自己的技术人员队伍。

同年 9 月，梁庆德用创业 10 多年的资金积累，从日本东芝公司引进具有 20 世纪 90 年代先进水平的微波炉生产设备和生产技术，开始生产“格兰仕”品牌的微波炉。

通过规模效应、技术消化吸收和改进，格兰仕迅速形成技术领先优势，并不断通过降价策略，使市场占有率快速提高，1993 年，格兰仕批量生产微波炉 1 万台。1994 年，实现产销量 10 万台的目标，获得销售额、利润“双超历史”的业绩。

从 1995—2002 年，格兰仕在中国微波炉市场上连续 8 年蝉联第一。2002 年格兰仕在中国市场占有率高达 70%，全球市场占有率为 30%。

格兰仕在微波炉上的成功正是来自模仿创新战略。格兰仕于 1992 年进入微波炉行业，以先发企业（日本东芝公司）为示范，从日本东芝公司导入世界最先进的微波炉生产技术与生产设备。并从上海聘请 5 位微波炉专家和工程师，吸收与消化微波炉的制造与开发技术，学习日本企业（东芝）的生产管理与质量管理的经验。同时还集中所有资源投入到微波炉生产中，注重企业品牌，早期重视产品开发，增加研究开发的费用，提供一流的市场营销与售后服务等，在短期内把微波炉做到规模最大、成本最低、效率最高。

三、合作创新战略

（一）合作创新的内涵

合作创新战略是指企业与科研机构、高等院校之间或企业间联合开展创新的做法，是自主与模仿相结合的创新活动。

（二）合作创新的优点

有助于优化创新资源的组合，缩短创新周期；有利于快速利用他人先进技术，分摊创新成本和创新风险。

（三）合作创新的缺点

合作方一般不愿将先进技术公开共享，其次，在创新利益分配上可能出现冲突难以协调；企业不能独占创新成果以获取绝对垄断优势。

（四）合作创新的案例分析

R&V 最初又名“R&V 非竞争性战略联盟”，是杭州绿盛集团和天畅网络科技有限公司于 2005 年 12 月合作首创的。绿盛公司是温州企业家林东于 1993 年在杭州创立的，2004 年组建为杭州绿盛集团有限公司，主要从事牛肉干系列休闲食品生产。到 2005 年公司已发展成为全国最大的牛肉干生产商之一，销售网络覆盖全国 17 个省，60 多个地级市。杭州天畅网络科技有限公司，是个新创企业，于 2005 年 1 月由杭州企业家郭羽等创立。它主要定位于通过研发具有国际先进水平的、拥有完全自主知识产权的 3D 网络游戏引擎技术，并借此技术上的优势走自主原创道路，开发 3D 网游《大唐风云》等系列产品。

在双方的 R&V 结盟中。绿盛公司在自己的产品“绿盛 QQ 能量枣”的包装袋上全部印天畅游戏产品《大唐风云》中的“太平公主”形象。为它的面世大做广告。而天畅公司则设计出了“绿盛牛肉店”，游戏玩家在这虚拟的店中“购食”“绿盛 QQ 能量枣”便能迅速“恢复体力”。同时真实世界中的这种食品也可通过物流配送系统送上玩家的门口。就这样，原本不相干的牛肉干和网络游戏产品，就实质性地嵌入了对方。由于绿盛集团从事牛肉干等传统实物，而天畅公司从事三维网络游戏开发，因此陈劲等把这种异业合作命名为“R&V 非竞争性战略联盟”。

绿盛和天畅的 R&V 结盟取得了出乎意料的成功。借助它，绿盛缔造了“中国第一网络食品”，形成了借助互联网，跳出传统发展的良好态势。于结盟当日开始上市的“绿盛 QQ 能量枣”，仅一个多月的出货量就价值 2 700 万人民币。为前一年同期推出的一款同类新品的 9 倍。结盟后，天畅的《大唐风云》还未正式上线就已声势在外，成为年度最受期待的游戏。天畅也先后与若干家国内企业实现类似的 R&V 合作，如把浙江凯恩集团新开发的飞石岭旅游景区作为游戏的一个场景，换回了凯恩集团一块面积达 3 万亩山林景区 49% 股权。R&V 结盟的出现，引起了社会各界的广泛关注，成为企业竞相模仿的对象。

不同战略有不同的条件和要求。自主创新要求创新主体有强大的经济实力、雄厚的研发力量和大量的成果积累，在技术上具有领先优势，起点和要求是最高的；相对来说，模仿创新和合作创新的起点和要求就低得多。因此,自主创新模式更多地为少数发达国家和大型跨国公司所采用;而模仿创新则是后进国家实现快速创新、缩小与发达国家差距的一种有效途径,是发展中国家在技术追赶早期较为现实的选择,也是技术较弱的企业追赶领先企业的一种有效途径。

对于我国来说,作为一个发展中大国,在技术创新战略选择上既要尊重技术创新的一般规律,又要考虑我国的国情。可本着“有所为、有所不为”的原则,在局部企业和技术领域重点鼓励开展自主创新;同时我们必须面对现实,利用一切有利机遇和条件,特别是技术创新全球化的有利机遇,提高与跨国公司合作水平,加强对外科技交流与合作,大力推动模仿创新和合作创新,提高我国的创新水平。

第四节 团队型创新组织形式

在市场变化迅速的今天,团队型创新组织形式成为企业创新的重要选择。

一、职能型团队

职能型团队没有跨部门的整合,团队成员保留在职能部门内部。适用于内部需要协调工作较少的,规模较小的项目。

优点主要集中三个方面:(1)人才资源利用灵活。只要为一个项目所选择的上级是一个适当的职能部门,这个项目就能够从这个部门获得其所需的专业技术人员——一方面,为了实施项目,就可以把这些人员临时借调过来,等他们完成自己的任务之后,就可以回到他们原来的日常工作中去;另一方面,职能部门的技术专家的专业基础通常都比较广泛,这使得他们能够穿梭于不同的项目之间来进行工作,在职能型组织结构的安排下,同样的技术专家就能够同时为不同的项目所使用。

(2)易于技术进步和员工职业发展。由于专业人员属于同一部门,有利于知识和经验的交流,一个项目就能从该部门所存在的一切知识与技术中获得支持,这极为有助于项目的技术问题获得创造性的解决;职能型团队是一个相对稳定的职能部门,员工可以从本职部门获得一条顺畅的晋升途径,利于职业发展。

(3)利于整体协调。各级管理机构和人员实行高度的专业化分工,各自履行一定的管理职能。各个部门都由首席执行官(CEO)统一领导,整理协调性较好。

缺点主要集中三个方面:(1)松散、临时性、项目经理(协调人)的权利有限。对于需要跨部门协作的项目,组织协调工作很重要,如果项目的技术趋向复杂,这种协调将变得十分困难。职能型组织中虽然也有人做协调工作,但作用有限。做协调工作的人,其身份通常是项目联络员或项目协调员。项目联络员的作用是作为项目成员之间的沟通联络员。项目协调员则有一定的决策权,但也仅限于可以定期组织项目调度会议之类的工作。

(2)项目组成员责任淡化。随着产品品种的增多和市场的扩大,这种组织形式就暴露出发展不平衡和难以协调的问题。没有一个部门能对某产品的整个市场营销活动负全部责任,项目组织成员就会产生工作懈怠、责任淡化等现象。

(3)环境适应性差。在各种企业里,职能制结构环境适应性差,主要适用于中小型的、产品品种比较单一、生产技术发展变化较慢、外部环境比较稳定的企业。具备以上特性的企业,其经营管理相对简单,部门较少,横向协调的难度小,对适应性的要求较低,因此职能制结构的缺点不突出,而优点却能使功能得到较为充分发挥。

职能型团队结构如图 10-4 所示。

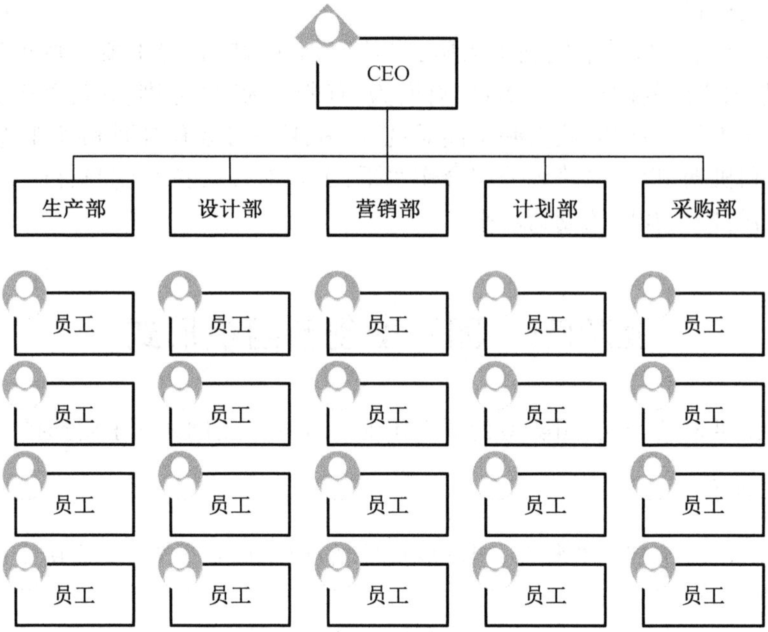

图 10-4 职能型团队

二、轻量级团队

在企业面临的竞争压力尚且不大,处于较为平稳的发展时期,可考虑建立轻量级团队进行运作,此时,职能经理的权限要大于项目经理的权限。团队成员保留在原有的职能部门内部,但是项目经理负责各个职能部门之间的协调和沟通。

轻量级团队如图 10-5 所示。

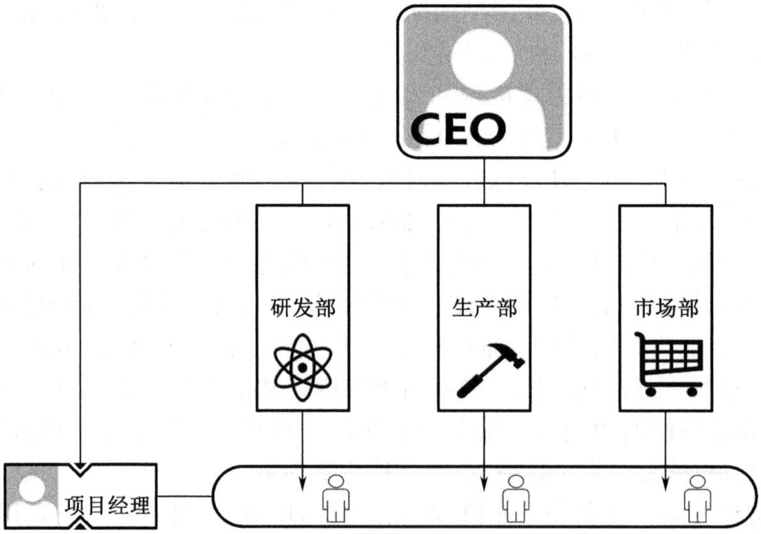

图 10-5 轻量级团队

三、自主型团队

自主型团队中项目经理负责跨部门的协调和沟通，团队成员重新安排工作，但只需要向项目经理汇报。优点主要集中三个方面：(1)目标明确且统一指挥。在这种模式下，完成每个项目目标所需的所有资源完全分配给这个项目，专门为这个项目服务，专职的项目经理对项目团队拥有完全的项目权利和行政权力。由于每个项目团队严格致力于一个项目，因而能有效地做到目标明确及统一指挥。(2)利于项目控制。项目经理具有决策的权利，负责跨部门的协调和沟通，对于项目整体进度及实施起到很好的控制作用。(3)紧密、稳定的项目组织。在自主团队中，几乎所有项目工作人员都向项目经理汇报，在这种形势下，项目组织具有良好的稳定性。

缺点主要集中三个方面：(1)机构重复及资源闲置。对于整个公司来说，由于多个同时进行的项目存在任务重复，从而造成大量的重复劳动。由于资源不能共享，某个项目专用的资源即使闲置不用，也无法应用于另一个同时进行的类似项目。(2)不利于专业技术水平的提高。不同项目团队的成员不能共享知识或专业技术技能。因为每个项目团队都是独立的，团队成员完全效力于自己的团队，这种结构没有职能部门那种让人们进行职业技能和知识交流的场所。(3)不稳定性。小组的领导人如果不提出明确要求，团队就缺乏明确性；稳定性不好，经济性也差；团队必须持续不断地注意管理；小组成员虽然了解共同任务，但不一定对自己的具体任务非常了解，甚至可能因为对别人的工作过于感兴趣，而忽略了自己的工作。

自主型团队如图 10-6 所示。

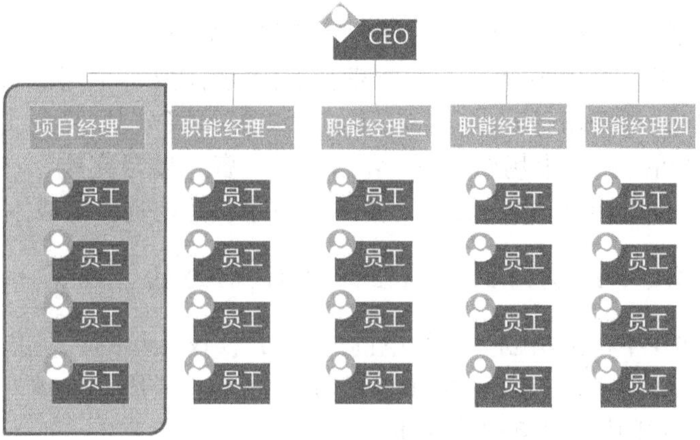

图 10-6 自主型团队

四、产品创新团队案例分析

(一)海尔集团：从职能型团队到型号经理制

海尔集团最初运用的是简单的职能型团队，但随着企业的发展，这种简单的计划生产形式暴露出很多弊端，因此，海尔推出了型号经理制。型号经理可以说是海尔的一个创举，目前，不仅国内企业中没有，就是国外著名公司中，这样的做法也少有耳闻。“型号经理”是海尔流程再造中产生的“新品”，开发人员不是把产品设计出来就算完成任务，还要与市场销量、费用、利润、质量返修挂钩，“一票到底”地开展工作，实现与市场经营的零距离。一个产品从“生”到“死”都由型号经理掌控。型号经理首先根据用户对产品的需求，构思如何从技术上满足这种需求；然后是产品开发、产品试制，直到把来自用户的抱怨转化成新的需求。型号经理负责产品生命周期中的一切问题，并从经营的角度为产品增加新的卖点，同时降低成本，总体上秉承“不是为产品找用户”，而是为“用户找产品”的思路，创造用户的忠诚度。

在此，每个开发人员都是市场链中的绝对一环，其收入也完全从开发上市的产品销售所获得的利润中提取。作为一个产品的型号经理，从设计开始，就要将试制、生产、工艺、质量、进度等各环节因素考虑周全，否则，哪一环出现问题都会影响收入。型号经理的“资源存折”上有两栏，收入一栏是他所设计的产品在市场上的总销售收入，支出一栏是开发这个产品的总投入。假定某一产品卖到三万台达到盈亏平衡的话，那么销售超过三万台，设计人员就可以分得一部分利润作为奖金。而最后如只卖出一万台，其余两万台在存折中就要记为支出。当然，这笔钱不会由型号经理立刻掏出来，损失将挂在账上。如果今后他设计的另一个产品销售良好，那个产品的盈余可以抵消过去的产品的亏损。

在海尔各事业部中，所有型号经理都不是终身制，而是哪个研发人员最先发现了用户抱怨和不满，有了对策，经过论证后，可以开发立项了，他才有资格成为型号经理。型号经理的产品如果卖不出去，就要借钱开工资，如果连续六个月还是借钱开工资的话，他就要换岗。型号经理在研发人员中是一个竞争的平台。这一机制，使开发人员为了开发有价值的产品，对用户需求十分关注。“卡通彩电”“双动力洗衣机”“酸菜冰箱”等创新产品都是这么出笼的。

型号经理可以像一个公司一样，设计开发完产品，交给生产部门进行 OEM 生产，再让商流去销售。当然，型号经理不会一个人全部包干，可能需要一个团队模式，实行项目经理制，谁发现了某一客户群需求，抢到了订单，谁就可以招兵买马，招聘负责质量的、负责采购零部件的、负责生产的、负责市场营销的，给他们开工资。项目完成了，这个机构即自行解散。总之，要让型号经理活跃起来，关键是找准用户需求并将资源低成本地加以利用。

（二）韩都衣舍：小组制为核心的组织创新，打造快时尚第一品牌

韩都衣舍是 2016 年在济南创办的纯电商的公司，仅仅几年的时间已经发展成为交易额超过 15 亿的企业。每年有超过 3 万多个服装款式上市。是什么推动韩都衣舍快速成长？韩都衣舍的成长离不开其组织架构的创新。

1. 正三角管理结构向倒三角管理结构的转变

过去企业的组织架构是金字塔式职能管理结构。管理层高高在上，通过发号施令，层层传递，终端被动执行。而倒三角管理结构让与顾客打交道的人组成一个个产品开发小组，调研顾客有哪些新的需求，根据市场变化做出快速的反应，自行决定生产什么款式，生产多少件，销售价格是多少。公司作为服务平台，为各个产品小组提供服务。形成一个大的平台多个小的产品团队的组织形式。

2. 团队制组织创新支撑多品牌运营

韩都衣舍的产品小组制的特殊结构，导致了从下而上的做多品牌的愿望强烈而持续，道理很简单，一个品牌容纳的产品小组是有限的，而产品小组制本身又培养了设计师的自

主经营思维,当一个品牌容量饱和以后,产品小组在越来越大的压力之下,就有做新品牌的愿望。在公司层面,有专门的部门负责扶持新品牌,相关的政策也越来越完善,如原始人以及创始团队的确认、薪酬待遇保护、考核指标保护等。基于产品团队,形成了自下而上的愿望和能力,以及自上而下的引导和扶持,上下合力,韩都衣舍实现了多品牌运营。

韩都衣舍构建了以产品小组为核心的单品全程运营体系。项目小组基于顾客需求以及公司提供的平台,可对企划部、摄影部、生产部、技术部、财务部等直接进行决策,打造新的符合顾客需求的品牌。

产品小组的构成与运行规则主要包括责、权、利三方面。责任即产品小组自行确定销售目标、毛利率、库存周转率等。权利主要包括五点:(1)确定款式;(2)确定尺码以及库存深度;(3)确定基准销售价格;(4)确定参加哪些活动;(5)确定打折节奏和深度。产品小组利益清算方法为业绩提成。提成=销售额×毛利率×提成系数。在这种运行规则下,产品小组自己做决策并对自己所做决策负责,决策的好坏直接影响业绩提成,这种方式能极大地激发员工活力,对韩都衣舍未来发展起到一个正向作用。

第五节 创新思维

一、创新的基本素质

(一)创新的意识

创新意识指人们根据社会和个体生活发展的需要,引起创造前所未有的事物或观念的动机,并在创造活动中表现出来的意向、愿望和设想。它是人类意识活动中一种积极的、富有成果性的表现形式,是人们进行创造活动的出发点和内在动力。

创新意识是一种怀疑的意识,是一种不安于现状的求精意识,这是创新者需要具备的一种前提性素质。而创新意识的基础是好奇心。爱因斯坦说:"我没有别的天赋,只有强烈的好奇心。"强烈的创新意识和创新敏感是创新思维的基础,应克服见怪不怪的麻木心理,对自然奥秘、世界万物保持高度的好奇心。

(二)思维定式与克服

思维定式,也称"惯性思维",是由先前的活动而造成的一种对活动的特殊的心理准备状态,或是活动的倾向性。思维定式就是反复思考同类或类似问题所形成的定型化的思维模式。思维定式是一把双刃剑,一方面有利于常规思考(正效应),另一方面,不利于创新思考(负效应)。思维定式的弊端:(1)它习惯性地运用旧方法处理新问题,过去的经验因此变成了一种针对思维的枷锁;(2)它对思维创造性形成强大的障碍,对经验的依赖容易使人失去创新的动力。必须打破思维定式,突破旧观念,改造传统常识,用创新和发展的眼光看问题,并且训练和提升我们的思维模式。巴尔扎克说:"一切事物日趋完善,都是来自适当的改革。"如果不突破经验思维的局限,进行创新性改变,不管在多么了不起的事物,也总会被更好的东西淘汰。未知的领域永远大于过去的已知。首先要从思维上认识到这一点,不要将过去的经验、思考和常识置于头脑中最重要的位置,要始终对未知保持一颗敬畏之心。

(三)想象能力及其培养

想象的特点有超时空性,强烈的活跃性。想象通过统摄性思考,在事物之间牵线搭桥,通过对知识的沟通和融合创造出新东西。想象能力的培养可以从以下几个方面展开:(1)相似联想,以一种事物的功能、原理、外形、结构、动作乃至过程等为想象启示,将其相似地应用到另一新事物的开发方面;(2)相反联想,是对已知事物的功能、形状、结构、过程或其工艺方法等所进行的对应相反的一种想象;(3)相关联想,由于某个事物的出现而联想到与此有关的另外一些事物,又称连锁联想,主要体现于因果关系的运作应用。

二、创新思维的主要特征

(一)创新思维的基本特征

1. 突破性(也叫超前性)

即超越陈旧的认识和理论。它不受旧思想、旧观念的束缚,能根据原有的知识、经验,通过新的排列组合而进行新的创造。要用好奇的眼光,积极主动地转换视角,尽可能多的角度去观察事物,运用自己的潜能,突破各种偏见和思维定式,推动人们沿着创造和创新之路一步一步地前进。

2. 新颖性

这是创新思维的本质特性。它能使人们得出新的发现、新的认识,带来新的成果。它既高踞于经验的知识之上,又跨越已有的理论与认识。

3. 多向性(又叫多角性)

当要解决的问题明确以后,能够很快地适应问题的需要,以我为主地从各种角度研究问题、分析问题,进行正向思维、逆向思维、平面思维、立体思维、纵向思维、横向思维、侧向思维、发散思维和收敛思维等,从而提出解决问题的最佳方案(包括解决问题的原则、途径和方法)。

4. 深刻性(又称透彻性)

创造性思维不满足于事物的表面性,它善于洞察事物的本质,把握事物存在、发展中具有决定意义的东西,同时能改变对事物各种不同的非正确的认识。思维深刻的人,善于分辨事物的现象和本质,善于从多方面和多种联系中去理解事物,因而能正确认识事物,揭示事物内部的规律性,预测事物的发展趋势和未来状态。

5. 独立性

思维的独立性就是表现在不迷信、不盲从、不满足现成的方法和方案,而是要经过科学的独立思考,形成自己的观点和见解,突破前人,超越常规,产生新的思维成果。

6. 意外性

一般情况下,有意识的创新设想往往不能如愿,而某种偶然因素的触发可能会产生解决问题的新方法、新思路、新观念,这是科学发现常见的模式,已被许多历史事实所证明。

7. 风险性

社会文化的传统势力、偏见、既得利益者,为了维护现有的伦理和秩序,对创新思维活动的成果往往抱有抵制的心理,也存在“徒劳性”。

8. 非逻辑性

又称跳跃性，创造性思维为了达到一定目的而采取由此及彼的飞跃，它瞬息即逝，闪现即灭，最终表现出崭新的形式。既包括逻辑思维从前提飞跃到结论的扩展推导，又包括形象思维从这一模式跃迁到另一模式的构思流程，也包括灵感思维从既有状态中到新结论、新发现的拓展。

（二）创新思维的活动特征

1. 联想性思维

联想性思维是将表面看来互不相干的事物联系起来，从而达到创新的界域，是创新的基本素质，是创新思维活动的主要方法之一，也是一种重要的创新技法。

2. 求异性思维

求异性思维则不拘泥于常规，不轻信权威，以怀疑和批判的态度对待一切事物和现象。

3. 发散性思维

发散性思维是创新思维的核心，能够产生众多的可供选择的方案、办法及建议，能提出一些独出心裁、出乎意料的见解，使一些似乎无法解决的问题迎刃而解。发散性思维也是克服思维定式的有效方法。

4. 逆向性思维

逆向性思维是从常规思维的反方向去思考问题。

5. 综合性思维

综合性思维是把对事物各个侧面、部分和属性的认识统一为一个整体，从而把握事物的本质和规律。

6. 整体性思维

整体性思维是运用包括抽象思维、形象思维和灵感思维等多种思维形式的相互作用而出现的整体思维功能。大部分的创新成果都是多种思维形式共同作用的结果。

7. 敏捷性思维

敏捷性思维是创新者必须具备的积极思维、周密考虑、准确判断的能力，能在短时间内迅速地调动思维，并能当机立断，迅速、正确地解决问题。思维的敏捷性是以思维的灵活性为基础的，同时还依靠观察力和良好的注意力的优秀品质和素养。

（三）创新思维的过程特征

1. 分析和综合

思维的过程总是从对事物的分析开始的。分析，通过思想上把客观事物分解为若干部分，探究各个部分的特征和作用。综合，在思想上把事物的各个部分、不同特征、不同作用联系起来。

2. 比较和概括

在分析和综合的基础上，通过对事物外观、特性、特征等的比较，把诸多事物中的一般和特殊区分开来，并以此为基础，确定它们的异同和它们之间的联系。

3. 抽象和具体

抽象，通过概括事物中的本质和非本质的东西，舍弃非本质的特征，保留本质的特征。具体，从一般抽象的东西中找出特殊东西，它能使人们对某一事物中的“个别”得到更加深刻的了解。抽象和具体是在创新中频繁使用的思维过程。

4. 判断和推理

判断分为直接判断和间接判断，直接判断属感知形成，无须深刻的思维活动，通过直觉或动作就可以表达出来。间接判断是针对一些复杂事物，由于因果、时间、空间条件等方面的影响，必须通过科学的推理才能实现。判断事物的过程是首先把外在的影响分离出来，通过一系列的分析、综合和归纳，找出隐蔽的内在因素，从而对客观事物做出准确的判断和推理。

5. 迁移

迁移是思维过程中的特有现象，是人的思维发生空间的转移。对一些问题的解决经过迁移往往可以促使另一些问题的解决。

6. 想象

是创新的基本素质之一，在创新思维过程中是离不开想象的。有丰富的想象力，才能更好地创新，才能发现新的规律。

三、发散思维与收敛思维

(一)发散思维

又称"辐射思维""放射思维""多向思维""扩散思维"或"求异思维"，是指从一个目标出发，沿着各种不同的途径去思考，探求多种答案的思维，与收敛思维相对。

1. 发散思维的特点

(1)流畅性(观念的自由发挥)。心智灵活、思路通达，在尽可能短的时间内生成并表达出尽可能多的思维观念并尽快地消化之。(2)变通性(克服僵化的思维框架)。随机应变，触类旁通，不墨守成规，不钻牛角尖，使发散思维沿着不同的方面和方向扩散。(3)独特性(新奇反应的能力)。独具慧眼，不人云亦云，想出不同寻常的、超越自己也超越同辈的方法。同时，要正确把握发散思维的特点，保证流畅性，促进灵活性，强调独特性。正确看待发散思维的结果，发散思维的结果并不一定都是有价值的，其中的某些结果可能是错误的，但不能因为没有价值就否定发散思维。注意对"发散"的把握，尽可能地多方向发散，但不能漫无边际。

2. 发散思维几种方法

(1)一般方法。以某一事物的功能、原理、方式、方法等方面为主要内容进行发散，设想其在这些方面的各种可能性。(2)假设推测法。假设的问题不是任意选取的，而是有所限定的，所涉及的都应当是与事实相反的情况，是暂时不可能的或是现实不存在的事物对象和状态。(3)集体发散思维。发散思维不仅需要用上我们自己的全部大脑，有时候还需要用上我们身边的无限资源，集思广益。(4)立体思维。思考问题时跳出点、线、面的限制，立体式进行思维。例如立体绿化，屋顶花园增加绿化面积、减少占地改善环境、净化空气。(5)逆向思维。违背通常的思考方法。从相反方向思考问题的方法，也叫作反向思维。(6)侧向思维(旁通思维)。从与问题相距很远的事物中受到启示，从而解决问题的思维方式。(7)横向思维。纵向思维是按逻辑推理的方法直上直下的收敛性思维。而横向思维是当纵向思维受挫时，从横向寻找问题答案。(8)组合思维。从某一事物出发，以此为发散点，尽可能多地与另一(或一些)事物联结成具有新价值(或附加价值)的新事物的思维方式。

(二)收敛思维

收敛思维又称“聚合思维”“求同思维”“辐集思维”或“集中思维”,是指在解决问题的过程中,尽可能利用已有的知识和经验,把众多的信息和解题的可能性逐步引导到条理化的逻辑序列中去,最终得出一个合乎逻辑规范的结论。发散思维是为了解决某个问题,从这一问题出发,想的办法、途径越多越好,总是追求还有没有更多的办法。

1. 收敛思维的特征

收敛思维的特征主要包括三个方面:(1)封闭性。收敛思维则是把许多发散思维的结果由四面八方集合起来。(2)连续性。收敛思维的进行方式是一环扣一环的,具有较强的连续性。(3)求实性。收敛思维对发散思维的设想或方案按照实用的标准来筛选。

2. 收敛思维的思考方法

(1)凑合显同法。把所有感知到的对象依据一定的标准“聚合”起来,显示它们的共性和本质。(2)层层剥笋法。抛弃非本质的、繁杂的特征,揭示出隐蔽在事物表面现象内的深层本质。(3)目标确定法。找出其中的关键,围绕目标定向思维,目标的确定越具体越有效。(4)聚焦法。使原有的思维浓缩、聚拢,形成思维的纵向深度和强大的穿透力。

在创新过程中,要注意对收敛点的把握。要善于找到收敛点,在思维活动中避免盲动,提高思维的准确率和效率。收敛思维一定要有深度,收敛思维时,一定要采取“打破砂锅问到底”的态度,以便找出最终的原因,对一连串的问题就有了深刻的认识,这样收敛思维才有了意义。

(三)收敛思维与发散思维的区别

收敛思维与发散思维是一种辩证关系,既有区别,又有联系,既对立又统一。首先,思维指向相反。收敛思维是由四面八方指向问题的中心,发散思维是由问题的中心指向四面八方。其次,两者的作用不同。收敛思维是一种求同思维,为寻求一种最有实际应用价值的结果而把多种想法理顺、筛选、综合、统一。发散思维是一种求异思维,要尽可能地放开,把各种不同的可能性都设想到。两者结合起来,在充分发散的基础上进行充分的辐合,两者协同动作一个创新过程才能圆满完成。

四、线性思维、平面思维与立体思维

(一)线性思维

线性思维是只用一种眼光、一个角度、一种操作手段去思考、解决问题的思维方法。线性思维是一种直线的、单向的、单维的、缺乏变化的思维方式,思维沿着一定的线型或类线型(无论线型还是类线型的既可以是直线也可以是曲线)的轨迹寻求问题的解决方案的一种思维方法。

线性思维的特点主要包括两个方面:其一,把多元素问题变成一元素问题,一条道走到黑,排除其他道路的可能性;其二,非此即彼,非对即错,不考虑其他方案中正确和有效益的东西,简单地进行二选一的抉择和选择。线性思维虽然有着很强的单一性,但是在发明创造的过程中遇到问题时,线性思维又常常是人们思维宝囊中的第一选用对象。首先,当一个问题确定时,人们常常把解决问题的思路径直对准任务,这种思路的产生往往自觉不自觉地导致线性思维的应用,只有在较大的付出之后仍不能解决问题时,人们才去考虑一些其他的思维方法。其次,由于“线性思维”可以说是构成其他各种思维的基础,我们大家都应该对它有个很好的了解、认识和掌握,并把握好对它的应用,该“单刀直入”的时候,不要犹豫不前,左顾右盼;不该“钻牛角尖”的时候,就果断止步,不要浪费时间、精力。线性思维的方式主要有正向线性思维、逆向线性思维、正向线性发散思维、正向线性会聚思维。

把思维过程用线性来进行描述,目的就是为了使原本抽象的思维过程变得更为形象可感,从而使思路更加清晰,使思维更加开阔,更加灵活,再经过长时间的锻炼,进而培养出更为良好的思维习惯,增强思维能力。但同时一定要注意不能陷入思维定式的泥潭。

(二)平面思维

平面思维是指人的各种思维线条在平面上聚散交错,是线性思维向着纵横两个方向扩张的结果,这种思维更具有跳跃性和广阔性,联系和想象是它的本质。我们通常所说的形象思维属于平面思维的范畴。

(三)平面思维到立体思维

平面思维,可以从不同的方面去说明思维的中心,可以相对地达到认识某一方面的全面性,但它仍然是囿于某个平面中的全面,并不是反映对象整体性的全面,因而这种全面相对于立体思维来说,仍然是不全面的。立体思维是作为与点式思维、线式思维、平面思维同一系列的思维形式而存在的,但它处于这一系列思维发展的最高点。

五、逆向思维

逆向思维是对司空见惯的似乎已成定论的事物或观点反过来思考的一种思维方式。敢于“反其道而思之”,让思维向对立面的方向发展,从问题的相反面深入地进行探索,树立新思想,创立新形象。逆向思维存在着很大的优势。在日常生活中,常规思维难以解决的问题,通过逆向思维却可能轻松破解。逆向思维会使你独辟蹊径,在别人没有注意到的地方有所发现,有所建树,从而制胜于出人意料。逆向思维会使你在多种解决问题的方法中获得最佳方法和途径。生活中自觉运用逆向思维,会将复杂问题简单化,从而使办事效率和效果成倍提高。

逆向思维的类型主要有三种:(1)反转型逆向思维法。从已知事物的相反方向进行思考,产生发明构思的途径。(2)转换型逆向思维法。在研究问题时,由于解决这一问题的手段受阻,而转换成另一种手段,或转换思考角度思考,以使问题顺利解决的思维方法。(3)缺点逆向思维法。利用事物的缺点,将缺点变为可利用的东西,化被动为主动,化不利为有利的思维发明方法。

应用逆向思维法应注意的两个问题:(1)必须深刻认识事物的本质。所谓逆向不是简单的表面的逆向,不是别人说东,我偏说西,而是真正从逆向中做出独到的、科学的、令人耳目一新的超出正向效果的成果。(2)坚持思维方法的辩证方法统一。正向和逆向本身就是对立统一,不可截然分开的,所以以正向思维为参照、为坐标,进行分辨,才能显示其突破性。

六、平行思维与垂直思维

（一）平行思维

平行思维又称水平思维，提出者是爱德华·德·波诺，指从不同角度认知同一个问题的思考模式。当人们使用平行思维时，便能够跳出原有的认知模式和心理框架，打破思维定式，通过转换思维角度和方向来重新构建新概念和新认知。数千年来，统治人类思维的基本模式是判断式思维模式，一种非此即彼的思维模式。在现实中往往一个问题有多种“可能”的答案，评估这些答案难以用对与错来下结论。同时，信息分析或问题分析不会导致创意产生。人类需要开发其他思考模式去拓展思路和寻找创意。于是，平行思维就变成了当前最重要的创造性思维模式。

（二）平行思维与垂直思维的比较

“平行”意指进入旁边的路径，从而在不同的模式中进行转换，而不是像垂直思维那样沿着既定的路径一直走下去。平行思维关注“可能成为什么”，建设性思考，相互冲突的观点被兼容聆听、理解、设计和创造。垂直思维关注“是什么”，批判式思考，产生非此即彼的观点，导致判断、质疑、争论。垂直思维的优点是容易发现不合逻辑之处，找到思维的漏洞，可能推翻某种意见或结论，产生出新的思想与观念。缺点是容易攻其一点不及其余，一叶蔽目不见泰山，导致极端观点的产生。平行思维的优点是避免了对垂直思维带来的无意义争论，从不同的角度进行立体化思维，对事物有较全面的认识。其缺点是没有告诉我们如何整合不同的观点和意见，形成一个整体的结论。

（三）平行思维在团队中的应用

平行思维在团队中应用可带来的收获：(1)增加建设性、创造性产出；(2)充分研究每一种情况和问题，创造超常规的解决方案；(3)提高团队中每个成员的创造性思维能力，变无意义的争论为集思广益的创造；(4)提高团队中每个成员的协作能力，让团队的潜能发挥到极限。

平行思维在团队中运行的步骤：(1)陈述问题事实；(2)提出如何解决问题的建议；(3)对建议进行优缺点的评估，列举优点、缺点；(4)对各项选择方案进行直觉判断；(5)总结陈述，得出方案。

七、灵感思维与直觉思维

（一）灵感思维

1. 灵感思维的内涵

灵感思维，即长期思考的问题，受到某些事物的启发，忽然得到解决的心理过程。灵感是人脑的机能，是人对客观现实的反映。在人类历史上，许多重大的科学发现和杰出的文艺创作，往往是灵感这种智慧之花闪现的结果。灵感与创新可以说是休戚相关的。灵感不是神秘莫测的，也不是心血来潮，而是人在思维过程中带有突发性的思维形式长期积累、艰苦探索的一种必然性和偶然性的统一。

灵感具有通常思维活动所不具有的特殊性质，主要有以下几点：(1)长期性。灵感是长期创造性活动的必然结果，没有对创造性问题的长期思索，就没有灵感的产生。(2)诱发性。灵感的产生需要诱因。创造者对问题长期的探索使其智力活动达到白热化状态，此时易因外界的某一刺激而受到启发。(3)突发性。灵感的出现不期而至，突如其来，灵感什么时候出现，怎样出现，由什么事物刺激而产生，都是难以预先知道的。(4)瞬时性。灵感的瞬时性表现为它是一种直觉的非逻辑的思维过程。在出其不意的刹那间(散步、闲谈、看电影等)触景生情，冥思苦想的问题得到突然解决。(5)兴奋性。灵感的兴奋性是指人脑在灵感闪现后常处于兴奋中。它使人脑处于激发状态，伴随而来的是情绪的高涨使人进入如醉如痴的忘我状态。(6)创造性。灵感所获得的成果，常常是新颖的创造性知识。

2. 灵感思维的训练

灵感的捕获需要做好各方面的准备。(1)长期的思想活动准备；(2)兴趣和知识的准备；(3)智力的准备；(4)乐观镇静的情绪；(5)注意摆脱习惯性思维的束缚；(6)珍惜最佳时机和环境；(7)要有及时抓住灵感的精神准备和及时记录下灵感的物质准备。

(二)直觉思维

直觉思维就是直接的觉察，是直接领悟的思维，是人的一种心理机能，是认知的一种方式。直觉思维的特征主要有三个方面：(1)直观性。没有直观的对象，是难以产生直觉的。(2)豁然性与快速性。直觉凭以往的经验、知识，直接猜度问题的精要。(3)跳跃性。直觉思维的出现是在大脑的功能处于最佳状态的时候。

直觉思维的类型包括两种类型：(1)艺术直觉。艺术家在创作过程中由某一个体形象一下子上升到典型形象的思维过程。(2)科学直觉。科学家在科学研究过程中对新出现的某一事物非常敏感，一下就意识到其本质和规律的思维过程。

直觉思维在创新中的作用：其一，直觉思维有利于突破思维定式，对事物产生崭新的认识；其二，直觉有利于模糊估量研究前景，大胆提出假说和猜想；其三，直觉思维有利于从整体上把握事物的本质和规律。

第六节　中国盾构机创新案例分析

一、中国盾构机取得举世瞩目的成就

“上天有神舟、追风有高铁、入地有盾构”，盾构机如神舟飞船、高铁一样被公认为世界级领跑产品、国之重器。盾构机是世界上最先进的全断面隧道施工特种专业机械，已广泛用于铁路、地铁、公路、市政、水电等隧道工程，被称为“世界工程机械之王”。2005 年之前，中国绝大多数盾构机市场被国外品牌垄断。如今，中国 90% 市场、全球 2/3 市场由中国铁建重工集团股份有限公司(简称铁建重工)、中铁装备等几家中国头部企业所占有，成为中国攻克卡脖子技术的一道最靓丽的风景线。2021 年，在盾构机全球 5 强榜单中，中国有 4 家企业上榜，其中铁建重工超越世界知名厂商——德国海瑞克，位居榜首。这标志着中国盾构机行业开始领跑世界。

盾构机实践界提出了“中国盾构模式”，即在引进国外先进技术、消化吸收再创新的基

础上,探索出一套独特的模式——央企主导,政府全力支持,顺应时代发展,优势领域精准创新;在学习中追赶,在追赶中超越,一步步从盾构大国到盾构强国(李建斌、才铁军,2019)。虽然这一普适性的"中国盾构模式",一定程度上可以诠释中国盾构机赶超之谜,但难以解答为什么是中国盾构机呢?其他关键技术如芯片、航空发动机也具有"央企国企主导,政府全力支持,顺应时代发展"的特征,但依然被卡住脖子。

二、国际主流创新理论

国际主流创新理论认为产品创新可分为架构技术与零部件技术创新。架构技术决定性能特征,即产品应该有哪些功能,或者这些功能将以何种形式存在(如大小,形状等);核心零部件决定产品执行某种功能的效率,即产品性能,如开挖速度、总推力、刀盘转速等。只有整机架构与核心零部件的技术创新同时推进才可能奠定中国盾构机在世界的领跑地位。西方发达国家产业技术发展的路径"研究—开发—工程"A-U 创新模式。后发企业,韩国、伊朗等小经济体的产业技术发展路径"模仿—生产—研发—工程"逆 A-U 创新模式。

三、铁建重工技术赶超轨迹

成立于 2006 年 11 月的铁建重工被公认为中国盾构机行业的领跑企业,总部位于湖南长沙,隶属于世界 500 强企业的中国铁建,是集隧道施工智能装备、高端轨道设备装备的研究、设计、制造、服务于一体的专业化企业。铁建重工技术赶超轨迹分为"起步期"的"赶"与加速器的"超"两个阶段。

(一)起步期:铁建重工的技术"赶"

2006 年刚成立不久的铁建重工期望通过引进西方先进技术,快速进入盾构机领域。当时掌握盾构机技术的厂商集中在德国、日本等少数发达国家,这些厂商有强烈的技术封锁意识,即使中方高价购买了盾构机,也在合同中被明确严禁中方自行修理,更不用说让中国企业引进与学习其技术。铁建重工被迫中断引进技术的梦想后,又寄希望于能与英国的盾构机企业合资建厂。但是经过几轮谈判,这家企业在技术和价格上都不肯让步,开出的条件极为苛刻。

在技术追赶的初期面临"冷启动"的难题。由于后发企业知识和能力基础与先进企业相比,存在着巨大的初始差距,导致后发企业难以依靠自身能力,有效地吸收与利用。在起步期起点,铁建重工首先采用西方成熟产品土压平衡盾构机。其次,国家 863 立项做基础研究,提供技术支撑;再次,开发整机架构,实现推出产品;最后,首先专注客户需求与关键零部件技术进步。

(二)加速期:铁建重工的技术"超"

中国盾构机企业经过起步阶段后,在内部资源有限与时间紧迫的双重困境背景下,面临平衡新产品的技术升级与老产品的迭代创新的矛盾。面临这样的困境,很多企业陷入创新陷阱,市场规模萎缩。而铁建重工集团构建以集成商为核心的创新联合体,攻克产品迭代与技术升级的难题与用户联合开发,邀请用户参与到产品研制中来,挖掘潜在需求,并将其快速转化到产品上,成功实现技术领跑世界。

（三）双循环创新组织模式

铁建重工集团通过自上而下实现技术“冷启动”，解决技术从无到有的问题，自下而上化解技术升级与产品迭代的矛盾，解决技术从有到优的问题，如图 10-7 所示。

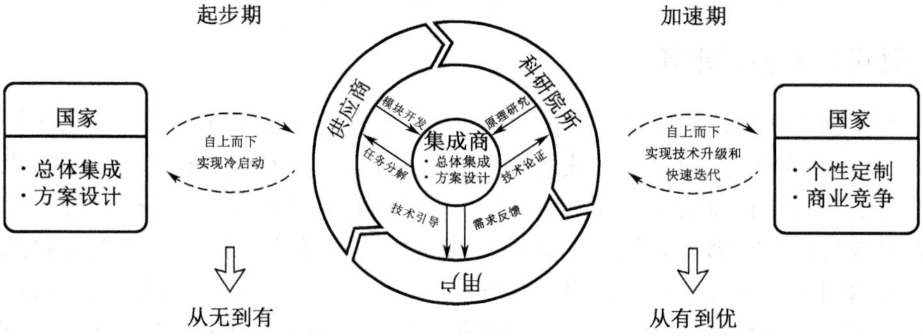

图 10-7　双循环组织模式创新

四、结论与启示

（一）结论

中国盾构机领跑世界的案例的主要结论有三：一是后发企业技术赶超是一项复杂的系统工程，识别赶超过程的主要矛盾、复杂性问题，寻找适合自身的创新模式是突破关键卡脖子技术的重要法宝；二是国之重器的技术赶超需要充足的要素供给与市场需求的营商环境；三是国家是技术跨越的引领者，能够为后发复杂产品企业提供必需的人才储备，成为技术赶超的重要触发器与加速器。

（二）启示

国家作为创新者，能调和复杂产品的创新客体（技术）与多元的创新主体不一致的深层次矛盾，要充分发挥我国集中力量办大事的举国体制。关键的核心技术只能依靠自主创新，同学们要肩负起技术创新的重担，打破西方发达国家的封锁与垄断，突破卡脖子技术。

【思考与练习】

1. 技术创新的模式有哪些？
2. 简述创新的基本步骤。
3. 创新对于一个公司、一个国家而言是不可或缺的，那么一个公司或者一个国家应当如何把握创新的时机？
4. 考虑一下我国未来在推进技术创新方面会遇到哪些难题，应该如何解决？

第十一章　创　　业

【内容提要】

(1)创业内涵、创业者的共同特征、创业过程、创业伦理;

(2)创业机会的来源与识别;

(3)资源基础理论、外部资源的有效整合;

(4)创业团队对创业成功的重要性、团队组建要考虑的主要问题、创业团队演变的一般规律、高绩效创业团队的主要特征、创业团队冲突及其管理。

【核心概念】

创业、创业者、创业机会、可行性分析、团队

【引导案例】

真格基金创始人、著名天使投资人徐小平在《创业家》杂志主办的“创业家沙龙”做主题分享时,分享了1个案例。“这是一家商业模式足以威胁新东方的在线教育公司,项目很好。但投了之后,团队出问题了:A找到技术和市场、然后找到一个投资人,这个投资人找到B和C,ABC凑到一起。大家都想发财,当遇到困难的时候大家就你指责我、我指责你。A作为CEO拥有100%的股份,结果前三年苦得要死,第一次创业以失败告终。A再次创业的时候,就找到另外一个合作伙伴,两个人股权五五对开,并留下很大部分给后来团队。这家公司主营教育培训,他甚至把1 000万的房子卖掉将企业买下来,三年下来,公司营收过亿。后来随着公司的发展,请了国际大腕做董事、顾问。现在公司发展前景无比喜人。如果没有同甘共苦、同床共梦的股权结构,恐怕他的第二次创业也很难坚持下去。”案例给出的启示:创业关注的核心并不是个人英雄主义的个体创业者,而是卓有成效的创业团队。新创企业既可能只为某个创始人或其亲友提供了就业机会,也可能是一个具有较高发展潜力的公司,而前后两者之间的主要差别就在于是否存在一支高质量的创业团队。没有团队的创业也许并不一定会失败,但要创建一个没有团队而具有高成长性的企业却极其困难。

第一节　创新与创业活动

一、创业的概念

彼得德鲁克认为,创业是一种行动,而不是个性特征。哈佛大学教授Stevenson认为,创业是不拘泥于当前资源条件的限制下对机会的追寻,将不同的资源组合以利用和开发并创

造价值的过程。从狭义角度来看,创业就是创建新企业,英文中经常用 start-up 一词。按照这样的定义,很容易区分一个人的工作是否在创业。从广义角度来看,创业就是开创新事业,英文中倾向用 entrepreneurship 一词。

二、发明、创新和创业之间的关系

发明是创造新的事物,创新是商业化的过程。创新是一种过程,这一过程始于发明成果,重点是对发明的利用和开发,结果是向市场推出新的产品或服务。创业比创新更加明确地强调顾客导向,强调创造价值和财富。创业是长期且普遍的社会现象。

三、创业活动

(一)创业活动的特殊性

创业活动有其特殊性,主要表现在三个方面:一是创业活动较强地依赖创业者及其团队的个人能力;二是创业活动是创业者在资源高度约束的情况下开展的商业活动;三是创业活动是在高度不确定性的环境中开展的商业活动。创业活动的行为逻辑与既有企业或通常的行为逻辑的对比如表 11-1 所示。

表 11-1　创业活动与既有企业或通常的行为逻辑的对比分析

对比项	既有企业或通常的行为逻辑	创业活动的行为逻辑
对未来的认识	预测:把未来看作是过去的延续,可以进行有效的预测	创造:未来是人们主动行动的某种偶然结果,预测是不重要的,人们要做的是如何去创造未来
行动的原因	应该:以利益最大化为标准,通过分析决定应该做什么	能够:做你能够做的,而不是根据预测的结果去做你应该做的
采取行动的出发点	目标:从总目标开始,总目标决定了子目标,子目标决定了要采取哪些行动	手段:从现有的手段开始,设想能够利用这些手段采取什么行动,实现什么目标;这些子目标最终结合起来构成总目标
行动路径的选择	既定承诺:根据对既定目标的承诺来选择行动的路径	偶然性:选择现在的路径是为了使以后能出现更多更好的途径,因此路径可能随时变换
对风险的态度	预期的回报:更关心预期回报的大小,寻求能使利益最大的机会,而不是降低风险	可承受的损失:在可承受的范围内采取行动,不去冒超出自己承受能力的风险
对其他公司的态度	竞争:强调竞争关系,根据需要对顾客和供应商承担有限的责任	伙伴:强调合作,与顾客、供应商、甚至于潜在的竞争者共同创造未来的市场

(二)创业要素与创业过程

创业现象不是新生事物。有市场经济就会有创业。国外学者对创业现象研究较早,美国创业教育之父蒂蒙斯提出了创业三要素模型,指出创业过程涉及机会、团队、资源三个要素,三要素之间相互影响,共同推动创业的进展,如图 11-1 所示。创业活动实质上是识别机会,开发和利用机会,实现机会价值的过程。在创业过程中要把创业要素有机整合在一起。首先,商业机会是创业过程的核心驱动力,创始人或工作团队是创业过程的主导者,资源是创业成功的必要保证。创业过程始于创业机会,而不是钱、战略、网络、团队或商业计划。开始创业时,商业机会比资金、团队的才干和能力及适应的资源更重要。在创业过程中,资源与商机间经历着一个适应→差距→适应的动态过程。商业计划为在提供沟通创业者、商机和资源三个要素的质量和相互间匹配和平衡状态的语言和规则。第二,创业过程是商业机会、创业者和资源三个要素匹配和平衡的结果。处于模型底部的创始人或工作团队要善于配置和平衡,借此推进创业过程,他们必须做的核心过程是对商机的理性分析和把握,对风险的认识和规避,对资源的最合理的利用和配置,对工作团队适应性的分析和认识。第三,创业过程是一个连续不断地寻求平衡的行为组合。在三个要素中绝对的平衡是不存在的,但企业要保持发展,必须追求一种动态的平衡。保持平衡的观念展望企业未来时,创业者必须思量的问题是团队是否能领导公司未来的成长、资源状况;下一阶段成功面临的陷阱。这些问题在不同的阶段以不同的形式出现,牵涉到企业的可持续发展。总之,创业者在创业过程中要将机会、团队、资源有机整合,形成竞争力,进而实现创新。创业过程是一个高度的动态过程,其中商机、资源、创业团队是创业过程最重要的驱动因素。

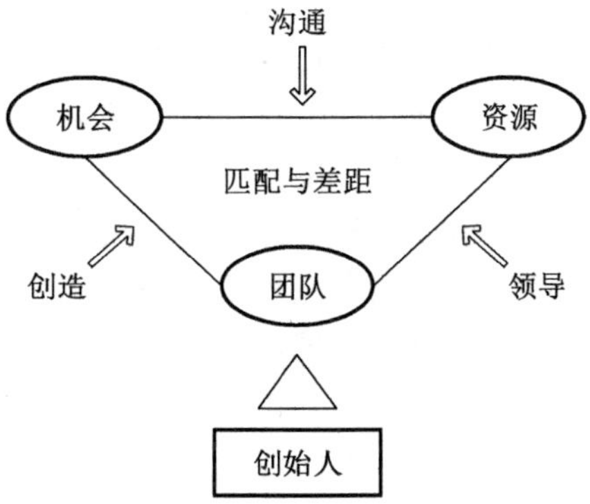

图 11-1 蒂蒙斯创业过程模型

(三)创业过程

创业流程如图 11-2 所示。创业者首先要产生创业动机并识别创业机会,进而整合资源。接下来,要创建新企业或新事物,实现机会价值和收获回报。

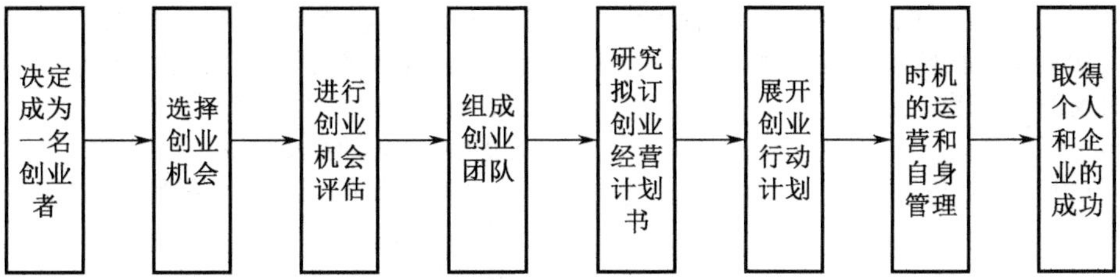

图 11-2 创业流程图

第二节　创业者与创业机会

一、创业类型

创业的基本分类可以按谁在创业、在哪里创业、创业效果这三个标准来划分，可识别出基本的创业活动，还可以组合成许多的创业类型。下面选取几个具有典型意义的分类来介绍。

（一）有典型意义的分类

1. 机会型创业与生存型创业

全球创业观察组织发布的报告，将创业类型分为机会型创业与生存型创业。机会型创业是指在发现或创造新的市场机会下进行的创业活动。创业者把创业作为其职业生涯中的一种选择的创业；为了更好的机会的创业。如政府工作人员"下海"，现有企业的职工辞职创业等。生存型创业是创业者把创业作为其不得不做出的选择，是其必须依靠创业为自己的生存和发展谋求出路的创业，为了生存的创业。

生存型创业和机会型创业的区别。从创业动机不同角度来看，生存型创业者的创业动机是没有其他合适的工作所以创业；机会型创业的动机是发现有吸引力的机会所以创业。从发现商机商场角度来看，生存型创业是在现有市场中捕抓机会；机会型创业是发现了新需要与新市场。从进入市场角度来看，生存型创业是进入现有的小市场；机会型创业是面向大市场。从出发点角度来看，生存型创业是根据自己拥有的资源选择机会；机会型创业是对开拓大市场有把握。从创新潜质来看，机会型创业的潜质高于生存型企业。

2. 个体创业与公司创业

根据创业者不同可分为个体创业和公司创业，二者的差异如表 11-2 所示。

表 11-2　个体创业与公司创业的差异分析

个体创业	公司创业
创业者承担风险	公司承担风险，而不是与个体相关的生涯风险
创业者拥有商业概念	公司拥有概念、特别是与商业概念有关的知识产权
创业者拥有全部或大部分事业	创业者或许拥有公司的权益，可能只是很小部分
从理论上而言，对创业者的潜在回报是无限的	在公司内，创业者所能获得的潜在回报是有限的
个体的一次失误可能意味着生涯失败	公司具有更多的容错空间，能够吸纳失败
受外部环境波动的影响较大	受外部环境波动的影响较小
创业者具有相对独立性	公司内部的创业者更多受团队的牵扯
在过程、试验和方向的改变上具有灵活性	公司内部的规则、程序和官僚体系会阻碍创业者的策略调整
决策迅速	决策周期长
低保障	高保障
缺乏安全网	有一系列安全网
在创业主意上，可以沟通的人少	在创业主意上，可以沟通的人多
至少在初期阶段，存在有限的规模经济和范围经济	能够很快地达到规模经济和范围经济
严重的资源局限性	在各种资源的占有上都有优势

3. 互联网创业

简单地说，就是利用互联网作为平台进行创业的行为。由于互联网具有传播速度快、互动性强、不受地理等自然条件限制等特点，成为现在创业者关注的重要平台。马云及其创办的阿里巴巴就属于互联网创业的典型案例。

4. 衍生创业

衍生创业行为一直存在，1955 年晶体管之父肖克利博士离开贝尔实验室，在硅谷创办了肖克利半导体实验室，吸引了许多年轻科学家加入。一部分年轻科学家由于难以忍受肖克利的专横集体出走，创办了仙童半导体公司，成为硅谷成长最快的企业，也变成了衍生创业的孵化器。之后，从仙童半导体公司跳槽的年轻人创办了一大批衍生企业，其中就有英特尔，AMD 这样的知名大公司。

（二）基于初始条件的创业分类

芝加哥的毕海德教授运用经济学的基本知识，结合大量的实际调查资料对不同类型的创业活动做了深入而形象的对比，基于初始条件，提出创业公司分为革命性创业、公司内部创业、与风险投资融合的创业、冒险型创业。

1. 革命性创业

这种创业类型的特点是，技术或生产经营过程方面实现了巨大的创新，向顾客提供超额价值的产品或服务。需要大量的前期投资，创业者能力超强，创业计划也无与伦比。联邦快递就隶属于革命型创业的典型案例。联邦快递为顾客和企业提供涵盖运输、电子商务和商业运作等一系列的全面服务。联邦快递集团通过相互竞争和协调管理的运营模式，提供了一套综合的商务应用解决方案，使其年收入高达 320 亿美元。2021 年 6 月 2 日，位列 2021 年《财富》美国 500 强排行榜第 45 位。

2. 公司内部创业

公司内部创业，关注少量经过认真评估的有丰厚利润的市场机会，回避那些不确定性程度大的市场利基。创业的有利因素有以下三点，即拥有大量资金、市场调研能力强、有良好的信誉与组织能力。但这种类型创业不鼓励创新，也缺乏对不确定机会的识别与把握。

3. 与风险投资融合的创业

与风险投资融合的创业，关注不确定性程度低、广阔且发展快速的市场和新产品或技术，追求短期快速成长，目标市场清晰。创业团队的创业计划清晰，具备有竞争力的专业管理团队。

4. 冒险型创业

冒险型创业，与风险投资融合的创业正相反，它关注不确定程度高、但投资需求少的市场机会，创业的固定成本低，竞争不是很激烈。

（三）基于创业效果的创业分类

克雷斯丁根据创业对市场和个人的影响程度，将创业分为四种基本类型。

1. 复制型创业

在现有经营模式基础上进行简单复制的创业。例如 A 公司原家电主管离职，创办了一家与 A 公司的经营风格、管理模式基本相同的 B 公司，这种就叫复制型创业。复制型创业创新贡献较低，缺乏创业精神的内涵，不是创业管理研究的主流。

2. 模仿型创业

模仿型创业,虽然也很少给顾客带来新创造的价值,创新的成分并不算太高,但对创业者本身命运的改变还是较大的。例如 M 建筑公司经理离职,创办了一家网络公司,这种就叫模仿型创业。模仿型创业具有较高的不确定性,学习过程较长,经营失败的可能性也比较大。

3. 安定型创业

安定型创业,创业者个人命运的改变不大,所从事的仍旧是原先熟悉的工作,但他的确不断地在为市场创造新价值,为消费者带来实惠。所强调的是个人创业精神的最大程度实现,而并不对原有组织结构进行重新设计和调整。

4. 冒险型创业

冒险型创业,将极大地改变个人命运,从事一项全新的产品经营,个人前途的不确定性也很大。同时,由于是创造新价值的活动将面临较高的失败可能性。需要创业者有高超的能力、适当的创业时机、合理的创业方案、科学的创业管理才能成功。

二、创业者特质

说起创业者,人们便会如数家珍地列出一份长长的名单。例如,联想的柳传志、新东方的俞敏洪、蒙牛的刘根生、阿里巴巴的马云等,他们的创业经历令人神往,人们自然也会关注他们独特的品质特征。如强烈的成功欲望、勇于承担风险的好奇心、对完美的追求。目前,非常有市场的天赋论认为,创业成功取决于创业者的天赋,创业者是天生的,但这样的观点并无学术研究证明。一般来说,主流的观点是应该抛弃将人们简单地分成创业者和非创业者。引入创业者的概率分布,可以将人们分为三种类型:(1)天生的创业者。有一些人,只要不存在严格的限制条件,就会成为创业者;(2)天生的非创业者。有一些人,即使在有利的条件下也不会创业;(3)介于天生创业者与天生非创业者之间的人。对于大部分人来说,在某种条件下,他们会成为创业者,而在其他条件下则不会。

(一)创业者的典型特征

创业者的心理特性比天生特质重要得多,根据美国学者奥瑟的观点,创业者区别于一般人,具有六个主要特征。

1. 创新

既然创新是创业精神的本质,创业者趋向于那些具有创新精神的人们是显然的,他们总是在用新的方法迎接不同的挑战。

2. 成就导向

创业者无一例外都是目标导向的,他们总是很自然地为自己设定目标并确保成长和完成这些目标。

3. 独立

创业者是出名的独立者,他们高度自我依赖,并且他们中的许多人都很自然地偏向于独立工作来完成他们的目标。

4. 掌控命运的意识

创业者很少把自己看成环境的受害者,在遇到困难时,他们总是倾向于把消极的环境看成是机会,而不是威胁的趋向。

5. 低风险厌恶

一般人都厌恶风险，但创业者对风险有更多的包容性，并且他们在找到方法减轻风险方面更具有创造性。

6. 对不确定性的包容

创业者们总是比其他人，在对待动态变化方面更适应。

六个特征并不能完全回答谁是创业者这个问题，每个学者都有自己的理解和定义。

近年来值得关注的对创业者研究是对先前经验的研究。研究发现行业经验、管理经验、创业经验对创业很有正向影响。创业者与职业经理人存在着显著的不同，如表 11-3 所示。

表 11-3 创业者与职业经理人的对比

特征变量	创业者	职业经理人
雇佣关系	雇佣者	被雇佣者
创业与否	创业者	企业内创业
出资与否	出资或继承出资	不出资
承担企业风险	承担企业风险	与本人雇佣契约有关风险
所有权与控制权	同时拥有	无所有权，有一定控制权
担任企业主管与否	担任	不一定担任
创新功能	更强调	强调

(二)创业能力

1. 创业三个基本动机

创业者的创业动机主要来自三个方面：(1)自己当老板。创业者放弃传统的工作，创办企业，通常是因为他们在年轻的时候就怀有要拥有一家自己企业的梦想，或者是因为在传统的工作中变得沮丧，不甘心这样一直消沉，于是去创业。(2)追求自己创意的实现。当原有的公司阻碍自己的创意和想法实现时，创业者就会选择离开公司，开创自己的事业。(3)获得财务回报。有学者表示，第三种动机与前两种动机相比明显次要，它也常常达不到所宣称的那种目的。因为，平均来看，与传统职业中承担同样责任的人相比，创业者并没有赚更多的金钱。创业的财务诱惑更突出在它的上升潜力。

2. 影响创业动机形成的因素

创业动机的影响因素有直接影响因素和间接影响因素。依据马斯洛需求层次理论，当人的某一层次需求得到相对的满足后，较高一层次的需求才会成为主导需求，并最终形成优势动机，成为推动行为的主要动力。创业者的需求层次不同，由此产生的创业动机也存在差异。创业者的需求层次还受诸多具有长远意义的宏观因素的影响。具体包括社会保障、收入水平、个人特征等。

影响创业动机形成的因素主要有四种：(1)家庭背景。许多研究都表明，个人早期的观察和生活经历会影响其职业选择，早期的家庭生活经历形成了创业者所具有的突出的心理。(2)教育背景。尽管许多实证研究表明，具有正规学位并不是创立企业的必要条件，但是教育对创业者的创业起到一定作用是肯定的。(3)社会文化。不同文化中,人们的哲学观、世界观、思维方式和价值观也不同,这方面的研究也潜在而持久地影响着创业者的心理。(4)创业环境。在任何一个国家或地区,创业环境总会影响人们的创业动机、对创业机会的捕捉和创业成功的可能性。比如说美国的硅谷,那里有世界顶尖的进行高科技领域创业的环境。

3. 创业技能

首先,有多个学者和机构对创业技能有自己的定义,以下选取了两种具有代表性的观点。全球创业观察(GEM)报告将创业者能力归纳为:(1)创办企业的经验;(2)对机会的捕捉能力;(3)整合资源的能力技能。2002 年,德鲁克认为创业者应该具备 8 种能力:(1)开创企业的能力;(2)运行企业的能力;(3)及时识别和评价创业机会的能力;(4)积累和运营知识及技能的能力;(5)整合资源的能力;(6)评估和防范风险的能力;(7)创新能力;(8)团结和鼓励团队成员的能力。

4. 社会责任与创业伦理

创业者具有改变世界的能力,因此创业者在创业活动中也应该成为遵守道德伦理,积极承担社会责任的典范。这是创业成功的保证,也是对创业者素质的基本要求。美国佐治亚大学教授卡罗尔,在 20 世纪 70 年代就提出了企业社会责任四层次框架,如图 11-3 所示,又被称为社会责任“金字塔”。卡罗尔认为,企业社会责任是指特定时期,社会对企业所寄托的经济、法律、伦理和企业自行裁量(慈善)的期望。在企业社会责任四层次框架中,经济责任是基础。经济责任是指企业为股东提供投资回报,为员工创造工作并提供合理报酬,进行技术创新并扩大销售等等。经济责任反映了企业作为营利性经济组织的本质属性,也是企业最重要的社会责任,但不是唯一责任。经济责任之上是法律责任,这要求企业经营必须在法律要求的框架下进行。企业作为社会的一个组成部分,为社会提供产品和服务的权利,同时也要求企业在法律框架内实现经济目标,因此,企业肩负必要的法律责任。法律责任之上是伦理规范。虽然经济责任和法律里也包含了一些伦理规范要求,但社会还是期望企业能承担更多的法律之外的伦理规范。最上一层是企业自行裁量的责任。社会通常对企业给予了一些没有或无法明确表达的期望,是否承担或应该承担什么样的社会责任完全由个人或企业自行判断和选择。这是一类完全自愿的行为。这是企业自愿履行的责任,社会期望、法律、甚至伦理规范并没有对企业做出明确要求,企业拥有自主判断和选择权来决定具体的企业活动。在实际中,社会责任的四层次在欧美发达国家已经上升到实施企业社会责任战略以提升国际竞争力的阶段。许多公司还成立了专门的企业社会责任委员会等机构,积极参与企业社会责任运动,贯彻执行各种企业社会责任国际标准。创业者不仅要承担责任,还要注重商业伦理问题。修理组织与外界关系、处理内部成员之间权利和义务的规则,以及在决策过程中所体现的人与人之间的关系和所应用的价值观念。

5. 创业者能力的训练与培养

大量事实表明创业者具有先天素质,并可以在后天被塑造得更好,某些态度和行为可以通过经验和学习学到、被开发、实践或被提炼出来。许多成功的创业者都强调,虽然创业者要有首创精神并担负责任,同时还要有恒心和较高的适应能力,但是,这些并不是他们的个性使然,而是他们后天努力的结果。创业者成功的三个首要原因:(1)对挑战做出正面反应以及从错误中学习的能力;(2)个人创造;(3)极大的恒心和决心。

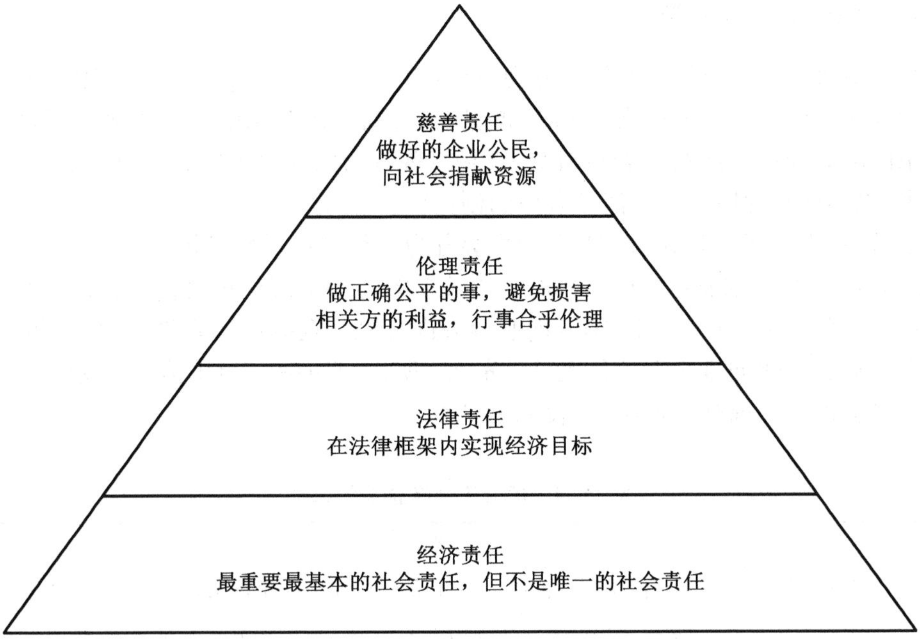

图 11-3　卡罗尔企业社会责任四层次框架

创业教育的目标主要有五个:(1)增加对新创事业创建与管理过程的认知与了解;(2)增加学生职业生涯发展中的创业选项;(3)了解创业活动与职能管理活动间的关系;(4)了解创业所需的特殊技能;(5)了解新创企业在经济与社会发展中的作用和功能。

三、创业机会的界定与识别

(一)创业机会

创业机会是未明确市场需求或未充分使用的资源或能力,它不同于有利可图的商业机会,其特点是发现甚至创造新的目的—手段关系来实现。它对于“产品、服务、原材料或组织方式”有极大的革新。创业机会的独特性就在于能经由重新组合资源来创造一种新的目的—手段关系,而商业机会的范畴更为广泛,代表着所有优化现有目的手段关系的潜力或可能性。商业机会蕴含于目的手段关系的局部或全盘变化之中,而创业机会则表现为对目的手段关系的全盘甚至是颠覆性变化。创业机会属于更广义的商业机会。奥地利经济学派认为创业机会与商业机会的根本区别在于利润或价值创造潜力的差异,创业机会具有创造超额经济利润的潜力,而其他商业机会只可能改善现有的利润水平。创业机会属于更广义的商业机会,但并不是一般意义上的商业机会,借助于价值创造流程中的目的—手段关系可以更好地理解创业机会的独特性。

按照英国经济学家科兹纳教授的解释,机会是客观而且普遍存在的,因为没有被明确或被满足的需求总是存在,资源和能力因为变化,也不存在被充分利用的极限。但机会又是被创造出来的,因为机会是隐含的,信息也总是不对称的。所以机会总是被少数人首先发现并成功开发。所以,机会既是客观存在的、普遍的,又是被创造出来的。

(二)创业机会的类型

根据创业机会的来源将创业机会分为三种:(1)问题型机会,指的是由现实中存在的未被解决的问题所产生的一类机会;(2)趋势型机会,就是在变化中看到未来的发展方向,预测到将来的潜力和机会;(3)组合型机会,就是将现有的两项以上的技术、产品、服务等因素组合起来,以实现新的用途和价值而获得的创业机会。

根据目的手段关系的明确程度将创业机会分为三种:(1)识别型机会,是指市场中的目的手段关系十分明显时,创业者可通过目的手段关系的连接来辨识机会;(2)发现型机会,则指目的或手段任意一方的状况未知,等待创业者去进行机会发掘;(3)创造型机会,指的是目的和手段皆不明朗,因此创业者要比他人更具先见之明,才能创造出有价值的市场机会。

有些机会适合于现有的企业,如表 11-4 所示。

表 11-4　适合于现有企业的机会

机会的特点	理由	例子
非常依赖于信誉	人们更愿意从他们了解和信任的企业那里购买产品	珠宝商店
具有很强的学习曲线效应	现存企业能够沿着学习曲线移动,更善于生产和销售产品	汽车制造商
需要大量资本	现存企业可以使用已有现金流来生产新产品或服务	喷气式飞机制造商
要求规模经济	当规模经济存在时,随着生产数量的增加,生产产品或服务的平均成本下降	钢厂
在市场营销和分销方面需要互补性资产	满足顾客需求的能力经常要求获得零售分销渠道	跑鞋生产商
依赖于对产品的逐步改进	同复制其产品或服务的新企业相比,现存企业能够更容易和更便宜地对产品进行逐步改进	DVD 播放器制造商

有些机会则适合新企业,如表 11-5 所示。

表 11-5　适合于新企业的机会

机会的特点	理由	例子
利用能力破坏型创新	现存企业的经验、资产和流程受到威胁	以生物技术为基础的计算机生产商
不满足现存企业的主流顾客的需求	现存企业关注于服务它们的主流顾客,而不愿意引入不能满足顾客需求的产品或服务	计算机软驱制造商
建立在独立创新的基础上	新企业能够开发独立创新而不必复制现存企业的整个系统	药品生产商
存在于人力资本当中	拥有知识的人能够生产出满足顾客需求的产品或服务	厨师

(三)如何发现机会

创业机会的发现需要高度的敏感性和关注倾向,我们称之为创业警觉。本质上,创业警觉是一种个体的禀赋,是对信息敏锐的把握和解读能力,它受到个体创造力、先前知识与经验、社会网络关系等因素的影响。许多成功的创业者都具备这一特质,虽然这一特质在很大程度上受到先天因素的影响,但通过后天的努力也能提升个体的创业警觉水平。对于没有太多创业经验的大学生来说,可以先从问题着手,根据日常生活中发现的问题去寻找创业机会。

1. 学会观察,提出问题

观察不是漫无目的地看,而是带着目的、主动提出问题,以便发现问题。作为一个观察者,要想发现问题,必须换位思考,以同理心设身处地、感同身受地从用户的角度去观察。可以采用"7W5H"的方法来发现问题。这 7 个 W 分别是 what、where、when、which、who、whom、why,也就是说,在观察和提出问题的时候,应该全面地从是什么、在哪里、什么时候、哪一个、是谁、为谁、为什么等方面来提出疑问和可能的潜在问题。5 个 H 分别是 how、how much、how many、how long、how often,也就是说,在提出疑问之后,可以从为什么、怎么样、什么程度、多少、多长时间、多少次等方面来进一步探讨问题的详情。

运用观察和提问的方法时要注意四个方面。第一,并不是每个维度都一定存在问题,要根据观察的对象和现象而定;而有时,有些维度可能相互关联,也许可以发现一组相关的问题。第二,根据自己的兴趣自由选择观察对象,不要期待老师或别人告诉你应该观察什么。第三,观察对象很广泛,不要拘泥于教科书中推荐的用户或商家,身边的同学、朋友、家人都可以是观察对象。第四,观察和提问不局限于实物或现场,电影里、大数据里、书本里、微信群里,甚至梦境里,都可以找到观察对象。观察者的观念、态度、经验和知识也是发现问题的动力,此外,具有批判性的思维、好奇心、想象力都有助于发现问题。

2. 描述、澄清并评估问题

(1)怎样定义和描述问题

事件所处的当前状态与预期状态之间的差异,以及该差异引起的不满和期待。这是对问题的一般定义。比如过年回家买不到火车票、没有人帮忙拿快递等。但是对当前状态的不满意只是问题的一个要素。当前状态、预期状态和差异三个要素无论是发现问题,还是分析和解决问题缺一不可。

(2)机会窗口

机会窗口指的是将创意市场化的时间。"机会窗口"是一种隐喻,用以描述企业实际进入新市场的时间期限。创业者利用机会时,机会窗口必须是敞开的。一旦新产品市场建立起来,机会窗口就打开了。随着市场成长,企业进入市场并设法建立有利可图的定位。当达到某个时点,市场成熟,机会窗口也即被关闭。创业者即使有很多创意,但如果其他竞争者也存在类似创意并且已经将其市场化了,那么机会窗口就关闭了。

(3)问题的澄清阶段

发现问题后需要进一步地反复推敲和分析问题的准确和清晰的程度,这个阶段就是问题的澄清阶段。对不同性质的问题解决的方法也不同,创业机会也不同。根据问题的明确程度进行分类,可以分为确定性问题、现状性问题、目标性问题、双盲性问题。除了确定性问题外,其他问题都存在着非常多的不确定性因素,需要进一步地澄清和调整。例如,滴滴打车这个软件的出现,最初的问题是打车不方便;问题中的当前状态是路边随机候车,现金支付;预期状态是手机软件叫车,手机支付。智能手机的普及为这个软件的使用提供了可能,这个软件一上市就攻城略地,所向披靡,备受风投机构的追捧。

(4)问题的评估

创业机会里包含着一个或多个问题,但反过来并不一定成立。不是所有的问题都能反映需要关注的用户需求,也不是所有的用户需求都能够成为创业机会,这就需要对问题进行初步评估。创业者经常犯的错误是自己认为是好的,顾客就应该认为是好的。市场测试是把产品或服务拿到真实的市场中去检验,比如说雀巢咖啡。雀巢咖啡为打开中国市场,选择向一些城市的用户们投递小袋包装的咖啡,以此来了解顾客的需求。杜邦公司曾经开发了一种用于生产皮鞋的皮革,大规模投产之前,他们专门用这种皮革生产了一批鞋,让消费者去试穿,收集消费者的意见反馈。对于创业者来说,这个市场反馈常常来源于自己的人际网络,比如自己的朋友和亲人。通过最初的顾客逐渐向外扩展,逐渐形成局部市场到最终形成一个新的市场。

(5)具有价值潜力的创意的特征

创意就是具有新颖性和创造性的想法。具有价值潜力的创意一般具备新颖性、真实性和价值性这三个特征。

①新颖性:创业的本质是创新,创意指向的想法应具有新颖性。既可以是新的技术和新的解决方案,也可以是差异化的解决方法,也可以是更好的措施。新颖性还意味着一定程度的领先,意味着会加大模仿的难度。

②真实性:有价值的创意不会是空想,它具有现实意义和实际价值。

③价值性:这是创意的本质,好的创意要能给消费者带来真正的价值,另外,好的创意同样需要通过市场来测试和检验。

如果细致地分析,打算创业的人在产生创意后,会很快甚至同时就会把创意发展为可以在市场上进行检验的商业概念(business concept)。商业概念既体现了顾客正在经历的也是创业者试图解决的种种问题,也体现了解决问题所带来的顾客利益和获取利益所采取的手段。这种利益是顾客认可并愿意为此支付的价值。看到机会,产生创意并发展成清晰的商业概念意味着创业者识别到机会,并因为找到解决问题的手段而有可能把握住机会,这是启动创业活动所需具备的基本的前提。

(四)评价创业机会价值

对创业者来说,关键在于如何能够从众多机会中找寻出有价值的创业机会,并采取快速行动来把握机会。一个靠预测分析、调查论证而找出的有价值而且适合自己的机会不一定有顾客,更不敢说能创造出巨大的市场。市场测试是把产品或服务拿到真实的市场中进行检验。市场测试与市场调查不完全相同,你询问一个消费者是否想购买和这位消费者实际是否购买很多时候是两回事。

蒂蒙斯的创业机会评价框架,涉及行业和市场、经济因素、收获条件、竞争优势、管理团队、致命缺陷问题、个人标准、理想与现实的战略差异等8个方面的53项指标,如表11-6所示。通过定性或量化的方式,创业者可以利用这个体系模型对行业和市场问题、竞争优势、财务指标、管理团队和致命缺陷等做出判断,来评价一个创业项目或创业企业的投资价值和机会。

表 11-6 蒂蒙斯的创业机会评价框架

评价要素	评价指标
行业和市场	1. 市场容易识别,可以带来持续收入
	2. 顾客可以接受产品或服务,愿意为此付费
	3. 产品的附加值高
	4. 产品对市场的影响力高
	5. 将要开发的产品生命长久
	6. 项目所在的行业是新兴行业,竞争不完善
	7. 市场规模大,销售潜力达到 1 000 万到 10 亿
	8. 市场成长率在 30%~50%甚至更高
	9. 现有厂商的生产能力几乎完全饱和
	11. 在 5 年内能占据市场的领导地位,达到 20%以上
经济因素	1. 达到盈亏平衡点所需要的时间在 2 年以下
	2. 盈亏平衡点不会逐渐提高
	3. 投资回报率在 25%以上
	4. 项目对资金的要求不是很大,能够获得融资
	5. 销售额的年增长率高于 15%
	6. 有良好的现金流量,能占到销售额的 20%~30%
	7. 能获得持久的毛利,毛利率要达到 40%以上。
	8. 能获得持久的税后利润,税后利润率要超过 10%
	9. 资产集中程度低
	10. 运营资金不多,需求量是逐渐增加的
	11. 研究开发工作对资金的要求不高
收获条件	1. 项目带来的附加值具有较高的战略意义
	2. 存在现有的或者可预料的退出方式
	3. 资本市场环境有利,可以实现资本的流动
竞争优势	1. 固定成本和可变成本低
	2. 对成本、价格和销售的控制较高
	3. 已经获得或可以获得对专利所有权的保护
	4. 竞争对手尚未觉醒,竞争较弱
	5. 拥有专利或具有某种独占性
	6. 拥有发展良好的网络关系,容易获得合同
	7. 拥有杰出的关键人员和管理团队

表 11-6(续)

评价要素	评价指标
管理团队	1. 创业团队是一个优秀管理者的组合
	2. 行业和技术经验达到了本行业内的最高水平
	3. 管理团队的正直廉洁程度达到最高水准
	4. 管理团队知道自己缺乏哪方面的知识
致命缺陷问题	1. 不存在任何致命缺陷问题
个人标准	1. 个人目标与创业活动相符合
	2. 创业家可以做到在有限的风险下实现成功
	3. 创业家能接受风险、薪水减少等损失
	4. 创业家渴望进行创业这种生活方式,而不只是为了赚大钱
	5. 创业家可以承担适当的风险
	6. 创业家在压力下状态依然良好

评价框架对评价主体要求相对较高,一般要求评价者是行业经验丰富者。

第三节　资源利用与可行性分析

一、资源基础理论

创建新企业,开拓新事业,很大程度上取决于创业者掌握和整合到的资源以及对资源的使用情况。创业活动的本质是资源高度约束条件下开展的商业活动,资源整合和管理能力是创业者创业活动的必修课程。

(一)资源基础理论的发展历程

迈克尔·波特的定位学派理论的基本思想是,企业是同质的,异质性即使存在也不会太明显。企业的竞争优势归因为产业(市场)结构。然而,定位学派理论存在局限性,因为他无法解释相同行业不同企业之间经营绩效的差异要远远大于不同行业的企业之间的差异,无法解释同一产业内不同企业之间存在不同的成长率问题。因此,企业之间的绩效差异不仅在内部,还来自企业内部。

资源基础理论(resource-based theory,RBT)来源于战略管理理论,用此理论解释创业过程及新企业的战略行为。英国管理学家彭罗斯(1959)在《企业成长理论》中认为,企业是一系列具有不同用途的资源相联结的集合,只有充分利用富余的资源进行创新,企业才会得到发展。沃纳菲尔特认同彭罗斯的观点,并提出企业成长战略是现有资源和开发新资源的一种权衡。他的里程碑式的研究引发了战略管理领域变革性的变化。巴尼提出资源基础理论的分析框架,认为企业具有不同的有形和无形资源,这些资源可转变为独特的能力,有些资源在企业间不可流动且难以复制,独特的资源和能力是企业持久竞争优势的源泉。

资源各有用处,资源是创业团队整合起来的。相对于创业者的野心而言,资源永远是不够的。你整合资源,而不是资源整合你。整合资源的核心,是你自己的能力,不管你如何困难,遭遇什么挫折,只要能力在提高,只要你坚持梦想并付诸实施总会吸引资源。

(二)资源的分类

1. 人力资源

创业者和团队。

2. 社会资源

人际和社会关系网络。

3. 财务资源

资金、资产、股票等,创业者来自个人、家庭和朋友。

4. 物质资源

厂房、土地、设备等。

5. 技术资源

关键技术、制造流程、作业系统、专业生产设备。

6. 组织资源

组织结构、作业流程、工作规范、质量系统。

(三)战略资源

战略资源的特征是有价值、稀缺性、难以模仿、不可替代性。

1. 有价值

一种资源是否对管理活动的效率和效果有帮助,是否对创业活动的效率和效果有帮助。

2. 稀缺性

物以稀为贵,一种资源是否供应量不足。例如,行业准入资质。

3. 难以模仿

在独特的历史背景下养成,或具有创业者强烈的个人色彩;企业累计的资源与持续竞争优势之间的关系模糊且错综复杂;复杂的社会关系。

4. 不可替代

无法被一般性资源所取代。

(四)阿里巴巴集团的战略资源分析

阿里巴巴集团的战略资源具有四个方面的特性:(1)独特性。供应商最为稀缺的资源是销售信息与渠道,阿里巴巴集团始终秉持为中小企业提供服务。(2)顾客价值。支付宝提供了信用保证,减少了交易成本。(3)难以模仿。对市场和顾客需求的认识在个体独特经验和知识基础上形成,具有难以模仿性。(4)向新机会转移的可能性。通过构建电子商务产业生态链来实现产业的转型升级。

二、创业资源及其利用方法

(一)创业资源的定义

创业资源是指,对创业企业发展有帮助的所有要素,包括人员、资金、技术、销售渠道、客户等。由上下游关系形成一个价值网络，每一个相关联的资源所有者或者控制者都成了利益相关方，进而形成了一个利益共同体。创业企业应该能在别的企业的基础上创造更大的价值，这样资源所有者就能够分享更大的价值。否则，创业怎么能让那些资源所有者放弃已有的成熟的获益模式，关注一个小的初创企业呢？只有做到这一点，才有可能去说服资源拥有者将资源提供给创业企业。

(二)初创企业的资源

创业的本质是在资源高度约束下，通过追逐机会来创造价值，因此创业的艺术一大部分就在于如何巧妙地吸引、获取和整合资源，为创业企业服务。整合资源是新创企业的重要功能之一，也是企业创新的本质。

(三)创造性地利用资源

1. 创造性拼凑

1967 年列维·施特劳斯提出，在已有的元素基础上，不断替换其中一些要素形成新的认识。通过加入新元素，实现有效组合，并改变结构。加入的新元素与手边已有的东西，通过技巧和窍门组合在一起，形成具有新的功能的产品或者服务。创造性拼凑是指在资源束缚下，创业者为了解决新问题，实现新机会，整合手边的资源，立即行动，创造出独特的服务和价值。创造性拼凑有三个关键要素：(1)手边的已有资源；(2)整合资源用于新目的；(3)将就使用。

2. 全面拼凑

对于创业者来说，全面拼凑是指对于所面临的事物要从各方面，尽最大所能地去拼凑，绝对不浪费任何一个可以利用的环节或部件，如物质资源、人力资源、技术资源等。然而，全面拼凑也存在缺点：(1)过分重视“零碎”，经常收集储存各种工具、材料等；(2)偏重个人技术、能力和经验；(3)不太遵守工艺标准、行业规范等；(4)不遵守在社会网络中的传统角色等。

3. 选择性拼凑

选择性拼凑，简单说就是有所为，有所不为。例如迅雷利用金山软件一次测试等机会，提供不完善的下载工具，但是下载速度是其他工具的 20 倍，并在后续的工作中弥补产品不足，迅速和其他网络游戏厂商达成协议，扩大用户，通过广告、软件捆绑等方式获得收支平衡，随即不断推出升级版修正软件漏洞。

(四)发挥资源的杠杆效应

1. 杠杆效应

杠杆效应是指以尽可能少的付出获取尽可能多的收获。杠杆可以用资本金(自有资产)占总资产的比率来衡量，其中，总资产由资本金和负债两部分构成。假如不考虑资金成本，企业自有资金 20 万，同时借款 80 万，杠杆率是 1:5。

2. 杠杆效应的来源

能比别人更加延长地使用资源；更充分利用别人没有意识到的资源；利用他人或者别的企业的资源来达成自己创业的目的；用一种资源补足另一种资源，产生更高的复合价值；利用一种资源获得其他资源。

3. 类型

资金杠杆、时间杠杆、品牌杠杆、公共关系杠杆、能力杠杆等。

三、有效整合外部资源

(一)创业资源的整合原则

1. 以我为主,挖掘潜力

要主动挖掘已有资源、身边资源、别人不重视的资源、能撬动其他资源的资源。例如,比尔·盖茨的秘书做过文秘、档案管理和会计员等不少后勤工作,只是她年纪已经42岁,又有4个孩子,因为年龄大且有家庭拖累其他公司不愿意雇她,盖茨发现她是难得的综合性人才,便聘用了她,而她也在工作中取得了比其他秘书更好的成绩。

2. 针对机会,组合创造

首先,利用别人不看重的资源。其次,加入新元素,形成新组合,实现变废为宝。例如,可以将鸟啄过的苹果加工成苹果汁再进行出售。再次,针对机会,只用最合适的资源。例如,"苹果"手机采用极简主义进行设计。极简主义设计遵循"少即是多"的设计理念,追求造型上简约风格。它不仅仅打破了快节奏生活中的审美疲劳,而且在实际商业运行中也加入了主体感受。极简主义设计的主要特征包括:(1)追求"实用"的设计;(2)注重"内涵";(3)设计的目的是人不是产品,以人为本的原则,满足人们生理和心理的需求。苹果手机的系列产品,从颜色、材质、界面和造型四个方面,体现了简单、直觉、少即是多和形式遵循功能等现代极简主义,获得了用户的喜爱。

3. 不求所有,但求所用

随着共享经济的发展,越来越多的人看重使用权,而不追求一定要拥有所有权。

4. 步步为营,逐步发展

分阶段,有目标、有重点地获取资源。例如"滴滴"合并"快的",优步退出中国市场。

(二)整合外部资源的步骤

1. 尽可能多地搜寻出利益相关者

1984年,弗里曼出版了《战略管理:利益相关者管理的分析方法》一书,明确提出了利益相关者管理理论。利益相关者管理理论是指企业的经营管理者为综合平衡各个利益相关者的利益要求而进行的管理活动。利益相关者包括企业的股东、债权人、雇员、消费者、供应商等交易伙伴,也包括政府部门、本地居民、本地社区、媒体、环保主义等的压力集团,甚至包括自然环境、人类后代等受到企业经营活动直接或间接影响的客体。这些利益相关者参与企业的生存和发展密切相关,他们有的分担了企业的经营风险,有的为企业的经营活动付出了代价,有的对企业进行监督和制约,企业的经营决策必须要考虑他们的利益或接受他们的约束。

洛克菲勒说过,建立在商业基础上的友谊永远比建立在友谊基础上的商业更重要。核心是换位思考,就是他的资源为什么要给你用?如果按照市场价格,你能支付吗?资源整合与交换建立在利益基础上,对资源缺乏的创业者来说,需要资源整合背后的利益机制。想要更多地整合外部资源,需要尽可能多地搜寻利益相关者。利益关系越强,整合到资源的可能性越大。

2. 识别利益相关者的利益所在，寻找共同利益

有利益关系并不意味着能够实现资源整合，还需要有共同的利益。识别到利益相关者后，逐一认真分析每一个利益或者说利益共同点。

3. 构建共赢的机制

对于受到资源约束的创业者来说，建立共赢机制需要智慧。首先，让对方看到潜在的收益，为了获取收益需要投入资源。其次，创业者在设计共赢机制时，既要帮助对方扩大收益，也要帮助对方抵御风险和解决疑惑，在对方组织中建立同盟军。

4. 维持信任长期合作

沟通是创业者和利益相关者之间相互了解的重要手段，信任关系的建立有助于资源整合，降低风险，扩大收益。卢曼将信任分为人际信任和制度信任。人际信任建立在熟悉度及人与人之间的情感联系的基础上；制度信任是外在的，利用法律一类的惩罚式或预防式的机制来降低社会交往的复杂性。创业企业要快速地与利益相关者建立起长期信任合作。

四、可行性分析

（一）可行性分析概述

1. 可行性分析的内涵

可行性分析是确定创意是否可行的过程，评估创意是否具有真正的商业潜力，旨在评价拟建企业的特点和价值。

2. 可行性分析内容

可行性分析的内容主要包括：(1)产品/服务可行性分析，主要考量产品/服务吸引力和产品/服务需求；(2)行业/目标市场可行性分析，主要分析行业吸引力和评估目标市场；(3)组织可行性分析，设计到组织的管理能力和资源充足程度；(4)财务可行性分析，主要考量企业创建资金总需求、同类企业财务绩效和拟建企业总的财务吸引力。

3. 可行性分析的重要性

可行性分析的实质在于对创意进行测试，即通过与行业专家交谈、调查潜在顾客、研究行业趋势、思考财务问题等方面对创意进行检验。产品能否成功主要取决于在产品开发前的关键步骤和工作，即可行性分析。

（二）产品/服务可行性分析

产品/服务可行性分析是指对拟推出的产品或服务的总体吸引力进行评估。

1. 产品/服务吸引力

产品/服务吸引力旨在确认产品或服务的受欢迎程度。要想分析产品/服务是否具有吸引力，经常通过提问的方法来考量。(1)产品/服务有价值吗？合乎情理吗？它是否会引起消费者的兴趣？(2)产品/服务是否符合环境趋势？是解决问题，还是填补了市场缺口？(3)当前是将产品或服务引入市场的良好时机吗？(4)在产品/服务的基本设计或概念中，存在重大缺陷吗？

概念测试，指向行业专家、潜在顾客提交产品或服务的基本描述，并征求反馈意见的活动，是评估产品/服务吸引力的工具。通常采用概念陈述的方式向行业专家、潜在顾客描述产品概念。概念陈述的内容主要包括：(1)产品/服务描述；(2)目标市场；(3)相对于竞争

者,产品/服务如何定位描述?(4)对管理团队的简要描述。

2. 产品/服务需求

产品/服务可行性分析的第二部分是,确定人们是否对产品或服务有真实的需求。确定产品/服务需求的方法主要有两种:(1)直接对潜在客户购买意愿进行调查,可以事先制作访谈问卷,如表 11-7 所示,以确定消费者愿意采取特定购买行为的概率高低;(2)利用图书馆、网络调研收集重要的信息。

表 11-7 购买意愿调查表

您好! 我是 XX 公司的调查员,我们正在进行一项有关 XX 产品(服务)可行性的研究。
希望占用您几分钟的时间,了解一下您对 XX 产品/服务的看法和意见。您的意见对我们的产品(服务)的完善十分重要,希望得到您的支持,谢谢!
1. 这个产品/服务是否满足您对产品功能的期望? A. 满足　B. 比较满足　C. 部分满足　D. 不满足　E. 非常不满足
2. 这个产品/服务相比现有的同类产品,是否能更好地满足您的要求? A. 满足　B. 比较满足　C. 部分满足　D. 不满足　E. 非常不满足
3. 您愿意购买这个产品/服务吗? A. 非常愿意　B. 愿意　C. 可能愿意　D. 不愿意　E. 非常不愿意
4. 您期望在哪里找到这类产品/服务?
5. 您愿意为此产品/服务支付多少钱?
6. 您认为这个产品/服务存在哪些不足之处?

(三)行业/市场可行性分析

行业/市场可行性分析是对将要提供的产品或服务的整体市场吸引力进行评估的过程。

1. 行业吸引力评估

不同行业的总体吸引力之间有很大差异,有吸引力的行业特征如表 11-8 所示。

表 11-8 有吸引力行业的特征

新兴产业,而非传统产业
行业生命周期早期阶段,而非后期阶段
行业分散化,而非结构集中
行业正在成长,而非收缩
出售顾客“必定”要买的产品或服务,而非“可能想买”的产品、服务
行业空间不拥挤
具有较高营业利润
不依赖关键原材料的历史低价来维持盈利,如汽油、面粉

行业竞争优势的分析是评估行业吸引力的一个重要工具，行业竞争优势的分析的主要内容如表 11-9 所示。定义所要评价的行业并列出主要的竞争对手所处行业，竞争对手最少三个。

表 11-9　行业竞争优势评价表

评价对象	同意	可能是这样	不同意
1. 同行业的竞争			
我的产品/服务与竞争者的竞争不是非常严重			
竞争企业的规模和竞争力均不相同			
我的产品/服务正处在产品生命周期的增长期			
我的产品/服务独特，让我拥有核心竞争力			
我的企业可以在这个行业中成功			
2. 替代品的威胁			
这个价格区间没有替代品			
从便捷程度来看没有替代品			
我的产品/服务的用户很难找到替代品，除非花费更多的钱			
没有比我的产品/服务更好的替代品			
3. 购买者的议价能力			
我的产品/服务拥有强大的潜在客户群			
我的产品/服务具有绝对优势，用户都是忠实“粉丝”			
用户的行为对我的商业影响很小			
4. 供应商的议价能力			
我的产品/服务有很多可选的供应商			
供应商提供的产品/服务没有竞争优势			
供应商对我的企业影响很小			
5. 潜在进入者的威胁			
新企业进入行业需要花费很大的成本			
新企业很难提供大量且便宜的产品			
用户对产品/服务的品牌忠诚度很高			
产品的核心竞争力很难被模仿			
新企业很难进入这个行业并带走我的用户			

2. 目标市场评估

目标市场是市场空间的一部分，是具有相同需求的顾客群。目标市场可按地理变量、人口变量、心理变量、行为变量进行细分。目标市场评估的主要内容包括：(1) 目标市场的吸引力；(2) 市场竞争的结构；(3) 企业的战略目标和资源的能力。

（三）组织可行性评估

组织可行性评估是用来判定拟建企业是否具有足够的管理专业知识、组织能力和资源以成功创办新企业。

1. 管理才能评估

管理才能评估，是评估拟建企业初创管理团队的才智或能力。评估关键点：一是个体创业者或管理团队对创意所抱有的激情，二是个体创业者或管理团队对将要进入的市场的了解程度。

2. 资源丰度评估

资源丰度评估，是指各类资源的富集和丰富程度，指资源的自然属性，主要目的是确定拟建企业是否拥有或能够获得充足资源来推进事业发展。这里的资源主要指非财务资源，主要包括人力资源、社会资源、技术资源和组织资源。资源丰度评估内容包括：(1)负担起的办公空间；(2)实验室、制造空间或开展业务的空间；(3)签约的制造商或服务提供商；(4)核心的管理人员（现在和将来）；(5)核心的辅助人员（现在和将来）；(6)公司运行所需的关键设备（计算机、机械装置、运输工具）；(7)在公司的关键领域获得知识产权保护的能力；(8)当地政府的支持；(9)形成有利的商业合作关系。

（四）财务可行性分析

从项目及投资者的角度，设计合理财务方案，从企业理财的角度进行资本预算，评价项目的财务盈利能力，进行投资决策，并从融资主体（企业）的角度评价股东投资收益、现金流量计划及债务清偿能力。

1. 开业的现金总需求量

开业的现金总需求量，是指企业为达成第一笔交易所需要的总现金量，主要包括企业开业和运营所需的所有预期资产购买项目和经营费。开业的现金总需求量评估步骤包括：(1)创业者应当制定一份现实可行的预算；(2)确定资金的来源；(3)明确还款计划；(4)同类企业的财务绩效。新创企业最初成本控制预算表如表 11-10 所示。

表 11-10 新创企业最初成本控制预算表

资本投资	金额
房地产	
家具和设施	
电脑设备	
其他设备	
交通工具	
法律、会计和职业服务	
广告与促销	
水、电、煤气和垃圾处理等费用	

表 11-10(续)

资本投资	金额
执照与许可证	
预付保险费用	
租赁费用	
工资	
工资税	
差旅	
签约	
工具与物资	
初始库存	
现金	
总初创现金需求	

2. 同类企业的财务绩效评估

通过与已经营业的同类企业相比,评估拟建企业的潜在财务绩效。评估潜在财务绩效的方法主要包括:(1)网络搜索企业的详细财务报表;(2)访谈法收集企业销售和收入信息;(3)观察和现场收集情报;(4)观察顾客人数推测销售情况。

3. 拟建企业总的财务吸引力

评估拟建企业的财务吸引力,主要指标是新创企业的预计销售额和回报率(或利润率)。

4. 初筛

可行性分析是创业者判断创意可行性的初次过滤,简称初筛。初筛是用来完成可行性分析的模板。初筛目的是反映对创意可行性的总体印象或认识,对创意做出价值判断。初筛的内容包括产品/服务可行性分析、行业/目标市场可行性分析、组织可行性分析、财务可行性分析、整体潜力评估。

第四节　创业团队

为什么风险投资家总是特别重视创业团队?背后的逻辑是什么?团队和群体有哪些不同?团队在创业活动中有哪些优势?组建创业团队只是为了找到志同道合的人?组建创业团队应该注意些什么问题?如何管理创业团队?团队创业精神传承与企业成长的内在联系是什么?英国作家塞缪尔·巴特勒指出,联合可能是一种力量,但是,除非有明智的指挥,否则只是一种盲目的动物般的力量。

【引导案例:小米及其创业团队】 小米,全称北京小米科技有限责任公司,成立于2010年4月6日,是一家专注于高端智能手机、互联网电视以及智能家居生态链建设的创新型科技企业。小米自创办以来,保持了令世界惊讶的增长速度——2012年全年售出手机719万台,2014年全年售出手机6 112万台,2017年全年售出手机9 240万台。短短几年,是什么支撑着小米在企业人员规模、产品销量、融资规模等方面获得如此惊人的成长速度?——

是它背后强大的创业团队。小米创始人团队成员基本信息如表 11-11 所示。

表 11-11 小米创始人团队成员基本信息

姓名	以往工作经历	现任职务
雷军	前金山软件总裁兼 CEO 投资了凡客诚品、多玩、优视科技等多家创新型企业	董事长兼 CEO
林斌	前微软工程院工程总监 前谷歌中国工程研究院副院长、谷歌全球工程总监	总裁
黎万强	前金山软件设计中心设计总监、互联网内容总监、金山词霸总经理	品牌战略官
周光平	前摩托罗拉核心专家工程师	首席科学家
黄江吉	前微软中国工程院开发总监	副总裁、小米路由器和云服务业务负责人
洪峰	前谷歌中国高级产品经理	高级副总裁、MIUI 产品负责人
刘德	曾创办北京科技大学工业设计系，并担任系主任	高级副总裁、小米手机的工业设计和小米生态链业务负责人

一、创业团队及其构成

（一）创业团队的内涵

创业团队是指由两个或两个以上具有一定利益关系的，彼此间通过分享认知和合作行动以共同承担创建新企业责任的，处在新创企业高层主管位置的人共同组建形成的有效工作群体。创业团队是一种特殊群体，工作绩效大于所有成员独立工作绩效之和，对创业成功具有重要的价值，是高层管理团队的基础和最初组织形式。创业团队不管属于哪种类型，都具有以下几种特征：明确的目标、相关的技能、高度的信任、有效的承诺、良好的沟通、谈判技能、得力的领导、全面的支持。

在合伙人创业团队中，每一个成员可以拥有合伙人的诸多优势，从而构筑团队创业的整体优势。例如，它可以增强整个合伙人创业团队的智力资本的宽度和深度。表 11-12 描述了拥有合伙人的六个主要优势。

表 11-12 拥有合伙人的六个主要优势

序号	主要优势
1	合伙人可以分担压力和责任
2	别人可以替你完成你不擅长或者没兴趣做的工作
3	合伙关系可以提供你原本无法把握的机会，包括更大的成功
4	你能够更迅速地利用这些机会
5	有了一个同伴，你就能够享受到友谊的乐趣而不会感到“高处不胜寒”
6	有了合伙人，也就有了在企业的最高层实现协同配合，优化决策的潜力

(二)创业团队是创业成败关键

风险投资家非常重视创业团队。70%的创业公司有多名创始人,17%的企业创始人在4位以上,9%的企业创始人在5位以上,还有一家公司是由8人团队组建。创业团队是风险投资的最大风险,因为风险投资商作为小股东不去管理公司,而且也几乎无法进行日常管理。因此,最大的风险是管理风险,也就是创业团队。为了规避风险,风险投资商往往在评估创业团队方面做很多工作。一旦被发现创业团队在诚信上有问题,基本上100%的风险投资家都会拒绝投资。60%以上的创业活动都是以团队形式开展。团队创业的绩效要比个体创业更好。风险投资家选择的不是项目,而是团队。

不同创业阶段团队的重要性不同。(1)最初阶段(机会发现创造阶段)。创业团队的能力相对较弱,资源相对匮乏,创业团队的核心任务是发现和创造最具市场吸引力的创业机会。(2)第二阶段(资源能力提升阶段)。创业团队的核心任务是最大限度地提升自身的能力,战略性地获取创业资源,竭尽全力地利用最初阶段获取的创业机会。(3)第三阶段(动态平衡实现阶段)。创业团队的核心任务是进一步提升自身的能力,更有效地获取创业资源,最大限度地实现创业机会,从而达成创业团队、创业机会和创业资源三者的动态平衡。(4)第四阶段(机会继续寻求阶段)。创业团队的能力已经足够强大,创业资源已经足够雄厚,原有的创业机会已经得到足够利用。此时,创业团队的核心任务是继续发现和创造更多、更好的创业机会。

(三)团队与群体

团队不等同于群体,团队中成员所做的贡献是互补的;而群体中成员之间的工作在很大程度上是互换的。群体与团队二者存在四个方面的不同:(1)目标不同。团队成员对是否完成团队目标一起承担成败责任并同时承担个人责任,而群体成员则只承担个人成败责任。(2)评估不同。团队的绩效评估以团队整体表现为依据,而群体的绩效评估则以个人表现为依据。(3)依存不同。团队的目标实现需要成员间彼此协调且相互依存,而群体的目标实现却不需要成员之间的相互依存性。(4)角色不同。团队较之群体在信息共享、角色定位、参与决策等方面更加充分。从团队基本特征、功能作用和管理模式三大方面来看,一般团队与创业团队存在较大的不同,二者的比较如表11-13所示。

表11-13　一般团队与创业团队的比较分析

比较项	一般团队	创业团队
目的	解决某类或者某个具体问题	开创新企业或者拓展新事业
职位层级	成员并不局限于高层管理者职位	成员处在高层管理者职位
权益分享	并不必然拥有股份	一般情况下在企业中拥有股份
组织依据	基于解决特定问题而临时组建在一起	基于工作原因而经常性的共事
影响范围	只是影响局部性的、任务性的问题	影响组织决策的各个层面,涉及范围较宽
关注视角	战术性的、执行性的问题	战略性的决策问题
领导方式	受公司最高层的直接领导和指挥	以高管的自主管理为主

表 11-13(续)

比较项	一般团队	创业团队
成员对团队的组织承诺	较低	较低
成员与团队间的心理契约	心理契约关系不正式,且影响力小	心理契约关系特别重要,直接影响到公司决策

(四)创业团队的构成

狭义的创业团队是指有着共同目的、共享创业收益、共担创业风险的一群创建新企业的人。广义的创业团队则不仅包括狭义创业团队,还包括与创业过程有关的各种利益相关者。美国管理学家布鲁斯 R. 巴林格和 R. 杜安·爱尔兰(Bruce r. Barringer & R. Duane Ireland)总结出了创业团队的基本构成:企业创建者、核心员工、董事会、管理团队、顾问委员会、贷款者与投资者及其他专业人员,如图 11-4 所示。

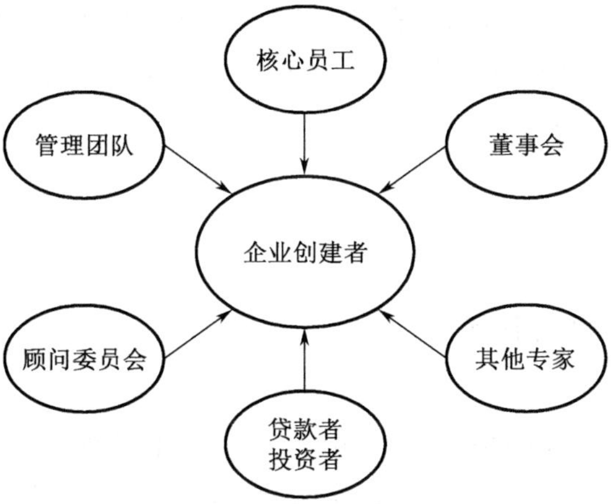

图 11-4 创业团队的构成

9 种团队角色及其描述如表 11-14 所示。

表 11-14 9 种团队角色及其描述

角色	角色描述
1. 栽培者	解决难题,富有创造力和想象力,不墨守成规
2. 资源探索者	外向,热情,健谈,发掘机会,增进联系
3. 协调者	成熟,自信,是称职的主事人,阐明目标,促使决策的制定,分工合理
4. 塑形者	激发人的,充满活力,在压力下成长,有克服困难的动力和勇气
5. 监控者	冷静,有战略眼光与识别力,对选择进行比较并做出正确选择
6. 团队工作者	协作温和,感觉敏锐,老练,建设性的,善于倾听,防止摩擦,平息争端
7. 贯彻者	纪律性强,值得信赖,有保守倾向,办事高效利索,把想法变为实际行动
8. 完成者	勤勤恳恳,尽职尽责,积极投入,找出差错与遗漏,准时完成任务
9. 专家	目标专一,自我鞭策,甘于奉献,提供专门的知识与经验

(五)创业团队的类型

依据创业团队的地位平等性和成员间依赖性的强弱,创业团队可以划分为不同类型,包括风铃型创业团队、环型创业团队、星型创业团队以及散点型创业团队,如图 11-5 所示。前三种类型也称为领袖型创业团队、伙伴型创业团队和核心型创业团队。(1)风铃型创业团队。风铃型创业团队是指存在一个"领袖"式的主导人物,但成员相互间独立性较强的团队。(2)环型创业团队:环型创业团队是由怀揣着共同的目标且相互依赖的成员组成的团队。(3)星型创业团队:星型创业团队集合了领导权限大和成员之间的相互依赖这两种特点。(4)散点型创业团队:散点型创业团队是指团队中不存在权威的领导,同时成员之间相互独立,工作中并不相互依赖的团队。创业团队的划分不是绝对的。由于领袖权限和协作程度不同,创业团队在图 11-5 中的坐标中可以落在任何位置。另外,就像散点型创业团队会向其他类型演化一样,其他三种类型的创业团队也有可能互相演变。

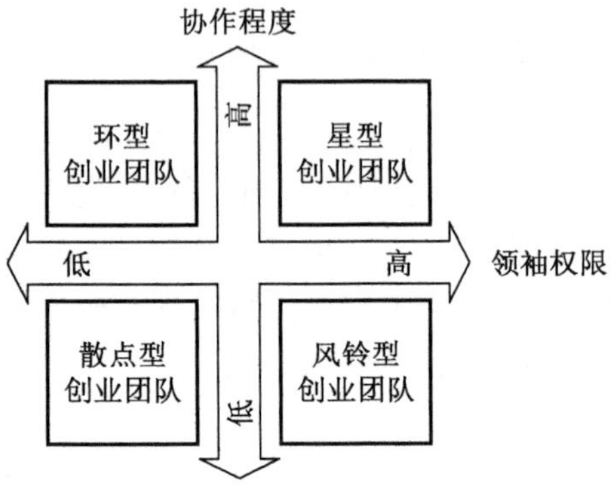

图 11-5 创业团队的类型的分布

二、创业团队组建

(一)影响团队组建的因素

1. 理性与非理性逻辑

遵循理性逻辑组建的创业团队平均规模更大,团队成员之间因强调技能互补的组合而异质性更强,但彼此之间的熟悉程度可能较低,沟通和交流更加谨慎。依据非理性逻辑组建的创业团队平均规模更小,团队成员之间因强调物以类聚而同质性更强,但彼此之间的熟悉程度更好,沟通和交流更畅。

2. 相似性与互补性

人们往往愿意同在许多方面与自己具有相似性的人交往,觉得相互之间更加了解,而且更容易自信地对彼此未来的反应和行为加以预测。有些创业者遵循"相似性导致喜欢"的规则,倾向于选择在背景、教育、经验上与他们非常相似的人,许多新企业团队成员来自同一领域或同一职业。最重要的缺点就是冗余问题。知识、培训、技能和欲望重叠的程度大,所接触的能够从对方获取财务支持等资源的人就很有限,不利于企业获取必要的财务资源以及有效运营。

(二)创业团队组建的步骤

创业团队的组建包括七个步骤:(1)明确创业目标。创业团队的总目标就是通过完成创业阶段的技术、市场、规划、组织、管理等各项工作,实现企业的从无到有、从起步到成熟。(2)制订创业计划。为了实现创业目标,需要制订周密的创业计划。创业计划是在对创业目标进行具体分解的基础上,以团队为整体来考虑的计划。(3)招募合适的人员。招募合适的人员是创业团队组建中最关键的一步。关于创业团队成员的招募主要应考虑两个方面:一是考虑互补性;二是考虑适度规模。(4)职权划分。为了保证团队成员执行创业计划,顺利开展各项工作,必须预先在团队内部进行职权划分。创业团队的职权划分就是根据执行创业计划的需要,具体确定每个团队成员所要担负的职责以相应享有的权限。(5)构建创业团队制度体系:创业团队制度体系体现了创业团队对成员的控制和激励能力,主要包括团队的各种约束制度和激励制度。(6)团队的调整融合:随着团队的运作,团队组建时在人员匹配、制度设计、职权划分等方面的不合理之处会逐渐暴露出来,这时就需要对团队进行调整融合。由于问题的暴露需要一个过程,因此,团队的调整融合也是一个动态持续的过程。

(三)组建高绩效创业团队的原则

在组建高绩效创业团队的过程中可以遵循 MTRS 基本原则,即使命、信任、互补、共享,这是构建优秀、高效团队的关键所在。使命(mission)是建立在共同的理想和价值观基础上的目标,是期望,是责任,是超越金钱之外的精神追求。信任(trust)意味着创业团队成员彼此相信各自的正直、个性特点、工作能力。互补(replenish)是创业团队成员的性格、技能、知识能力等方面的相互补充。共享(share)不仅指在团队成员之间的股权分享,还包括荣誉分享。只有患难与共,才能真正诞生奇迹。

三、创业团队管理

乔布斯是一位优秀的领导者。在他周围充满着具有青春活力的年轻人。他建立了自己的精英团队,通过核心价值观吸引志同道合的合作者。

(一)创业团队的领导

1.创业与领导

在概念上,创业与领导既有本质区别,又相互关联。创业是一个机会识别、评价和利用的过程。领导是领导者和下属通过变革实现组织目标的影响过程。表 11-15 从愿景、影响、引领创新创造和规划四个方面列出了这两个概念的交织关系。

表 11-15 创业与领导的概念交织关系

比较项	创业	领导
愿景	愿景的特征(简洁性、清晰性、抽象性、挑战性、未来导向性、稳定性、合意性或鼓舞性)和内容(成长意象)与创新事业的成长密切相关;需要卷入并参与到一个富有深远意义的使命中去	愿景是激发下属争创一流业绩或其他目标导向行为和组织绩效的主要元素
影响	创业者不仅识别机会,而且能够整合资源以实现他们的创业愿景。当愿景具有合法性,并与创业者的价值观和利益相关者的需要相一致时,理性的说服和鼓舞性更加有效	各种关于领导的定义阐述领导的一个共性是具备影响他人朝着目标努力奋斗的能力。广泛使用理性说服对上级、同级和下级施加影响

表 11-15(续)

比较项	创业	领导
引领创新创造	创业领导应该卷入创意产生、创意组织和创意推广(在一项事业的初期阶段创意的产生至关重要,而在后期阶段创意的组织和推广更加重要)	带领具有创造性的群体需要技术专长和创造力,还需要使用许多直接或者间接施加影响的策略
规划	为预见战略选择上的潜在偏差,创业者需要对未来的行动有一个清晰的心理模拟	在复杂动态的环境下,人们必须协调他们的行为。因而,做出规划对绩效具有至关重要的影响力

作为核心领导者,应具有四个方面的领导才能:(1)凝聚力。优秀创业团队中的每一位成员都认为,单靠个人的力量是不可能成功的,任何个人离开了企业的整体利益都无法获益。(2)合作精神。有成长潜力的企业,大抵都有一个特点,这就是创业团队的整体协同合作能力,相互配合,减轻他人工作负担,提高整体的效率。(3)完整性。企业的决策需要权衡利弊,考虑顾客、公司利益以及价值创造,不能以纯粹的功利主义为依据,不能从个人或者部门的需求来考虑。(4)长远目标。优秀的创业团队着眼于企业的长远目标,不会只看到眼前利益。

2. 创业型领导

创业型领导是创业团队领导者的新角色。创业型领导具备一种影响他人对资源进行战略性管理的能力,他既关注寻求机会的行为,也关注寻求优势的行为。在有关创业型领导的诸多研究中,比较系统并得到一致认同的理论框架,包括两个挑战维度、5 个创业型领导角色及 20 个特征,如表 11-16 所示。哈佛商学院的蒂莫西·巴特勒(Timothy Butler)的一项研究发现,创业型领导者具有三大明显特质:(1)拥有在不确定性中茁壮成长的能力;(2)拥有对发起和掌控项目的强烈渴望;(3)拥有说服他人的独特技巧。

表 11-16 创业型领导的理论框架

维度	角色	特征	解释
情境扮演	构建挑战(描述一个具有挑战性但可以实现的结果)	绩效	设置一个高标准
		导向	提供努力的方向
		雄心勃勃	设置高目标、工作努力
		消息灵通	有知识、对信息敏感
		拥有特殊的洞察能力	直觉
	不确定吸引(承担未来失败的责任)	愿景	拥有愿景,并对未来富有想象力
		远见	预测未来可能发生的事件
		自信建立技能	逐步灌输别人以自信
	路径清晰(与反对者进行谈判,并澄清情境实现的路径)	富有策略	熟练的人际技巧
		有效的谈判技巧	能有效地与人谈判
		令人信服	具有说服别人的非凡能力
		鼓励	通过消除疑虑,给予别人自信和希望

表 11-16(续)

维度	角色	特征	解释
任务扮演	建立一个承诺(建立一个令人鼓舞的目标)	热忱	呈现强烈、积极的工作情绪
		团队建立能力	使组织成员一起高效工作
		持续改进导向	寻找绩效的持续改进
		有鼓舞力	鼓舞他人的情绪、信仰、价值观念、行为、鼓励他人努力工作
	阐明约束(明确什么事能做,什么事不能做)	整合能力	使人和事有机结合起来
		促进思考	鼓励他人思考
		积极	乐观并且自信
		果断	迅速、坚定地做出决策

(二)创业团队的激励

创业团队要构建系统的激励方案,全方位地激励其成员。创业团队的主要激励方式有职位激励、文化激励和股权激励。团队文化激励有导向作用、约束作用和凝聚作用。工作分工就是为了实现目标,把现有的职能进行有序分配。工作分工有助于在短期内维持创业过程以及新企业早期运营的有序性。所有权分配是对创业利益分配方式的约定,是维系创业团队凝聚力的基础。所有权分配则是有助于在长期内维持团队稳定和新企业的稳定成长。要与核心成员一起分享财富,设计核心成员所有权分配机制。

在确定股权分配时,创业者遵循三个重要原则,可能会避免后续纠纷和冲突。(1)重视契约精神。创业之初,就要把确定的所有权分配方案以公司章程形式写入法律文件,用契约形式明确创业团队成员的利益分配机制,有助于可持续性发展。(2)遵循贡献决定权利原则分配所有权比例;依据出资额来确定所有权分配。(3)控制权与决策权统一原则。在创业初期,需要集权和统一指挥,控制权和决策权统一至关重要。同时,在制定激励方案时,创业者需要注意以下几个方面:差异化、关注业绩和灵活性。

在创业团队股权分配的研究当中,诺姆·瓦瑟曼(Noam Wasserman)提出了由团队成员角色(roles)、成员关系(relationships)和权益(rewards)三个要素构成的“3R 系统”理论,如图 11-6 所示。“3R 系统”理论详细阐明了创业团队成员之间的关系、角色和权益之间如何联系并互相影响,最终形成一个动态平衡。对于创业前是亲友关系的团队而言,他们倾向于遵循社会关系的原则,因此,平均分配股权才能保证团队的稳定性;对于创业前是工作关系的团队而言,他们倾向于遵循商业利益取向的原则,因此,按照个人贡献和商业表现来分配股权才能保证团队的稳定性。

(三)创业团队的冲突管理

1. 创业冲突管理的主要类型

认知冲突和情感冲突是创业冲突的主要类型。认知冲突是指团队成员对有关企业生产经营管理过程中出现的与问题相关的意见、观点和看法不一致性。只要是有效的团队,团队成员之间就生产经营管理过程的相关问题存在分歧是一种正常现象。一般情况下,这种认知性冲突将有助于改善团队决策质量和高组织绩效，有助于决策质量的提高，能够促进决策本身在团队成员中的接受程度。情感性冲突基于人格化，关系到个人导向的不一致性，往往会破坏团队绩效，冲突理论研究者把这类不一致性称之为“情感性冲突”。情感性冲突会阻止人们参与到影响团队有效性的关键性活动中，团队成员普遍不愿意就问题背后的假设进行探讨，从而降低了团队绩效。情感性冲突培养起了冷嘲热讽、不信任和回避，因此，将会阻碍开放的沟通和联合程度。

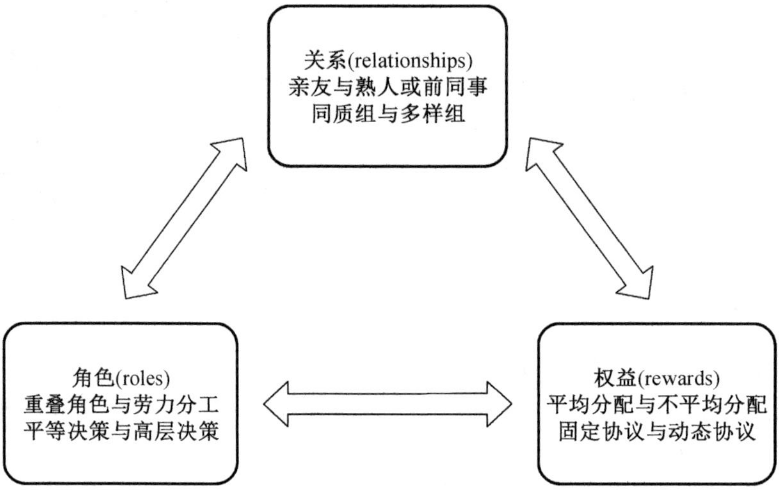

图 11-6　创业团队的“3R”系统

2. 团队内部的冲突管理

冲突管理是有规律可循的，掌握这些规律和基本原则，对于有效处理冲突可以起到事半功倍的效果。具体而言，冲突管理应遵循的主要原则有两点：(1)倡导建设性冲突，避免破坏性冲突，将冲突控制在适当水平；(2)实行全面系统的冲突管理，而不是事后的冲突控制和处理。

(四)创业团队的创业精神

要充分发挥创业团队的创业精神。(1)集体创新。团队成员具有相互依赖和密不可分的联系，创业团队可以凝聚全体团队成员的力量，通过团队成员对团队组织的向心力来推动创新方案的形成和创业决策方案的执行。(2)分享认知。采用团队方式可以极大提高对创业机会的认知水平，保持对外部客观存在的创业机会的认知，选择不同的角色对创业分享和创业收益进行科学的评价，有助于形成复杂的社会网络系统。(3)共担风险。团队创业精神需要具有异质性的创业团队成员能够以一种积极的姿态共同判断事件的风险，并共同承担风险缓解精神压力和经济损失。(4)协作进取。形成协作进取的愿望，成员达成共识，避免创业决策失误。团队内充满学习型氛围，创建创业型的组织文化。

二、商业模式的核心逻辑

价值发现、价值匹配和价值获取是有效商业模式的三个逻辑性原则，在其开发过程中，每一项思考过程都不能忽略。价值发现，明确价值创造的来源，这是对机会识别的延伸；价值匹配,明确合作伙伴,实现价值创造;价值获取,制定竞争策略,占有创新价值。新企业只有认真遵循了有效商业模式的三个逻辑性原则,才能真正开发出同时为顾客、企业以及合作伙伴都创造经济价值的商业模式。

第五节 商业模式

美国学者玛格丽塔在《什么是管理》一书中指出,商业模式就一个企业如何赚钱的故事。创业者的一个重要任务就是探索并建立与机会相适配的商业模式。企业的创新技术或者创新产品能否为顾客、合作伙伴和企业创造价值,取决于商业模式的选择。京东是中国领先的综合零售企业,旗下京东商城是中国电子商务领域最受欢迎和最具影响力的电商网站之一,拥有着在线销售的家电、家居百货、服装服饰、电脑、数码通信、图书、食品等12大类数万个品牌商品。京东始终秉承"客户为先"的经营理念,为供应商和卖家打造一个优质的服务平台,为消费者提供丰富优质的商品、便捷的服务、实惠的价格,将京东商城打造成一个备受用户信赖的优质网购平台。2013年5月京东商城超市业务正式上线。2014年5月22日,京东在美国纳斯达克交易所挂牌上市,交易代码为"JD"。那么,京东的商业模式是什么呢?京东采用的是B2C模式,产品大部分由商城自营,是一个闭合式的架构。B2C是business-to-customer的缩写,是指向最终消费者的电子商务,通过互联网向个人消费者直接销售产品和提供服务。京东集团CPO蓝烨表示,目前真正实现仓储配送一体化的,在中国只有京东。京东用了10年的时间建立起自己的物流体系,在多次风起云涌的电商大战中,京东借此优势始终处于不败之地,事实证明了这无疑是京东最重要的战略资产之一。

一、商业模式的基本概念

商业模式是整合内外部资源,实现价值发现、价值匹配和价值获取的有机体系,描述企业和其利益相关者的价值以及伙伴网络体系结构,能够创造、营销、传递价值和关系资本,并产生可持续的利润和维持企业生存的收入流。一个企业的商业模式包含了一系列要素及与之相关的概念性工具,各个要素之间相互关联、相互作用、相互支撑,形成企业机制,保持企业良好的运行状态。商业模式要解决的问题有三个:如何为顾客创造价值?如何为企业创造价值?如何将价值在企业和客户之间进行传递?"为顾客创造价值"谈的是顾客价值主张问题,即企业在一个既定价格上向顾客提供能够帮助他们完成任务的产品或服务。"为企业创造价值"谈的实际上是企业价值主张问题,即在为顾客提供价值的同时又如何为自己创造价值。企业要想从创造的价值中获得价值,必须考虑收益模式、成本结构、利润模式、利用资源的速度等因素。顾客价值主张和企业价值主张如果没有相应的资源,例如客户、产品渠道等作为支撑,就难以形成商业模式。

二、商业模式的关键构成要素

商业模式至少要满足两个必要条件:一是必须是一个根据整体,有一定结构,而不仅仅是一个单一的组成因素;二是组成部分之间必须有内在的联系,并把各组成部分有机地关联起来,使它们互相支持,共同作用,形成一个良性的循环。商业模式的关键构成九要素。

（一）客户细分

客户细分用来描述想要接触和服务的不同人群或组织。主要回答以下问题：我们正在为谁创造价值？谁是我们重要的客户？该如何吸引他们？一般按照以下3个步骤来回答：客户细分、选择目标市场、在目标市场中建立独特定位。客户细分定义了企业重点关注的消费者群体，这些群体具有某些共性，进而使企业能够创造出相应的价值。为了回答企业服务于什么样的客户的问题，必须将客户细分，识别企业将要在哪个目标市场进行竞争，并区分企业的目标客户。

（二）价值主张

价值主张用来描绘为特定顾客细分创造价值的系列产品和服务。价值主张就是为客户创造什么样的价值，是指企业通过价值链上的资源整合以独特的方式为客户创造的价值。成功的商业模式的基础是要有一个非常有影响力的客户价值主张，它能够给客户带来显著的价值。价值主张是指对客户来说什么是有意义的，即对客户真实需求的深入描述。价值主张体现了企业通过提供产品或服务来实现企业相对于消费者的实际应用价值。应着重考虑以下问题：我们该向客户传递什么样的价值？我们正在帮助我们的客户解决哪一类难题？我们正在满足客户的哪些需求？我们正在提供给客户细分群体哪些系列的产品和服务？

（三）渠道通路

渠道通路是指企业用来接触客户的各种途径，描绘了企业如何宣传、分销和销售，利用这些渠道构成了企业相对客户的接口界面，是客户的接触点，在客户体验中扮演了重要角色。企业可以选择通过自有渠道、合作伙伴渠道或两者混合来接触客户。其中，自有渠道包括自建销售队伍和在线销售，合作伙伴渠道包括合作伙伴店铺和批发商。渠道通路主要思考企业如何沟通、接触其细分客户而传递其价值主张。例如，通过哪些渠道可以接触到我们的客户细分群体？如何有效整合我们现有的渠道通路？哪些渠道最有效？哪些渠道成本效益最好？如何将企业的渠道通路与客户的例行程序进行合理有效的整合？

（四）客户关系

客户关系用来描绘与特定顾客细分群体建立的关系类型。客户关系是指企业为达到其经营目标，主动与客户建立起的某种联系，具有多样性、差异性、持续性、竞争性、双赢性的特征。通常所说的客户关系管理（customer relationship management），即与客户关系模块相关。这一模块主要描绘了企业与特定客户细分群体建立的关系类型，大致可分为六种：个人助理（personal assistant）、自助服务（self-service）、专用个人助理（dedicated personal assistant）、自动化服务（automated services）、社区（communities）、共同创造（co-creation）。

（五）收入来源

用来描绘从每个顾客群体中获取的现金收入（需要从创收中扣除成本），即企业如何对创造出来的价值进行回收。收入来源是指企业通过各种收入流来创造财富的途径，即描绘了企业赚钱的方式。很多企业只有单一的收入来源，而有些企业则有多种收入来源，这取决于企业为顾客创造的价值。

（六）核心资源

核心资源绘让商业模式有效运转所必需的最重要的因素。回答价值主张、渠道通路、客户关系、收入来源需要什么样的核心资源的问题。资源是一家企业用来生产、销售、分销和售后服务其产品或服务的投入，在基础层面上，企业必须拥有充足的资源来运行其商业模式。核心资源是商业模式运转所必需的最重要因素。不管是有形的或者是无形的，核心资源必定是有价值的、稀缺的、难以模仿和替代的，这样企业的商业模式才能具有核心的竞争力。

（七）关键业务

关键业务描绘了为确保企业商业模式可行而必须做的最重要的事情，即资源和业务活动的配置。在商业模式中，关键业务是创造和提供价值主张、接触市场、维系客户关系并获取收入的基础。关键业务可以分为三种类型：制造产品、平台网络以及为客户提供新的解决方案。

（八）重要合作

重要合作是指让商业模式有效运作所需的供应商与合作伙伴的网络。一般来说，新创企业不具备执行所有任务所需要的全部资源，因此，需要依赖其他合作伙伴来发挥自己的重要作用。在大多数情况下，企业为了有效构建竞争优势，不会浪费大量的时间和成本去单独包办一项产品的全部价值链程序，因为有些产品或者服务所需要的主要工作，在该企业的核心能力和专业领域之外。重要伙伴包括众多的利益相关者，其中最主要的是供应商和其他合作关系。

（九）成本结构

成本结构是指商业模式运转所引发的所有成本。如何进行成本布局和成本控制，以实现盈利最大化。成本结构描绘了企业为支撑起商业模式的运行所需的所有的成本。开发核心能力、制造产品以及形成合作伙伴关系都会产生成本。企业要清楚地知道什么是商业模式中最重要的固有成本，哪些核心资源花费最多以及哪些关键业务花费最多。根据成本结构的不同，企业商业模式可分为成本驱动和价值驱动。

三、商业模式的设计

（一）标准商业模式分类

标准的商业模式分类如表 11-17 所示。

表 11-17　标准商业模式分类

类型	代表企业	描述
广告商业模式	谷歌、百度、Facebook、YouTube	基于为广告商提供接近目标顾客途径的商业模式
拍卖商业模式	eBay、uBid. com	为个人和企业提供一个平台，以拍卖的形式销售物品
砖块加鼠标（或鼠标加水泥）商业模式	携程网、苹果、Barnes & Noble	将互联网线上和传统线下相结合的商业模式
特许经营商业模式	麦当劳、沃尔玛、7-11 便利店、希尔顿酒店、迪斯尼乐园	拥有成功的产品或服务的公司（授权商），将其商标和经营方法许可给其他公司（加盟商）的商业模式
低成本商业模式	西南航空、Warby Parker	通过大量的顾客来降低成本并赚钱
制造商/零售商商业模式	苹果、特斯拉公司	同时对产品进行生产和销售
P2P 商业模式	滴滴打车、借贷宝、Zopa	个人对个人通过第三方平台直接交易
B2C 商业模式	天猫、京东、凡客、当当网	直接面向消费者销售产品和服务的网络电子商务模式，主要借助互联网开展在线销售活动
C2C 商业模式	淘宝网、易趣网、拍拍网	个人与个人之间的电子商务
剃须刀/刀片、游戏机/游戏商业模式	任天堂、吉利、惠普打印机	以相差较大的价格销售相关联的产品，即一件商品以低价出售，另一件相关产品以相对高的价格出售
订购商业模式	爱奇艺、Birchbox、Netflix	以月、季度或年来收取客户的订购费，并提供相关产品与服务
传统零售商商业模式	苏果超市、五星电器	直接向客户提供产品或服务，不局限于线下相关产品或服务
免费增值商业模式	瑞星杀毒、网易云音乐、Dropbox、Skype	免费提供基础服务，通过后期销售高级服务盈利

（二）破坏性商业模式

破坏性商业模式与标准商业模式的形态有很大的不同，其拥有的强大的影响力能够破坏或者改变产业内企业的运行方式。破坏性商业模式来自破坏性创新，即用破坏性的产品、技术、方法或者商业模式，产生颠覆市场结构的效应，不断升级自身的产品和服务，爬到产业链的顶端。两种形式：(1)新市场破坏；(2)低端市场破坏。

(三)其他常见商业模式

1. 非绑定式商业模式

非绑定式商业模式包括三种不同的基本业务类型:客户关系型业务、产品创新型业务、基础设施型业务。该商业模式相对而言是一个传统方式。

2. 长尾式商业模式

长尾式商业模式专注于为利基市场提供大量产品,价值主张仅针对大多数有利可图的客户。通过向低价值客户提供新的或附加的价值主张,不断增加累计收入,以此获利。

3. 多边平台式商业模式

多边平台式商业模式指将两个或者更多有明显区别但又相互依赖的客户群体集合在一起的平台。每个客户细分群体之间都是相互依存的,并且有自己的价值主张和收入来源。

4. 免费式商业模式

为至少一个庞大的客户群体提供持续的免费服务,而将高价值高成本的价值主张提供给付费方。

5. 开放式商业模式

开放式商业模式用于那些通过与外部伙伴系统性合作,来创造和捕捉价值。它可以分为两种模式:由外到内和由内到外。由外到内是指将创意引入到企业内部;由内到外是指将企业内部闲置的资源提供给外部。

(四)商业模式的设计

商业模式是企业的基础结构,类似于一艘战舰的构造。管理模式类似于驾驶战舰的舰队官兵,商业模式设计必须先于管理模式设计。商业模式重构的重要性也必然凌驾于战略、组织结构、人力资源等的转型之上。即便你已经设计了一个独特的商业模式,也会面临其他企业的快速模仿并利用相似的商业模式与你开展竞争,因此在竞争中设计商业模式则显得极为重要。商业模式的成功往往有赖于创业者是否有能力在模式实施中对其进行调整,甚或进行全面改革。商业模式的设计主要有三种类型:(1)模仿其他企业商业模式。全盘复制,对优秀企业的商业模式进行直接复制或略加修正。借鉴提升,主要包括引用创新点、延伸扩展、逆向思维。(2)在竞争中设计商业模式。强化自身的良性循环,削弱竞争对手的良性循环,变竞争为互补。(3)在试错中调整商业模式设计。遵循“假设开始→实施检验→改良调整”的路径。

【思考与练习】

1. 思考创新与创业之间的关系。
2. 如何识别创业机会?
3. 可行性分析包括哪些内容?
4. 中国创业团队有哪些特殊性?
5. 为什么阿里巴巴的商业模式至今没有企业能够模仿成功呢?

第十二章　创业计划书

【内容提要】

(1)创业计划书的主要内容;
(2)创业策略及前期准备工作的主要内容;
(3)创业计划书的核心技术;
(4)创业计划书的凝练与展示。

【核心概念】

创业计划书、创业策略、产品服务、管理团队

【引导案例】

1991年9月,任正非租下了深圳宝安县蚝业村(现为宝安区蚝业社区)工业大厦三楼作为研制程控交换机的场所,50多名年轻员工跟随任正非来到这栋破旧的厂房中,开始了他们充满艰险和未知的创业之路,他们把整层楼分割为单板、电源、总测、准备四个工段,外加库房和厨房。人们在机器的高温下挥汗如雨,夜以继日地作业,设计制作电路板、话务台,焊接电路板,编写软件,调试、修改、再调试。在这样的情况下,任正非几乎每天都到现场检查生产及开发进度,开会研究面临的困难,分工协调解决各式各样的问题。遇到吃饭时间,任正非和公司领导就在大排档同大家聚餐,由其中职位最高的人自掏腰包请大家吃饭。后来,华为熬过了创业的艰苦岁月。华为公司总部搬到了深圳龙岗坂田华为工业园。

任正非用实际行动重新定义了中国企业家精神。他的创业故事激励着无数企业家搏杀奋斗。他和他缔造的企业一样沉稳低调,历经沉浮坎坷,却最终披荆斩棘,登上了个人意志和时代的巅峰。作为华为的创始人,任正非理性而充满自信的言论,无疑有着稳定人心、维护企业平稳运转的积极作用。从更大的意义讲,任正非以一位中国企业家的身份,身体力行地传播着现代企业精神,重申了一些人容易遗忘的常识,为中国企业面对外部压力如何保持定力树立了榜样。

第一节　创业计划书的专业认知

一、什么是创业计划书

(一)创业计划书的概念

创业计划书是在前期调研分析基础上制定的全方位描述创业项目发展目标、战略、前

景及实施过程的商业计划(business plan)。具体描述与新创企业项目相关的外部环境、内部条件和要素特点等,为业务发展提供详细路线图及实施标准。创业计划书是将创业蓝图变成创业行动的纲领。通常创业计划是创业管理、组织管理、生产运营、市场营销、战略管理、金融财务、风险控制等各职能计划的综合,体现创业者的综合素质,是创业者获取投融资的"敲门砖",是创业者和新创企业成长的"加速器"。没有专业的创业计划书,创业者是无法将自己的创意、创新产品或服务以及商业计划书向专业评委及投资人进行系统全面展示的,也就更谈不上创业融资及商业计划的实施。

(二)创业计划书的作用

创业计划书的阅读对象主要是创业者自己、创业合作伙伴和投资者。

创业计划书的作用主要包括四个方面:(1)通过客观冷静分析,创业者确认创业能够成功。创业计划书的书写过程是创业者梳理创业思路的过程,是筹划创业资源的过程。创业计划书需明确:谁会购买产品(服务)?竞争对手是谁?创业者拥有多少资源?需要多少资金?创业回报多少?(2)为创业者找到战略合作伙伴,以期待拟创企业更加充满活力,达到多方的共同发展。1999年5月,在投资公司供职的蔡崇信从香港飞到杭州,寻找风险投资项目。阿里巴巴公司的马云向蔡崇信畅谈了"芝麻开门"的创业梦想计划,做全球最佳B2B的愿景,蔡崇信对这位创业者刮目相看,半个月后蔡崇信投奔阿里巴巴"十八罗汉"创业团队,并就任公司CFO一职。蔡崇信投身加入,为阿里巴巴公司带来了高盛牵头的500万美元天使投资。(3)获得投资融资。创业者起步时,难有企业资产抵押,也没有以前的公司业绩来作支撑,融资很难,尤其需要依靠创业计划获得融资。创业计划书能使投资者更快更有效地了解创业项目,对项目充满信心,愿意投资。(4)获得政府资金。政府决策者也是创业计划书的最后读者。政府部门创业扶持基金的决策者,也属于创业计划的最终读者,他们审阅创业计划书后将确定是否给予创业资金的扶持。

(三)优秀创业计划书的特点

优秀的创业计划书需要创业者用心策划,内容表达思路清晰,创业产品独特,模式创新和制作精美。

二、计划书的内容要点

(一)创业计划书的框架内容

创业计划书包括的主要内容如表12-1所示。

表12-1 创业计划书的框架内容

主要模块	创业构想梳理	创业计划初稿	创业计划终端
1. 执行概要			
2. 项目/产品/服务介绍			
3. 管理团队与组织计划			

表 12-1(续)

主要模块	创业构想梳理	创业计划初稿	创业计划终端
4. 行业市场与竞争分析			
5. 营销推广策略与计划			
6. 生产运营管理计划			
7. 财务分析及融资计划			
8. 资金退出及回报机制			
9. 风险分析与防范对策			
10. 实施日程计划			
11. 附件			

(二)创业计划书的关键问题

创业计划书明确写清九大关键内容:(1)你是谁?即要包括创业背景、项目背景、团队背景等。(2)新创企业能够提供什么独特的创新产品或服务?(3)谁会购买产品或服务?(4)当前的市场痛点何在?主要的竞争对手是谁?(5)新创企业拥有多少关键经营资源?(6)营销战略是什么?(7)生产运营模式是什么?如何保持盈利?(8)需要多少资金?财务规划是否合理?(9)风险防范、退出回报机制如何等。

三、创业计划书的编制流程

(一)创业计划书的编制流程

1. 前期市场调研与可行性分析

行业现状及市场预测;竞争对手调查与分析;项目可行性分析研究。

2. 创业计划书初稿撰写阶段

市场痛点与竞争策略;业务体系与组织构架;营销策略与商业模式;生产运营与管理计划;财务分析与融资方案。

3. 创意构想梳理与概念目标形成

商业理念、概念、目标等;提炼项目带来的客户价值;评估产品与服务创新程度;科学预测足够的市场规模;客观说明可行性和营利性。

4. 创业计划书终稿完成阶段

管理团队与组织策略;财务预测与资金退出回报机制;风险分析与防范对策;实施日程计划;执行概要;附录资料;不同类型及不同版本的制作。

(二)创业计划书的编制原则

创业计划书编制的主要原则:(1)行业市场研究深入细致,直面竞争不回避;(2)商业理念具有社会使命感,客户价值至上;(3)产品与服务描述清楚明了,突出创新特征;(4)创业者及管理团队富有战斗力,职业性专业性强;(5)措辞行文简明扼要、条理清晰、数据精确、事实客观、内容动人;(6)文本制作篇幅适当、设计精良、图表丰富、可读性强。

遵守上述基本原则,但在编写计划书时,不必过于强求或生搬硬套模板。根据创业阶段、项目大小、阅读对象和用途不同,创业计划书的模块内容安排不同,侧重点也不尽相同。

第二节　创业策划及前期准备

一、从创意形成到选定创业项目

(一)专业创意思维训练方法

1. 头脑风暴法

由美国人奥斯本(Osborn)1937年所倡导的头脑风暴法,强调集体思考,着重互相激发思考,是人们最为熟悉的创意思维方法。其基本做法是:让大家只专心提出构想而不加以评论。不局限于思考的空间,鼓励想出越多主意越好。

2. 逆向思考法

与正向思维相比,从相反方向进行思考的方法,有时可更容易找到很好的创意线索。

3. 属性列举法

把现有的产品属性一一排列出来,然后尝试改进每一种属性,就可能形成新的创意。一般涉及的属性有用途、结构、颜色、形状、气味、声音、材料等。

4. 希望点列举法

不断提出"希望""怎样才能更好"等的理想和愿望,进而探求解决问题和改善对策的技法。

5. 强制关联法

先列举若干不同的产品,然后设想把某一产品与另一产品或几种产品功能强行结合起来,产生一种新的产品创意。

(二)创意转化为创业项目的条件

创意是具有新颖性和创造性的想法,是一种让受众产生共鸣的独特思路。创意并不必然带来收益,从创意到显著市场价值的转换必须具备一定的条件。创意转化为创业项目的三个条件:一是要看到商机,有市场意识;二是把基于创意的产品制作出来;三是谋划一系列的创业运作计划,创办公司,成功地推向市场。仅有先进技术和良好产品是远远不够的,还要善于把创意产品商业化运作。

大部分成功的业务创意都来自有相关行业经验的人。革新型项目创意往往产生于行业领域外的创新创业者。创意灵感升华为成熟的创业理念需要通过可信度检查。创业计划一开始必须从潜在投资者的角度出发来构思。判断业务创意的开发前途和投资价值有专业的评估标准。通过专利注册和保密协议,保护有独创价值的业务创意。向投资者及时展示成熟的业务创意并迅速实施。

二、从孤军奋战到组建项目团队

在追求商业真理的过程中,创业者是孤独的前行者,永远甘于承受孤独。成功的创业者都有聚集群贤的磁场,都有强大的管理团队和商业伙伴支撑。中小创业企业管理团队都拥有共同目标,患难与共,具有互补的特质和优势。选择创业合作伙伴基于相互欣赏,价值观一致,业务互补互助。合理设计内外业务体系是规划创业项目落地实施的最佳途径。确立简约高效的组织构架是发挥项目团队协同运作能力的保证。

三、从闭门造车到实施创业调研

创业初期在开发产品和组建团队之外,做好市场调查是最关键的一步。精准把握市场痛点,检验并完善创意和创业构想。分析现有市场和目标市场,科学预测细分市场规模及趋势——波特五力模型分析法。创业调研的步骤和方法也要做到科学合理,包括制定详细的调研方案、问卷调查法(线上、线下)、田野调查法(实地采访、观察)、德尔菲法(专家咨询座谈)等。

第三节　创业计划书核心技术

一、创业计划书执行概要的凝练

执行概要是创业计划书中多数要点的概括和凝练,目的在于引起决策者的兴趣。避免与主体正文部分简单重复,建议可在5~10分钟之内读完。重点强调关键核心内容,主要包括创业理念、产品或服务的独特性和创新性、项目实施的客户价值、市场竞争优势与可获利性、团队专业技能及运营管理能力、资金需求及融资计划、退出机制及投资回报等。

(一)公司基本情况

公司名称、成立时间、注册地区、注册资本,主要股东、股份比例,主营业务,过去三年的销售收入、毛利润、纯利润,公司地点、电话、传真、联系人。

(二)主要管理者情况

姓名、性别、年龄、籍贯,学历/学位、毕业院校,政治面貌,行业从业年限,主要经历和经营业绩。

(三)产品/服务描述

产品/服务介绍,产品技术水平,产品的新颖性、先进性和独特性,产品的竞争优势。

(四)研究与开发

已有的技术成果及技术水平,研发队伍技术水平、竞争力及对外合作情况,已经投入的研发经费及今后投入计划,对研发人员的激励机制。

(五)行业及市场

行业历史与前景,市场规模及增长趋势,行业竞争对手及本公司竞争优势,未来3年市场销售预测。

(六)营销策略

在价格、促销、建立销售网络等各方面拟采取的策略及其可操作性和有效性,对销售人员的激励机制。

(七)产品制造

生产方式,生产设备,质量保证,成本控制。

(八)管理

机构设置,员工持股,劳动合同,知识产权管理,人事计划。

(九)融资说明

资金需求量、用途、使用计划,拟出让股份,投资者权利,退出方式。

(十)财务预测

未来3年或5年的销售收入、利润、资产回报率等。

(十一)风险控制

项目实施可能出现的风险及拟采取的控制措施。

二、项目/产品/服务的优势特色

(一)公司/项目介绍

1. 公司项目沿革及基本情况

企业名称、经营地点、业务性质、主营业务内容、项目背景、创业过程、公司宗旨和目标、股东、员工情况、股权结构、公司财务状况及展望等。

2. 业务创新及专利商标情况

产品或服务创新程度、持有或将要申请的专利和商标目录清单。

3. 主要合作伙伴

原材料供应商、必要零部件供应商等列表。

4. 企业与公众关系

保险、诉讼、政府管制、社会责任等。

(二)产品三层次理论

产品是指向市场提供的,引起注意、获取、使用或消费,以满足用户欲望或需要的任何东西,包括有形产品和无形产品。服务是由活动、利益或满足组成的用于出售的一种产品形式,它本质上是无形的,对服务的出售也不会带来服务所有权的转移。服务包括银行业务、酒店服务、航空运输、电子通信、家具维修等。产品是一个整体概念,不仅仅是一个实体产品或服务。1988年,美国学者菲利普·科特勒提出了产品三层次理论。该理论认为,任何一种产品都可被分为三个层次:核心产品(core product)、有形产品(actual product)、附加产品(augmented product)。核心产品是产品的灵魂,是指产品的有用性,是产品的使用价值或效用,是消费者真正购买或使用该产品的动因。形式产品是核心产品的具体表现形式,是整个产品内涵的有形载体,是一种看得见摸得着的产品层次,是消费者视角的产品。这一层次包含产品的五种典型特征:品质、特性、品牌、形式、包装。这些特征是最直观,也是最能吸引使用者的一个层次。因此,这一层次是购买的决定要素。附加产品即附加服务或利益,是指卖方能提供消费者在实体商品之外更多的服务与利益,例如:免费安装、检修服务等。这一层次能够给予消费者完整的满足感,是购买的影响要素,可以帮助提高消费者的满意度及再购率,以及带来传播效应。产品概念的三层次理论,从三个层次较好地反映了消费需求的多层面性,特别是解释了消费需求的动机,以及实体产品与服务的不可分割性,三个层面有机地构成产品概念的整体,是对产品认知的一次飞跃。

(三)产品/服务的优势特色

用户往往把产品看作满足需要的各种利益的复杂组合。在开发和阐述产品时,首先必须要让用户从产品中寻找核心价值,然后阐述实体产品,最后找到附加服务,以创造用户价值和最满意的体验。

1. 产品或服务描述

产品名称、核心产品、子产品、性能特征、生命周期、价格及定价方法、市场竞争力、新产品计划和成本分析、市场前景预测、品牌和专利。需要突出的地方:创新型、独特性、客户价值。

2. 研究与开发描述

研发过程、已投入的研发资金和人员、未来打算投入的研发资金和人员、研发模式和目标。

三、管理团队与组织计划

(一)管理团队及公司外脑

高层管理者,包括总裁、副总裁、人事总监、生产总监、营销总监、财务总监等;教育背景、工作背景和业绩,以及独立董事、专业顾问等外脑资源。

(二)人力资源管理

人事管理体系和管理制度,激励约束机制,融资后的机构与人员安排设想等。

(三)组织构架与管理模式

直线制、职能制、事业部制等组织结构图,强调管理督促的 X 理论,强调信任和激励的 Y 理论等。

四、行业市场与竞争分析

一份好的创业计划书应该对行业市场有个充分的了解。对于在市场中存在的竞争,一份合格的创业计划书应该合理地分析这些竞争并寻求其中的机遇。经过 SWOT 分析后,需要考虑如何利用优势,加大优势,抓住机遇,同时要克服弱点和不足,或让它们变得不那么重要，同时防御或消除威胁。

（一）行业前沿分析

1. 行业生命周期

定义行业发展阶段，分析行业发展现状、项目的优势与机会。

2. 行业驱动因素

政府政策、宏观经济、大众消费方式、技术创新等。

3. 行业影响因素

政府政策、宏观经济、大众消费方式、技术创新等。

4. 行业发展前沿

定义行业发展阶段、分析行业发展现状、本项目的优势与机会

（二）细分市场和目标定位

1. 市场细分

细分原则（客户量、消费模式、销售收入等），细分标准（消费品市场、工业品市场），细分程序。

2. 目标市场的选择

盈利空间和发展空间，良好的发展前景。消费品市场细分的一些标准。（1）地点：国家、城市/农村（人口密度）。（2）人口统计：年龄，性别，收入，职业，公司规模。（3）生活方式：爱好新技术、反传统文化、活跃的高层人士。（4）行为模式：产品使用领率，产品应用。（5）购买习惯：注重品牌，注重价格。

工业产品市场细分的一些标准。（1）人口统计：公司规模，行业，地点。（2）运营：运用技术（如数字、模拟）。（3）购买习惯：是否集中购买，购买标准，供应商协议。（4）情景因素：是否急需，订单大小等。

（三）竞争分析

1. 竞争中的定位

明确竞争对手的优势与不足，用同样的标准评估自身项目的竞争优势和差异化业务内容，潜在的竞争对手及进入市场的时期预测。

2. 市场和竞争

重点描述竞争是如何开展的，你将采用哪些战略，分析竞争对手在各细分市场中所占的市场份额，竞争对手的目标客户群、分销渠道、市场营销战略及盈利情况，分析你的竞争优势如何能维持并不断扩大？

五、市场营销与推广计划

（一）行业与市场的基本分析内容

行业，是指生产并向特定市场销售同类产品与服务的一个公司群，既可界定公司的同类企业，也可以界定竞争对手。市场，是指销售公司产品与服务的场所，用来确定公司的商业机会和目标客户。行业分析主要介绍创业公司所归属产业领域的基本情况，以及公司中

在整个产业中的地位。市场分析主要介绍公司产品与服务的市场情况，包括目标市场、市场竞争中的位置、竞争对手的情况、未来市场的发展趋势等。行业与市场部分内容的撰写越具体越好，特别是以那些可信度高、已经被证实的数据为分析基础，例如从年鉴、统计报告、各大公司的行业分析报告中获取的数据。具体的分析方法与分析内容如表 12-2 所示。

表 12-2　行业与市场分析方法与分析内容

分析方法	分析内容
PEST 分析模型	整体环境分析
波特五力模型	行业环境分析
市场结构理论	市场结构及类型分析
SWOT 分析方法	企业内外部竞争位势分析
STP 营销策略	市场细分、目标市场、定位
4P 营销策略	产品、价格、促销、渠道

（二）行业的主要经济特性与驱动因素

行业的主要经济特性主要考虑到以下方面：(1)市场规模，规模大的市场更能够引起投资者兴趣；(2)竞争角逐范围，本地、区域、国际地理范围；(3)市场增长速度，影响公司的进入和退出；(4)行业和产品在成长周期中所处的阶段，行业吸引力；(5)竞争厂家的数量及规模，影响竞争强度和利润水平；(6)购买者的数量及相对规模，产品对消费者的吸引力；(7)供应链整合，整合度影响竞争及成本差异；(8)分销渠道，分销层级和物流运输水平；(9)产品与服务的差异化强度，反映了竞争激烈程度；(10)行业中公司能否实现规模经济，行业内公司竞争实力；(11)进入和退出市场的难度，行业稳定程度；(12)创新速度的影响，行业创新度与公司创新度。

行业变革的主要驱动因素：(1)行业需求长期增长率的变化，其变化影响行业供求平衡；(2)产品创新，通过产品差异性影响竞争结构；(3)技术创新，降低生产成本和提高产品差异性；(4)营销创新，影响消费者购买行为和需求；(5)大厂商的进入或退出，产生新的规则和格局，带来新的资源配置；(6)技术的秘密转移扩散改变行业竞争态势；(7)成本和效率的变化，核心厂商的成本和效率改变能影响行业竞争态势；(8)政策、法规的变化，直接影响行业生产经营环境；(9)社会关注焦点转移、生活态度和生活方式变化，促进行业变革和竞争企业反应速度。

（三）市场营销计划

产品定位策略：产品的整体概念、产品品牌和包装策略以及产品精准定位。

价格定位策略：定价目标、定价步骤和定价策略。

分销渠道策略：广泛分销、选择分销、专营分销和直接销售。

促销组合策略：人员促销、营业推广（活动）、广告促销和组合营销（线上线下齐销售）。

六、生产运营与管理计划

生产设施介绍，主要包括水电网络等基础设施、厂房和生产设施、主要专业生产设备、折旧及更新计划等。生产过程组织，主要包括工艺流程、质检等关键环节、特殊技能等。生产员工和原材料，主要包括一线员工数量及类型、人员录用制度、原料类别及供应商等。库存管理，主要包括库存控制系统、库存量、订货及销售记录等。

七、财务分析与融资

财务规划是指企业以货币形式预计计划期内资金的取得与运用以及各项经营收支及财务成果的一系列预测和评价。财务规划的主要内容包括财务假设、股权结构与融资计划、财务报表预测与分析、投资分析评价、投资者权益及资本退出。

(一)财务预测

根据财务活动的历史资料，考虑现实的要求和条件，对企业未来的财务活动和财务成果做出科学可预计和测算的活动。财务预测流程包括五个步骤，即销售预算、生产预算、成本预算、费用预算、财务报表。在销售预算阶段，主要预测销售单价、销售量、销售收入、增值税销项税额，从而计算出含税收入合计和销售收入现金流。在生产预算阶段，在预计销售量的基础上加上预计期末存货量，再减去期初存货量，得到预计生产量。在成本预算阶段，主要测算直接材料的采购成本、直接人工费用、制造成本。在费用预算阶段，主要测算管理费用、销售费用和财务费用。最后形成财务报表。

所有财务预测数据都必须基于合理的假设。为了更好地防止未来不确定性对财务预测准确性的影响，进行财务预测时对预期的经济环境或所使用的财务方法的一系列假定，包括会计制度依据、会计年度定义、资产计价方法、资产折旧和摊销方法、主要会计假设、适应税率、折现率及其确定依据、应收账款收现政策、各项费用的付现政策、股利支付政策等。

财务报表是企业对外提供的反映企业某一特定日期的财务状况和某一会计期间的经营成果、现金流量等会计信息的文件。财务报表主要由会计报表和报表附注及财务情况说明书组成，其中会计报表包括资产负债表、利润表、现金流量表和所有者权益变动表。对于创业项目来说，首先，要做好三张财务报表，即资产负债表、利润表(损益表)、现金表。第二，要做好最初两年的详细财务规划。第三，未来三到五年的财务预测表(至少要有一年是在收支平衡之后，即在有了正现金流之后)。

1. 资产负债预测表

资产负债表是一架天平，资产等于负债所有者权益。投资者感兴趣的是你的资产将如何增长，而这种增长正是通过资产负债表来反映的。资产负债表中，资产的价值和种类计入资产项目下，而资本的来源则被计入负债项目。主要内容除了资产、负债两大项之外，还有所有者权益的净资产项及总负债和净资产的合计项。

2. 利润表(损益预测表)

项目资产是增长了还是减少了取决于其年终时的税前利润。利润表可以帮助对此进行预测。具体包括通过收集报价或估计测算出净销售收入、销售成本、毛利润、毛利率、可控制费用、固定开支、净利润等项目内容。

3. 现金流量预测表

反映企业在一定会计期间内由经营活动、筹资活动以及投资活动所产生的现金流入、现金流出以及现金净流量情况的报表，现金净流量等于现金流入量减去现金流出量。经营活动产生的现金流量，是指销售商品或提供劳务、购买商品或接受劳务、支付工资和缴纳税款等流入和流出的现金和现金等价物等。投资活动产生的现金流量,是指购建固定资产、处置子公司及其他经营单位等流入、流出的现金和现金等价物等。筹资活动产生的现金流量,是指吸收投资、发行股票、分配利润、发行债券、偿还债务等流入和流出的现金和现金等价物等。清偿力规划关注的是当资金真正流入或流出时的支付期,只涉及那些真正引起现金存量变化的交易。规划时应该列出所预期的所有支付的数量和时间安排。在规划期间,所有单独支付的款项总和应和所需资金总额相等。规划时期越长,计划中的不确定因素就越多。

(二)财务分析

财务分析主要包括偿债能力分析、盈利能力分析和营运能力分析等。

1. 偿债能力分析

企业的偿债能力是指企业用其资产偿还长期债务与短期债务的能力。企业有无支付现金的能力和偿还债务能力,是企业能否生存和健康发展的关键。对于创业项目的偿债能力分析来说,主要关注三个指标,资产负债率、流动比率和速动比率。

(1)资产负债率

资产负债率又称举债经营比率,它是用以衡量企业利用债权人提供资金进行经营活动的能力,以及反映债权人发放贷款的安全程度的指标,通过将企业的负债总额与资产总额相比较得出,反映在企业全部资产中属于负债比率。

$$资产负债率=总负债/总资产 \tag{12-1}$$

(2)流动比率

表示每1元流动负债有多少流动资产作为偿还的保证。它反映公司流动资产对流动负债的保障程度。

$$流动比率=流动资产合计/流动负债合计 \tag{12-2}$$

一般情况下,该指标越大,表明公司短期偿债能力越强。通常,该指标在200%左右较好。但是,在运用该指标分析公司短期偿债能力时,还应结合存货的规模大小、周转速度、变现能力和变现价值等指标进行综合分析。如果某一公司虽然流动比率很高,但其存货规模大,周转速度慢,有可能造成存货变现能力弱,变现价值低,那么,该公司的实际短期偿债能力就要比指标反映的弱。

(3)速动比率

速动比率表示每1元流动负债有多少速动资产作为偿还的保证,进一步反映流动负债的保障程度。

$$速动比率=(流动资产合计-存货净额)/流动负债合计 \tag{12-3}$$

一般情况下,该指标越大,表明公司短期偿债能力越强,通常该指标在100%左右较好。在运用该指标分析公司短期偿债能力时,应结合应收账款的规模、周转速度和其他应收款的规模,以及它们的变现能力进行综合分析。如果某公司速动比率虽然很高,但应收账款周转速度慢,且它与其他应收款的规模大,变现能力差,那么该公司较为真实的短期偿债能力要比该指标反映的差。

2. 盈利能力分析

评价盈利能力的常见指标有毛利率、销售净利润率、净资产利润率。

(1)毛利率

毛利率(gross profit margin)是毛利与销售收入(或营业收入)的百分比,其中毛利是收入和与收入相对应的营业成本之间的差额。

毛利率=毛利/营业收入×100%=(主营业务收入-主营业务成本)/主营业务收入×100% (12-4)

毛利率反映的是一个商品经过生产转换内部系统以后增值的那一部分。也就是说,增值的越多毛利自然就越多。比如产品通过研发的差异性设计,比竞争对手增加了一些功能,而边际价格的增加又为正值,这时毛利也就增加了。

(2)销售净利润率

销售净利率,又称销售净利润率,是净利润占销售收入的百分比。该指标反映每一元销售收入带来的净利润的多少,表示销售收入的收益水平。

销售净利率=(净利润/销售收入)×100% (12-5)

其中,净利润(税后利润)=利润总额-所得税费用=主营业务收入+其他业务收入-主营业务成本-其他业务成本-营业税金及附加-期间费用(销售费用+管理费用+财务费用)-资产减值损失+公允价值变动收益(亏损为负)+投资收益(亏损为负)-所得税费用。经营中往往可以发现,企业在扩大销售的同时,由于销售费用、财务费用、管理费用的大幅增加,企业净利润并不一定会同比例地增长,甚至可能负增长。盲目扩大生产和销售规模未必会为企业带来正的收益。因此,投资者应关注在企业每增加1元销售收入的同时,净利润的增减程度,由此来考察销售收入增长的效益。

(3)净资产利润率

净资产利润率,是净利润与平均股东权益的百分比,是公司税后利润除以净资产得到的百分比率,该指标反映股东权益的收益水平,用以衡量公司运用自有资本的效率。指标值越高,说明投资带来的收益越高。该指标体现了自有资本获得净收益的能力。

净资产利润率=净利润/净资产 (12-6)

其中,净利润=税后利润+利润分配;净资产=所有者权益+少数股东权益。净资产利润率可衡量公司对股东投入资本的利用效率。它弥补了每股税后利润指标的不足。例如,在公司对原有股东送红股后,每股盈利将会下降,从而在投资者中造成错觉,以为公司的获利能力下降了,而事实上,公司的获利能力并没有发生变化,用净资产利润率来分析公司获利能力就比较适宜。

3. 营运能力分析

企业营运能力(analysis of enterprises' operating capacity),主要指企业营运资产的效率与效益。企业营运资产的效率主要指资产的周转率或周转速度。企业营运资产的效益通常是指企业的产出量与资产占用量之间的比率。评价营运能力的常用指标有总资产周转率、固定资产周转率、存货周转率、应收账款周转率。

(1)总资产周转率

总资产周转率是企业一定时期的销售收入净额与平均资产总额之比,它是衡量资产投资规模与销售水平之间配比情况的指标。

总资产周转率=销售收入/总资产 (12-7)

总资产周转率是考察企业资产运营效率的一项重要指标,体现了企业经营期间全部资产从投入到产出的流转速度,反映了企业全部资产的管理质量和利用效率。通过该指标的对比分析，可以反映企业本年度以及以前年度总资产的运营效率和变化，发现企业与同类企业在资产利用上的差距，促进企业挖掘潜力、积极创收，提高产品市场占有率，提高资产利用效率。一般情况下，该数值越高，表明企业总资产周转速度越快。销售能力越强，资产利用效率越高。

(2)固定资产周转率

固定资产周转率，也称固定资产利用率，是企业销售收入与固定资产净值的比率。固定资产周转率表示在一个会计年度内，固定资产周转的次数，或表示每1元固定资产支持的销售收入。

$$\text{固定资产周转率}=\text{营业收入}/\text{平均固定资产净值} \tag{12-8}$$

其中，固定资产平均净值=(期初净值+期末净值)/2。固定资产周转率主要用于分析对厂房、设备等固定资产的利用效率，比率越高，说明利用率越高，管理水平越好。如果固定资产周转率与同行业平均水平相比偏低，则说明企业对固定资产的利用率较低，可能会影响企业的获利能力。它反映了企业资产的利用程度。

(3)存货周转率

存货周转率又名库存周转率，是企业一定时期营业成本(销货成本)与平均存货余额的比率。用于反映存货的周转速度，即存货的流动性及存货资金占用量是否合理，促使企业在保证生产经营连续性的同时，提高资金的使用效率，增强企业的短期偿债能力。

$$\text{存货周转率}=\text{营业收入}/\text{存货平均余额} \tag{12-9}$$

其中，存货平均余额=(期初存货+期末存货)/2。存货周转率指标的好坏反映企业存货管理水平的高低，它影响到企业的短期偿债能力，是整个企业管理的一项重要内容。一般来讲，存货周转速度越快，存货的占用水平越低，流动性越强，存货转换为现金或应收账款的速度越快。因此，提高存货周转率可以提高企业的变现能力。

(4)应收账款周转率

应收账款周转率是企业在一定时期内赊销净收入与平均应收账款余额之比。它是衡量企业应收账款周转速度及管理效率的指标。

$$\text{应收账款周转率}=\frac{\text{当期销售净收入}}{(\text{期初应收账款余额}+\text{期末应收账款余额})/2} \tag{12-10}$$

一般来说，应收账款周转率越高越好，表明公司收账速度快，平均收账期短，坏账损失少，资产流动快，偿债能力强。

(三)创业融资

企业的融资方式有两类，债权融资和股权融资。债权融资是指企业通过举债的方式进行融资。债权融资所获得的资金，企业需要支付利息，并在借款到期后向债权人偿还本金。股权融资则指企业通过出让部分企业所有权，通过企业增资的方式引进新的股东的融资方式。股权融资所获得的资金，企业无须还本付息，但新股东将与老股东同样分享企业的盈利与增长。

八、风险控制

(一)风险和创业风险特点

风险是指由于环境的不确定性，客体的复杂性，主体的能力与实力的有限性，而导致某一事物或活动偏离预期目标的可能性。创业风险是指创业过程中存在的风险，它是因创业环境的不确定性，创业机会与创业公司的复杂性，创业者、创业团队与投资者的能力与实力有限性，而导致的创业活动偏离预期目标的可能性及其后果。创业风险有三大特点。一是创业风险是客观存在的。在创业过程中，由于内外部环境变化的不确定性客观存在，导致创业风险也客观存在。这就要求创业者和风险投资者采取正确的态度承认和正视创业风险，并积极采取对策防范风险。二是创业风险存在不确定性。创业过程是将一个技术或创意设想变为产品与服务的过程。在这一过程中，创业者将面临各种不确定因素，如公司产品未来可能被模仿、缺乏固定的销售渠道、管理和技术人员跳槽等。可以说，因为影响创业的各种因素千变万化，所以造成了创业风险的不确定性。三是创业风险是可以测量的，即可以通过定性或定量的方法和工具对其进行评估。但是，这种测量由于存在不确定性，往往会有较大的偏差。也就是创业风险可以预测和度量，但是会有一定偏差。

（二）创业风险种类与防范

创业企业面临的风险主要有政策风险、加入 WTO 的风险、技术开发风险、经营管理风险、市场开拓风险、生产风险、财务风险、汇率风险、投资风险、股票风险、对公司关键人员依赖的风险等。要针对主要风险展开风险源的分析和风险控制。

1. 技术风险

技术风险是指由于技术方面的因素及其变化的不确定性而导致创业失败的可能性。技术风险的种类很多，其主要类型是技术不足风险、技术开发风险、技术保护风险、技术使用风险、技术取得和转让风险。针对技术风险的来源，第一，是重视技术方案的咨询论证，就技术方案的可行性进行研究，对项目方案的风险水平与收益水平进行比较，对方案实施后的可能结果进行评测。第二，改善内部组织，建立有利于技术创新的生产过程组织。深入挖掘研发人员潜力，不断完善和扩展现有产品。紧盯当前科学技术发展前沿，不断引入新的研发理念和思路，吸引顶尖人才进入研发团队。第三，通过选择合适的技术创新项目组合，进行组合开发创新，降低整体风险。不断研发新产品，有节奏地不断推出新产品，防范模仿者和新进入者。第四，建立健全技术开发的风险预警系统，及时发现技术开发和生产过程中的风险隐患。第五，建立健全有关技术治理的内部控制制度，加强对技术资产的监督治理。

2. 市场风险

市场风险是指在创业过程中，由于市场的不确定性而导致创业失败的可能性。可以包括新产品、新技术与市场需求不适应，市场接受时间的不确定性，产品的市场扩散速度的不确定性，市场竞争能力和战略的不确定性，以及新产品的生产设计能力与市场容量不匹配等。市场风险主要应对策略是关注竞争者或潜在竞争者的动态，上下游资源的整合和利益共享，加强营销渠道维护和建设，动态调整营销策略，提高技术、改进工艺。(1)在加强产品销售的同时，建立一套完善的市场信息反馈体系，针对核心客户制定合理的产品销售价格，增加企业的盈利能力；(2)加快产品的开发，增加市场的应变能力，对后进入者设置门槛；(3)实行品牌战略，以优质的产品稳定客户和价格，以消除市场波动对本企业价格的影响；(4)进一步提高产品质量，降低产品成本，提高产品的综合竞争力，增加产品适应市场变化的能力。

3. 财务风险

财务风险是指因资金不能适应需求而导致创业失败的可能性。主要包括随着经营规模的扩大,对资金需求迅速膨胀,能否及时获得后续资金的支持,将直接影响其扩张和成长。还包括创业公司要快速具备一定的流动性、周转率,才能不断地获取项目在高长成阶段的利润,避免在融资不到位的情况下丧失运营能力。财务风险主要来自缺少启动资金、资金供给的不确定性、天使或风投资金不能保障、市场接受时间不确定性、现金流周转不畅等。财务风险管控对策:(1)提高创业者的风险意识,加强财务风险管理,建立财务评价体系,采取各种手段和措施,对风险进行控制和处理。(2)建立科学的财务预测机制,提前安排融资计划,使融资和投资相联系。在明确自身优势和发展战略的前提下,加强与风险投资机构的接触,引入风险投资,确保有更多的资金保障企业的正常运转,提高企业的抗风险能力。(3)提高存货周转速度,加快现金回收速度。(4)加大营销力度、扩充营销团队规模等方面着手,以尽快减少存货积压,提高流动性,减轻风险。

4. 管理风险

管理风险是指在创业过程中因管理不善而导致创业失败所带来的风险。风险因素主要包括创业者素质、决策风险和组织风险。主要的防范措施有:(1)创业公司应该树立信念和培养信心,稳定核心创业者团队;(2)确定创业公司发展目标和商业计划,并加大与创业团队核心人员的沟通和交流,为创业团队人员发展提供清晰思路;(3)根据创业公司运营和融资情况,在合适的条件下可以通过现金和股份形式激励和凝聚创业团队。

5. 环境风险

环境风险是指由于所处的社会环境、政策、法律环境变化或由于意外灾害发生而造成创业失败的可能性,具体包括政府政策、国际贸易、自然灾害等。针对环境风险的主要防范措施有:(1)研究相关法律政策的变化,准备应对措施;(2)开辟多个类型市场,避免受到贸易政策打击;(3)加强企业公关能力,应对出现的各类问题和负面信息;(4)科学考虑生产、研发等场所,加强风险意识,避免自然灾害影响。

九、资本退出与附件

(一)资本退出的主要方式和选择

风险投资者并不是为了投资而投资,他们都希望最终能获得高额回报。一般投资者在看完摘要后,都会认真分析退出的可行性。资本退出的四种主要方式有首次公开上市(IPO)退出、并购退出、回购退出和清算退出。

1. 首次公开上市退出

首次公开上市(IPO)退出,是指通过风险企业挂牌上市使风险资本退出。首次公开上市可以分为主板上市和二板上市。首次公开上市是指风险投资企业在证券市场上第一次向社会公众发行风险企业的股票,风险投资者通过被投资企业股份的上市,将拥有的私人权益转化成公共股权,在市场认同后获得投资收益,实现资本增值。一般风险企业达不到主板上市的标准,多是在创业板市场上市,例如美国的 NASDAQ 市场,我国的香港也建立了自己的创业板市场。

采用首次公开上市这种退出方式,对于风险企业而言,不仅可以保持风险企业的独立性,而且还可以获得在证券市场上持续融资的渠道。而对于风险资本家来说,则可以获得非常高的投资回报。但是公开上市也有它自身的缺点,首先推动风险企业的公开上市所需时间周期相对比较长;其次限制出售的条款,即只有在公开招股后的一定时期过后才能自由出售其所拥有的股份,大大限制了资本的流动性;此外风险企业实现公开上市,要受自身发展情况和资本市场行情的影响,还需要支付昂贵的费用,所需要达到的标准和过程也比较烦琐。

2003 年 12 月 9 日在美国 NASDAQ 上市的携程网,上市当日的收盘价比 18 美元的发行价高出了 89%,成为美国资本市场上三年来首日表现最好的首次公开上市的股票。携程网最大的机构投资者 CARL YLEGROUP 获得了 922 万美元的收益,最早对携程网进行投资的 IDG 风险投资基金和软银科技风险投资基金等其他投资者也都获益巨大。根据美国的调查资料显示,有三分之一的风险企业选择通过股票公开上市退出,最高投资回报率达 700%左右。因此,首次公开上市退出被认为是最佳的退出方式。

2. 并购退出

由于股票上市及股票升值需要一定的时间,或者风险企业难以达到首次公开上市的标准,许多风险资本家就会采用股权转让的方式退出投资。虽然并购的收益不及首次公开上市,但是风险资金能够很快从所投资的风险企业中退出,进入下一轮投资。因此,并购也是风险资本退出的重要方式,特别是近年来与国际新一轮兼并高潮相对应,采用并购方式退出的风险资本正在逐年增加。从事风险企业并购的主体有两大类:一类是一般的公司,另一类是其他风险投资公司。统计表明,在风险资本退出方式中,一般购并占 23%、第二期购并占 9%、股份回购占 38%,一般并购主要是指公司间的收购与兼并;第二期并购是指由另一家风险投资公司收购,接手第二期投资;风险资本在退出时,其选择的出售对象可以是创业公司或创业家本人,此种方式称为股份回购。

3. 回购退出

回购退出是指通过风险企业家或风险企业的管理层购回风险资本家手中的股份,使风险资本退出。就其实质来说,回购退出方式也属于并购的一种,只不过收购的行为人是风险企业的内部人员。回购的最大优点是风险企业被完整地保存下来,风险企业家可以掌握更多的主动权和决策权,因此回购对风险企业更为有利。

4. 清算退出

清算退出是针对投资失败项目的一种退出方式。风险投资是一种风险很高的投资行为,失败率相当高。据统计,美国由风险投资支持的风险企业大约有 20%~30%完全失败,60%左右受到挫折,只有 5%~10%的风险企业可以获得成功。对于风险资本家来说,一旦所投资的风险企业经营失败,就不得不采用此种方式退出。尽管采用清算退出损失是不可避免的(一般只能收回原投资的 64%),但是毕竟还能收回一部分投资,以用于下一个投资循环。因此,清算退出虽然是迫不得已,但却是避免深陷泥潭的最佳选择。

清算退出主要有两种方式:一是破产清算,即公司因不能清偿到期债务,被依法宣告破产的,由法院依照有关法律规定组织清算组对公司进行清算。二是解散清算,即启动清算程序来解散风险企业。这种方式不但清算成本高,而且需要的时间也比较长,因而不是所有的投资失败项目都会采用这种方式。对于风险投资家而言,一旦确认了风险企业失去了发展的可能性和成长速度太过缓慢,不能实现预期的回报时,果断地退出是明智的选择,这样可以尽可能地减少损失,收回资金用于新一轮的投资。

(二)主要证券市场和上市要求

创业公司可以选择境内或境外的证券交易市场公开上市,境内市场包括深沪两地主板市场、中小板、创业板、新创版四个不同的板块证券市场体系。境外市场包括纽约证券交易所、美国纳斯达克市场、伦敦证券交易所等。由于服务对象不同,各板块证券市场在发行标准、制度设计、风险特征、估值水平等方面都有较大区别。上海证券交易所,简称上交所,是我国两所证券交易所之一,创立于 1990 年。由于上海证券交易所 A 股主要服务于大型成熟企业,因此上市的条件很高。要求最近 3 个会计年度净利润均为正数且累计超过 3 000 万元,或者最近 3 个会计年度经营活动产生的现金流量净额累计超过人民币 5 000 万元,亦或者最近三个会计年度营业收入累计超过 3 亿元。此外,还要求发行前股本总额不少于 3 000 万元,最近三年公司经营无重大变化。上海证券交易所科创板,设立了五种上市条件,满足其中一条即可上市,即便尚未盈利也可以申请上市。一是累计两年净利润超过 5 000 万元,或近一年净利润超 1 亿元,企业预估市值高于 10 亿元;二是一年营业收入超过 2 亿元,超 15%的营业收入总额用于研发投入,企业预估市值高于 15 亿元;三是一年营业收入 3 亿元,且三年经营活动产生的净额超 1 亿元,市值不低于 20 亿元;四是一年营业总额超 3 亿元,企业预估市值不低于 30 亿元;五是已拥有知名投资机构投资,主要产品或业务经过国家有关部门批准,未来发展前景好且目前已经拥有一定研究成果的企业;医药企业至少取得一项突破性临床成果,总市值不低于 40 亿元。

深圳证券交易所创业板,又称二板市场,专为暂时无法在主板上市的创业型企业提供融资途径和成长空间的证券交易市场,是对主板市场的重要补充。创业板的上市主要要求:(1)发行人是依法设立且持续经营三年以上的股份有限公司;(2)最近两年连续盈利,最近两年净利润累计不少于 1 000 万元;或者最近一年营业收入不少于 5 000 万元;(3)最近一期期末净资产不少于 2 000 万,且不存在未弥补亏损;(4)发行后股本总额不少于 3 000 万元等。中国创业板市场从 2009 年 10 月开始启动,至 2018 年 1 月共有 713 家上市公司,总市值 50 600 亿元。

美国纳斯达克市场(NASDAQ),是世界公认的高新技术企业摇篮,创立于 1971 年,世界许多知名的科技型企业都选择在那里上市融资,如微软、英特尔、苹果电脑等。该市场也是中国企业海外上市的首选市场,如阿里巴巴、京东、搜狐、新浪、网易都在这里上市。纳斯达克上市标准分为三类。(1)纳斯达克上市标准一:①股东权益达 1 500 万美元;②最近一个财政年度或者最近 3 年中的两年中拥有 100 万美元的税前收入;③110 万的公众持股量;④公众持股的价值达 800 万美元;⑤每股买价至少为 5 美元;⑥至少有 400 个持 100 股以上的股东;⑦3 个做市商;⑧须满足公司治理要求。(2)纳斯达克上市标准二:①股东权益达 3 000 万美元;②110 万股公众持股;③公众持股的市场价值达 1 800 万美元;④每股买价至少为 5 美元;⑤至少有 400 个持 100 股以上的股东;⑥3 个做市商;⑦两年的营运历史;⑧须满足公司治理要求。纳斯达克上市标准三:①市场总值为 7 500 万美元;或者,资产总额达及收益总额达分别达 7 500 万美元;②110 万的公众持股量;③公众持股的市场价值至少达到 2 000 万美元;④每股买价至少为 5 美元;⑤至少有 400 个持 100 股以上的股东;⑥4 个做市商;⑦须满足公司治理要求。

(三)附件的基本内容

附件可以包括许多内容,主要是为了不影响正文阅读流畅和篇幅,但又对正文起到支撑的一些基本内容。商业计划书附件内容主要包括:(1)主要合同资料;(2)信誉证明;(3)影响力证明图片资料;(4)分支机构列表;(5)市场调查结果;(6)产品说明书;(7)技术信息;(8)生产制造列表;(9)宣传资料;(10)主要创业者简历;(11)会计报表;(12)公司注册证明;(13)专利证书等;(14)公司成立的章程。

第四节 创业计划书的凝练与展示

一、创业计划的演示内涵

演示,也称为路演,原指一切在马路上进行的演示活动。演示是向他人推荐创意、想法、观点的一种主要表达形式。公司或创业者为获取融资经常使用演示这种表达式方向投资者进行推荐和沟通。目前,由于创业计划演示能在较短时间内传递大量信息,其已成为创业者用来与风险投资者交流的主要工具。路演,遵循"总结逻辑→演示过程设计→沟通交流"的路径展开。通过路演,增强交流,引起共鸣,给投资者留下深刻印象,把复杂的问题变得通俗易懂,进行深入沟通和合作的过程。

创业计划书演示的功能包括产品发布、吸引人才、凝聚人心、成交客户、影响股东、吸引资本、渠道招商。每位创业者和大学生都需要学会演示技巧,因为在未来的创业和工作过程中,都有大量的演示机会去推销和传递自己的想法、创意和项目,创业计划书的演示是进行有效信息沟通的一种基本创业和就业技能。

演示的目标是让投资者既能接收最有效信息,又能享受创业计划演示全过程,激发投资者的投资欲望。要根据演示时间突出投资者重点关注的内容,如产品、市场、财务、团队等。不仅要阐释内容,还要引人入胜,带动投资者和评审者思考,既要有社会价值,也要有商业价值。要想准备一次完美的创业计划演示需要至少经历三个步骤,即理解内容与梳理逻辑、演示文稿与演示 PPT、演示训练与沟通交流。

二、创业计划演示的逻辑思路

从各类风险投资者对创业计划认知的角度来考察,创业计划书要回答三个基本问题,干什么、怎么干、如何撤。

(一)干什么

这是商业逻辑中最重要的问题,它可以让投资者决定是否有兴趣与创业者进行下一步的深入沟通。"干什么"起到确定方向的作用,即要回答用户有什么痛点问题,多少人有这种痛点,他们是否急需解决这些问题,创业项目的解决方案是什么。

(二)怎么干

如果"干什么"获得了风险投资者的肯定,那么就需要回答"怎么干"的问题,即商业模式与执行力。具体包括产品介绍、商业模式、市场推广、竞争分析、团队介绍。

(三)如何撤

如果干什么和怎么干都没有问题,就需要进一步告诉风险投资者如何撤的问题,而这些问题涉及发展规划和融资计划、资本退出方式等。

(四)案例分析

北京拜克洛克科技有限公司迅速缔造的“ofo 共享单车”案例。“ofo 共享单车”在 2016 年获取 A 轮融资后,希望进一步获取更多融资。在这个时期,“ofo 共享单车”已经开始接触规模更大的风险投资者,向他们展示和传递商业计划逻辑。

1. 用户有什么痛点问题

国内多个城市拥有公共自行车租赁系统,但并未涉及到校园,大学生面临步行时间长、校园用车难等尴尬问题。具体来说痛点问题主要集中在“挤、废、贵、丢、找、修”六个方面。“挤”是指大量自行车挤占高校空间,影响校园环境。“废”是指废旧自行车需要花费大量人力和财务进行处理。“贵”是指大学生购置自行车的价格贵。“丢”是指如果大学生自购自行车存在丢失的风险。“找”是指由于车辆众多,找车非常费时。“修”是指如果购买二手车出现问题维修比较花钱和费精力。

2. 多少人有这种痛点

“ofo 共享单车”在此阶段面对的主要目标客户是高校大学生和教师。国内共计有 2 000 所以上高校,超过 3 000 万大学生,如果每人年均消费 70 元,市场容量超过 20 亿。未来还可以继续覆盖人口众多的社区和地铁站周边,解决 1~3 千米的出行问题。

3. 大学生们急需解决这些问题吗?

目前大学生功课繁忙,业余活动频繁,时间紧张,为了提升大学生出行效率和降低成本,自行车成为高校内最有效的交通工具。

4. 解决方案是什么

以“ofo 共享单车”为核心产品,专注于移动互联网应用及智能硬件开发,为大学师生提供便捷经济、绿色低碳的校园共享单车服务。

5. 产品介绍

在公司自购单车和用户自愿携车加入的基础上,通过关注微信服务号和下载 App,运用智能车锁,为高校师生提供自由流动,随取随用的自行车共享模式。

6. 商业模式

共享单车的服务对象是有出行需要的高校学生,价值的载体是“ofo 共享单车”,公司需要开发智能车锁、微信服务号和 App,并需要整合自行车制造商的制造资源、高校的准入许可,从而实现客户价值。“ofo 共享单车”的盈利模式中,收入主要包括共享单车的使用收益、用户套餐及付费产品收益、微信渠道合作收益等,而成本包括人员费用、软件开发费用、自行车购置费用、广告宣传费用等,它们的差值形成最终的利润。可持续盈利能力的构建,主要通过为客户提供共享单车使用年卡或月卡优惠服务,以及对客户每一次消费提供优惠而留住客户,以上环节形成价值循环系统,为企业带来盈利和发展。

7. 市场推广

“ofo 共享单车”的市场推广策略可以分为自身营销策略和合作渠道推广。其中自身营销策略包括自媒体营销、校园推广、红包营销，合作渠道推广方式包括校园合伙人、社团合作、院系合作等。

8. 竞争分析

“ofo 共享单车”的现有主要竞争对手是摩拜单车，与竞争对手比较如表 12-3 的所示。总的来看，“ofo 共享单车”市场容量较小，目标集聚，市场空白，推广费用低，单车成本低，快速回笼资金，具有较强的竞争优势。而摩拜单车市场容量大，单车成本高，维护成本低，推广费用较高，具有一定竞争优势。

表 12-3　“ofo 共享单车”与摩拜单车的比较分析

指标	“ofo 共享单车”	摩拜单车
运营范围	高校	城市
车辆成本	成本低（每辆 200～300 元）	成本高（每辆 3 000 元）
车辆密度	密度高（校园）	密度低（城市）
推广成本	成本低（目标集聚）	成本高（目标分散）
战略计划	校园走向城市	城市包围校园

9. 团队介绍

创业团队均是来自北京大学的硕士研究生，同属于北大车协成员，已经有多次合作经历，熟悉高校和大学生需求，这是一支熟悉产品和市场的高素质创业团队。

10. 发展规划与财务

在 2016 年 5 月，公司业务已拓展至北京、上海、广州等地 40 余所高校，共享单车数 1.5 万辆，注册用户 40 余万，日均用车次数超过 10 万，累计订单数超过 600 万。公司战略规划分为四个阶段。第一阶段，在北京市内选择 4～5 所高校进行试点，整合团队，完善商业模式，这一阶段已经完成。第二阶段，进行快速扩张，进驻北京、上海、广州的 60 所高校，这一步正在进行。第三阶段，进驻全国 500 所高校。第四阶段，进驻全国 1 500 所高校。未来，“ofo 共享单车”还将探索共享单车在城市中的运营模式。自行车作为 3 千米内最经济便捷的出行方式，在城市内有着巨大的市场空间。公司财务目标是保持正常现金流，在扩张过程中不断吸引新的风险投资者进入。

11. 融资与产出

第一阶段已经融资 900 万，目前期望融资 2 500 万人民币，所占股份面谈。所融资金用于第二阶段快速扩张市场。

12. 资本退出

未来共享单车市场可能会出现双寡头垄断局面，各寡头占据各自的目标市场，最终，“ofo 共享单车”有可能会通过公开上市方式或兼并方式资本退出。

综合以上分析，“ofo 共享单车”创业项目具备四大核心竞争力，即最熟悉市场、最先占领市场、成熟的商业模式和品牌效应初步形成。

然而，从商业计划的角度反思案例，还存在的问题：(1) 未按照商业计划进行，只顾扩张，未考虑盈利模式；(2) 管理不细致，团队建设不好，只有人员增加，没有人员管理；(3) 风险考虑不足，应对市场风险，只考虑市场占有率；(4) 退出方式考虑不足，兼并也是很好的方式;(5)股权设计不合理,人人都有否决权,无法做决策。

三、创业计划演示 PPT 制作步骤与基本内容

(一)创业计划演示 PPT 制作步骤

创业计划演示 PPT 制作分为三个主要步骤:第一,理解内容和理顺逻辑。依据创业计划演示的三大问题,梳理清楚它们之间的逻辑关系,搭建具有创业项目特色的商业计划演示逻辑图。第二,构思版面和主题思路。构思要注重掌握详略,把握图文比例。可先构思如何彰显每一页主题,数据的展示是何种图表类型。第三,PPT 制作与修改完善。分为三个小环节,即搜集图文素材、制作 PPT、调整 PPT。整体结构分为封面、目录、导入、内容和结尾五大部分。制作是耗时的,尤其是调整阶段,将不断进行修改完善。

(二)创业计划演示的基本内容

创业计划演示 PPT 主要包括以下几个方面的内容:封面、导入、产品与服务分析、市场与竞争分析、商业模式、财务分析和融资方案、管理团队、结尾。

1. 封面

在演示 PPT 的封面中需要给出公司的名称、标志(logo)、联系人及联系方式。此外,在封面上除了项目名称,还需要有副标题,给出解释、发展方向等。只有描述非常有抓力,投资人才会对演示内容更感兴趣。

2. 导入

可以以故事、案例、图片、文章作为导入点,由表及里,由小见大,让投资者感到创业项目有巨大的社会价值和商业价值。这部分主要讲清楚用户存在什么痛点,有多少用户有同样的问题,创业项目为他们创造了什么价值。当前的解决方案存在什么问题。

3. 产品介绍

主要介绍产品特色、优势、亮点、存在问题及如何解决。

4. 商业模式

这一部分需要介绍所构建的价值系统是怎样的一个商业体系,具体内容包括价值系统由哪些要素构成和如何形成商业闭环,如图 12-1 所示。此外,还要向投资者说明在整个价值系统的哪些环节赚钱,也就是盈利点在哪里,以及未来收入的延伸。

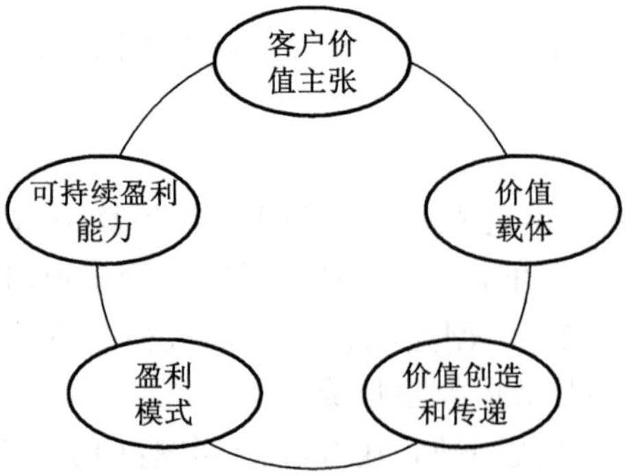

图 12-1　价值系统的商业闭环

5. 市场与竞争分析

在这部分，主要介绍核心竞争力、竞争对手和发展空间。列表来分析与对手项目相比自己的优劣势是什么？直接对手及间接对手是谁？竞争者的投资、发展情况。

6. 财务分析与融资方案

本部分主要展示创业项目的五年财务预测、融资的用途、融资金融、融资退出方式和下一轮融资的时间预期。

7. 管理团队

在这一部分演示 PPT 中，要展示内部团队、外部团队和资源团队的完善性和他们之间的互补性，以及每个团队成员有过哪些过往的业绩。

8. 结尾

可以阐述社会价值、商业价值或者情怀，升华投资人对创业项目和团队的认知。

四、创业计划演示过程四大核心环节

创业计划演示需要把握四个要点：(1)把逻辑理顺，把创业项目讲流畅；(2)把风险投资者带入场景体验，演示需要感染力，能激发共鸣；(3)需要不断提供有力证据，证明创业项目在市场、产品和团队上都有竞争力；(4)重复项目核心卖点和关键词，让人牢牢记住。创业计划演示包括四个环节，即入场、演示、沟通、退场。

(一)入场

入场阶段，是指第一位成员开始讲解到最后一位成员完成讲解。(1)团队成员需要快速各司其职。演示团队入场后，除了演示成员保持站姿、平稳心情、准备演示外，其他成员需要配合做一些幕后工作。(2)礼貌快速地应对出现的小插曲。如果出现小麻烦，快速与工作人员一起解决。如果创业团队没有应变能力，很容易被评委认为不具备应变这种最基本的创业能力。(3)不要匆忙进入演示环节。在入场后不要马上开始，观察一下评委是依然在讨论上一个项目，或者正在低头看材料。评委在忙碌时不要匆忙开始演示环节，演示者可以通过提问或者静候等方式唤醒各位评委。(4)注意着装问题。在正式社交场合中，着装应庄重大方，不宜过于浮华。

(二)演示

演示阶段，是指第一位成员开始讲解到最后一位成员完成讲解。(1)应对时间相对性的影响。调整投资人对演示时间的预期，具体办法是构建演讲的结构和要点。演示者要确保将难以理解的观点拆分为易于理解的小知识点，做到环环相扣，引导投资者逐步深入，提高理解效率。还可以适当增加一些趣味的演示环节，这些内容都会使演示过程更加丰富多彩，调整评委对时间的心理预期。(2)把握演示环节的时间和人员安排。常见的演示时间为 5 分钟、10 分钟、15 分钟、30 分钟。(3)调整好站姿、表情和声音。根据讲解者的风格和讲解能力来设计演示站姿，选择团队中表达能力最强的成员来担任讲解职位。讲解者需要面带微笑，带动现场气氛，善于使用音准节奏。讲解者讲述创业计划的节奏，需要有高有低、有快有慢，有轻有重。未轮换到的演示成员，最好面带微笑看着投资者和评审者。(4)脱稿讲解。总结出每页 PPT 需要讲解的核心要点，每页 PPT 设计 2~3 个要点，根据核心要点阐述需要表达的内容，最后做到心中有点，心中有稿。(5)演示者是整个演示过程的主角。一个成功的讲演过程以演示者为主导,在需要演示 PPT 时才引导大家观看。演示者把握整个创业计划的逻辑,而演示 PPT 只是起到辅助作用,展示一些需要强调的内容和难以用语言表达的图片和视频。(6)相关道具支持与视频嵌入。在演示过程中,演示者可以通过现场出示相关产品和道具来吸引投资人,加深对项目的理解。为了形象说明产品功能和证明某些关键问题,在演示时间允许的情况下,在演示 PPT 中嵌入一些视频,使演示内容多样化,激发评委的兴趣。

(三)沟通

沟通阶段,是指第一位评委开始提问到最后一位成员完成回答。(1)评委心理模型的影响。演示者应提前主动了解评委的心理模型,比如熟悉评委的背景和经验,把握不同背景的评委关注点和侧重点。在演示和沟通的信息可能与评委认识不一致,会引起评委反感或抵触的时候,演示者需要掌握如下技巧。从评委相信的观点说起然后引申到自己的观点,使用出人意料的说法。演示者在演示和沟通时可以采用举例子、讲故事的方法,设置一个场景让评委在最短的时间内进入演示者的语境,帮助评委快速理解所沟通的信息。(2)沟通保持安全距离。社交距离一般是 120~360 厘米,相当于隔着一张办公桌的距离。工作场合人们多采用这种距离交谈,在小型创业计划演示会议上,与评委沟通也多采用此距离。(3)沟通需要保持正确的心态。对于评委"不理解"的问题,进行详细耐心的补充解释,善于从原有的、大众比较熟悉的概念出发来解释自己的观点。对于自己无法理解的"比较刁难"的问题,则尝试先用自己的话阐释评委的问题,得到肯定意见后再进行"尝试"的"探讨",切不可直接否认评委的观点或是认为评委的提问是没有意义、无价值的。(4)模块化问题沟通方法。事先对一些基础问题形成基础问题模块,在回答不同问题时,可以将这些模块单独回答,也可以将模块组合后进行回答。模块化问题沟通方法的准备和训练步骤是预设基础问题模块、根据项目内容获得回答问题思路和要点、通过提问来训练模块组合思路。(5)听懂问题才回答。在评委提出问题后,一定要搞清楚评委的真实意思。要确定评委问了几个问题,评委是不会忘记自己曾经提过几个问题的。如果一个评委提出过多问题时,团队成员在回答之前要先和评委确定有几个问题。(6)实事求是地回答问题。(7)沟通问题要有礼有节。礼节是创业团队和成员的基本商业素质,在融资期间是投资人进行投资决策的关键影响要素。投资人经常说宁愿投一流团队、二流项目、也不投一流项目、二流团队。

(四)退场

退场阶段,致谢投资人和评委到最后一名成员离开演示场所。当沟通环节完毕,演示团队应该保持礼貌有序退场,不要大声喧哗,急于讨论演示效果,或者像败军之旅,零零散散,毫无斗志。还有许多细节需要关注,如大家可以一起感谢评委的建议和支持,在出门时最后一名成员尽量小声关门。

【思考与练习】

1. 菲利普·科特勒教授提出的产品三层次理论包括哪些内容?
2. SWOT 分析方法的步骤包括哪几步?
3. 制造业企业在选择厂址时需要关注哪些影响因素?
4. 如果评委对我们的创业项目进行否定和质疑时,我们应该如何应对?

第五篇　案　例　篇

案例一　迁安市海绵城市建设

【案例正文】

海绵迁安:从钢铁之城到生态水城的华丽蝶变之路
——以迁安市海绵城市建设为例

摘要:海绵城市建设是我国五大发展理念的具体落地实施,是新型城镇化建设的重要内容。本案例以"海绵城市建设人心所向—项目前期重谋划—施工期创精品—运营期强数智化与海绵+产业"为线索,描述迁安海绵城市建设项目如何一步步凝聚多方共识,成功打造"会呼吸"的城市,实现人水和谐的华丽蝶变之路,旨在为北方县级城市海绵城市建设提供经验与借鉴。

关键词:海绵城市;PPP 模式;数字赋能;海绵+产业

0　引言

"上午 9 点多出去到超市购物,没想到一场瓢泼大雨足足下了一个小时。"2020 年 7 月 17 日迁安市城区的那场大雨,让燕京小区居民曹大爷印象特别深刻,逢人便讲,"没想到,等雨停了往家赶,路上畅通无阻,鞋袜不湿。越来越明白啥叫'海绵城市'啦! 每到雨季,'城市看海、汽车抛锚'的历史一去不复返啦!"然而,在 2015 年 3 月,迁安作为县级市,入选我国首批海绵城市建设试点城市时,很多人心中还存有疑虑:这座被称为"钢城"的资源型城市能够改变过去城市建设的老路吗? 能够担此"重任",为京津冀区域缺水县级市的海绵城市建设探索出一条可复制的路径吗?

1　项目背景:人水矛盾日益突出,海绵城市建设人心所向

迁安市地处燕山余脉,西、北、东三面环山,南临渤海,地势走向西北高东南低。行政区域内有低山、丘陵、平原三种地貌类型,平原地貌占比约为 44.6%,是典型的半山区县级市。这里春夏秋冬四季分明,雨热集中在夏季,降水时空分布不均。每到春季,干旱少雨、大风频繁,干旱指数 1.52。而进入夏季,则酷暑炎热,雨量集中,多出现暴雨或连阴雨,易造成内涝灾害。2015 年之前,迁安城市建设"重地上,轻地下,重面子,轻里子",马路、广场、停车场都用水泥或沥青铺装,主城区内涝灾害频发,区域内水环境恶化等一系列问题凸显,人水矛盾尖锐。较高的硬质化比例导致降雨过程中大量的雨水集中通过排水管网外排,雨水难以

在本地蓄存,一方面增加了管网排水压力,提高了内涝风险;另一方面也威胁到水生态系统的自然循环、破坏了城市建设与自然和谐发展。每逢遇到强降雨,迁安市大部分区域的城市市政道路会产生明显的内涝现象,部分严重区域积水在降雨后 50 分钟才可彻底排除。2016 年 7 月 25 日,2 小时降雨量为 92.6 毫米,达到迁安 20 年一遇 2 小时降雨强度(对应降雨量 90.9 毫米),城区出现了 41 处明显的内涝积水点,城区钢城路的积水达到轿车的排气管(如图 1 所示)。

图 1　迁安市 2016 年 7 月 25 日城区钢城路内涝积水点

Fig. 1　Waterlogging point in Gangcheng Road, Qian'an City, July 25, 2016

1.1　水资源短缺,供需失衡

从国家的宏观层面来看,我国人均水资源占有量只有 2 000 立方米,仅为世界人均水资源占有量的 1/4,全国有 2/3 以上的城市存在供水不足的问题。据预测,到 2030 年,随着我国总人口数量的增加,如果我国人口达到 16 亿,则人均水资源占有量将会下降到 1 760 立方米。从迁安市的区域层面来看,迁安市年平均水资源总量 3.611 7 亿立方米,而水资源利用量为 2.913 4 亿立方米,人均水资源利用量仅为 404 立方米,远低于人均水资源量 1 000 立方米的缺水警戒线,属极度缺水区域。而且,由于近年来自然条件变化,迁安市年降水量不断减少,水资源量呈衰减趋势。同时,现有的水源地受城市建设用地侵占影响,水资源的安全性隐患正在加深。随着经济社会的发展,迁安市对水资源的需求量正在持续增加,如不能及时解决,水资源供需矛盾将制约迁安的进一步发展。

1.2　逢雨必涝,遇涝则瘫

每到雨季,城区内涝灾害频发是长期困扰迁安城市发展的一个顽疾。城市内涝的发生,从表面现象来看,是异常恶劣的暴雨天气,但究其本质原因,则是城市建设"重地上,轻地下",忽略人水和谐的建设理念与做法。随着城镇化进程的加快,传统城市建设扩张,逐年增加的水泥混凝土硬化地面改变了自然汇流条件,城市与自然、人与水之间的矛盾凸显。迁安市老城区历史内涝区逢暴雨必内涝,地势低洼区域内涝积水风险极高,内涝问题日益突出,亟待解决。

1.3　无序排放,河水黑臭

迁安海绵城市试点区共有三里河、黄台山公园、龙形水系、燕鑫公益园 4 处水体。作为迁安市主城区末端排涝通道,也是市民重要的景观休闲河道,2015 年之前,三里河水体黑臭，下游水质超标，污染严重，尤其是穿城而过的一段黑臭水体，不仅人见人厌，而且还被住建部点名批评。河水被严重污染背后的原因主要有三个方面：其一，三里河水量受上游滦河水源水位影响大，年内流量分布极其不均，部分时期甚至存在干涸状态，水体自净能力不足，水环境容量较低；其二，三里河河道两侧没有实行系统的污染源治理，农村生活污水污染、垃圾污染、畜禽养殖污染及农田面源污染等无序排放进三里河；其三，传统的排水管网中，雨水与污水并未分开，雨污合流导致雨水和污水集结在一起同时排入三里河。截至2015年，三里河流域现状受纳的污染负荷无法通过河道水环境自身净化得到消解，河道水质越来越恶化。

1.4　厉兵秣马，成功获批

2015年海绵城市建设试点申报期间，迁安市委市政府带领全市各个部门，上下齐心，通过详细论证，选择了内涝问题突出、改造急迫的21.5平方千米作为试点区域，经过精心准备，通过竞争性评审方式，迁安市成功入选首批16个海绵城市试点城市。试点建设期内，迁安将实施五类项目，分别为城市低影响开发、内涝防治、水质改善、供水保障、能力建设，共计189项工程。通过集中解决水资源、水环境、水安全、水生态四方面问题，实现“小雨不积水，大雨不内涝、水体不黑臭、热岛有缓解”的建设目标，给人民群众交一份满意的答卷，探索北方缺水县级市海绵城市建设路径。

2　将建海绵城市，却遭多重困境

在海绵城市建设过程中，作为县级市，在铁矿资源枯竭与钢铁去产能的双重压力下，迁安面临重重考验：专业技术与管理人才短缺、技术力量薄弱、设计落地性差，缺乏与社会资本合作的经验……

2.1　缺人才

海绵城市建设是一项复杂的系统工程、民生工程，老旧小区改造与原有交通路面改造影响群众的生活与出行，在顶层设计与项目实施过程中，缺乏专业团队和技术人才的支持，很容易走弯路。然而，作为全国第一批16个海绵城市建设试点中的唯一的县级市，一方面没有同类城市参照，另一方面也没有经验可循，并且因自身技术、资源、人才等诸多方面的局限，要想做好海绵城市建设，其难度远大于地级市、省会城市及直辖市等大城市。海绵城市建设初期，迁安市只有一家二级市政单位，五家绿化单位，严重缺乏相关人才、技术设计团队和大型施工企业。此外，迁安也没有开展过PPP项目，没有与社会资本合作的经验。人才匮乏成为海绵城市建设管理最大的瓶颈。

2.2　缺资金

迁安海绵城市投资规模大，建设周期长，虽有中央财政和地方财政资金支持，但建设资金缺口依然很大。根据2014年财政部印发的《关于开展中央财政支持海绵城市建设试点工作的通知》，作为县级市，迁安每年获得中央财政对海绵城市建设试点给予的专项资金补助一年4亿，三年共12亿。其余的资金需要迁安自己想办法筹集。迁安是一座“依矿而起，因钢而富”的资源型城市，钢铁及衍生行业作为支柱产业，带领迁安走上了繁荣发展的快车道。但随着铁矿资源的枯竭与钢铁去产能，迁安正处在产业结构大幅调整期，加上国家对地方发债的限制，导致财政收入面临巨大的压力。如何破解海绵城市建设资金缺口大的难题，是摆在项目开展建设路上的拦路虎。

2.3 缺认知

在城市化建设前期,由于忽视城市建设与自然的和谐,大面积的水泥硬化路面与广场使大量宝贵的雨水白白流失,造成城市内涝频发,人水矛盾突出。然而,由于部分群众对海绵城市建设项目的必要性与急迫性认知度不高,不懂海绵工程能给我们带来什么样的好处,重视经济效益,而忽视生态价值、社会价值的惯性思维习惯没有完全被突破。同时,在海绵城市建设过程中,由于对原有的绿化、交通设施的改造,在一定时期内会给生活和出行带来不便,部分群众对海绵城市建设表现出不参与、不支持的态度。没有群众的拥护,海绵城市如何建?

2.4 缺资料

城市海绵改造设计所需基础资料严重短缺。首先,迁安市海绵城市建设试点区主要集中在迁安市的主城区,由于这里的小区很多是20世纪八九十年代建设的,建设年代久远,市政资料短缺,雨污水管网、施工图纸和竣工图纸大部分未存档。其次,由于老化破损、私搭乱建等实际情况,为数不多的存档资料与现场实际情况存在严重偏差。城市市政管网与小区排水连接情况资料不齐全,小区排水方向、排口位置、深度等都需要现场核实。因此,现状资料不全、地下管网情况不清楚,改造方案、雨水控制、划分雨水分区等后续工作无法开展。

3 项目前期:系统谋划破难题

海绵建设领导小组利用头脑风暴法集思广益,系统谋划,逐一破解难题。

3.1 借智借脑,做好顶层设计和过程监督

针对县级城市缺人才、缺技术、缺管理的实际情况,在海绵城市试点工作建设之初,项目团队就提出“让专业的人干专业的事”的思路。不仅聘请海绵城市建设方面的权威专家作为技术指导和顶层设计师,而且聘请了第三方咨询公司,强化全过程技术指导服务。针对自身短板,在充分发挥自身主观能动性的基础上,经过多方考察论证,引智引才、借智借脑,引入了北京清化同衡规划设计研究院、北京大岳咨询有限责任公司、中国城市建设研究院有限公司、清华大学共四家技术服务支撑团队。在实现海绵城市建设的大目标下,四家技术队伍工作重心各有侧重,又通力合作。四家合力攻坚,提出了统筹“源头—过程—末端”的全过程治理方案,并且陆续编制了《迁安市海绵城市建设三年实施方案》《迁安海绵城市试点区系统化设计实施方案》《三里河流域内涝及水环境综合治理系统化方案》,进一步明确试点区建设方案,指导试点区建设工程落地实施。之后,编制用于指导设计、施工的标准化、规范化文件,如《迁安市海绵城市建设区专项规划》《迁安市海绵城市建设规划设计导则》《迁安市海绵城市建设标准图集》《迁安海绵城市建设项目施工图审查办法》《迁安海绵城市建设项目竣工验收技术规程》等。

3.2 携手社会资本,共商共建海绵城市

聘请国内知名的PPP咨询公司提供全过程海绵城市PPP咨询,通过竞争性招标选择社会资本,共同开启海绵城市建设。2015年7月,项目团队与PPP咨询公司针对部分海绵项目改造项目体量小、利润低的劣势,设计出“整体打包、肥瘦搭配”的模式,大大提高了PPP项目对社会资本的吸引力。首先,针对海绵城市有些建设项目琐碎、无利润或利润低的问题,合理搭配海绵城市民生公益项目和经营收益项目,采用设计、融资、建设、运营一体化模式,将利润高与利润低的项目整合在一起,以整体打包方式吸引社会资本。其次,将

189 个项目按盈利属性进行分解,76 个民生公益性项目由政府自营,113 个经营性项目由社会资本运营,以打消社会资本的顾虑。对于公益性项目,如老旧小区、绿地广场改造,政府全额投入;对新建或在建小区改造,生态停车场、绿化成本投入,政府对社会资本实行差额补贴;对未开发建设地块,通过规划管控,特许社会资本参与建设。最后,坚持项目建设质量验收与项目后期运营效果考核相结合,实现项目建设与运营的可持续化。

3.3　三管齐下,引导群众参与并积极支持海绵城市建设

立体化宣传,深入民心。充分利用电视新闻专栏《海绵城市进行时》、微信公众号、电子大屏等载体,全方位、多角度宣传报道海绵城市建设的内涵和意义,通过市民热线、现场走访、接待群众来访,广泛争取市民理解和支持,为全面推进海绵城市建设奠定群众基础。在本地受众量较大的迁安电视台,开辟"海绵城市进行时"专栏、专版,向全市人民及时推介海绵城市建设的理念、意义、做法,通过一个个具体的项目实例向公众进行生动形象的展示,让群众了解国家海绵城市建设的重大战略思想和具体的工程举措。借助微信等自媒体传播方式快捷、简便的优势,建立"迁安海绵城市"微信公众号,将海绵工程建设各项工作及时向社会各界展示。公众号同时开通群众留言板块,广泛征询群众意见和建议,对收集到的意见,第一时间予以反馈,确保民意沟通渠道畅达。

示范引领,调动积极性。选择迁安建委家属院等典型小区进行示范改造后,组织广大市民参观,亲身体验改造前后的效果,让事实说话。试点区内 20 多个原本持观望、怀疑态度的单位和社区,在亲身感受到海绵化改造的效果后,陆续主动申请进行海绵改造。从不相信、不认可、不想建,到争着抢着建,这是认知的一大转变。海绵城市改造得到广大居民群众的认可,广大市民自发送水、送水果慰问施工人员,形成了群众支持、参与、献计献策的海绵城市建设热潮。

未雨绸缪,广征民意。很多海绵试点建设项目开工或复工,尤其是涉及居民小区、绿地广场等与公众生活、交通出行息息相关的工程,不可避免地会给人民群众造成出行、生活上的不便。一方面,项目团队派出精兵强将,深入老城区老旧小区进行全面走访,收集整理群众的主要诉求;另一方面,组织来自海绵工程建设单位、施工单位、监理单位以及小区居委会、物业的相关负责人一同出席协调会,针对工程建设过程中有可能出现的各类问题进行了充分地讨论和协商。此外,通过市民热线、现场走访、群众来访汇总的每条合理化建议,确保有调查,有回音。通过规划让群众参与、质量由群众监督、效果请群众评判,构建了良好的双向沟通渠道,让海绵城市走进民众,让民众认识海绵城市,为后期工作开展打下坚实的群众基础。

3.4　实地勘测,确保市政管网基础资料准确与完整

针对老城区地下管线建设年代久远,且可利用价值高的管线基础资料不多的问题,委托专业公司,对 69 个居民小区的雨水管、污水管,进行管线探测及管道内窥检测,物探长度达到 200 km,完善了市政现状基础设施的详细资料。通过对城区雨污管网进行物探和管道闭路电视探测,掌握管道的布置与运行现状,确保了市政管网基础资料的准确与完整性。其一,为迁安市海绵城市建设管网设计、修复改造提供了依据。其二,为未来在施工期间,施工单位能够合理避让地下管线提供了安全保障。其三,为利用数字技术建立一体化信息化管理平台,实现项目建设期与运营期的全生命周期管理提供了支持。

4　项目施工期:多重举措创精品

做好项目前期的准备工作后,如何凝聚各方力量,合力推动海绵城市建设项目的顺利施工,成为海绵城市建设项目实施的关键。

4.1　市长牵头,构建扁平化管理架构

海绵城市建设项目是一项综合工程,更是一项民生工程,由于涉及相关利益主体众多,谁来揽总牵头是决定项目成败的关键。为做好海绵城市建设工作,迁安市首先成立了以市长为组长,分管市长为副组长,政府办、财政局、住建局、税务局、国土局、园林局、审计局等相关部门负责人为成员的海绵城市建设领导小组,办公室设在迁安市住建局。成立迁安海安投资有限公司,作为市政府授权的海绵城市建设主体,负责对海绵城市试点项目进行投资、建设、运营管理。指挥部下设综合组、资金组、法务组、协调组、项目组、审计组、督导组、宣传组,各小组分工明确,协同推进项目建设,如图 2 所示。

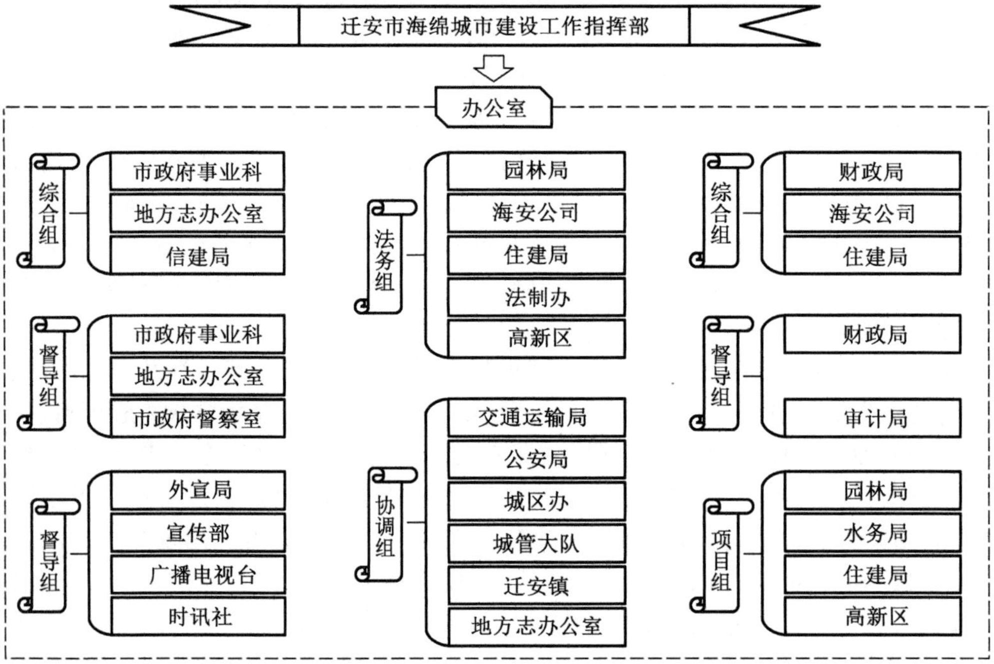

图 2　迁安海绵城市建设组织架构图

Fig. 2　Qian'an Sponge City Construction Organization Chart

4.2　"请进来"与"走出去",提高项目管理水平

海绵城市建设管理需要懂技术、懂管理的 T 型人才,为提高管理人员水平,一方面邀请专家来授课,另一方面走出去向兄弟海绵建设城市学习。邀请工程项目建设和管理领域的知名专家就海绵城市建设技术规范标准及细则、海绵城市建设项目成本、质量、进度、安全、环保等方面的管理及相关手续的办理等问题进行深度解读。由住建局、市园林局和 PPP 项目迁安市华控环境投资有限责任公司组成的迁安市海绵城市建设考察组,奔赴吉林省白城市、江苏省镇东市,虚心向兄弟城市学习。通过对比两地在组织体制、规划方案设计、项目进展、主要成果、典型案例的创新模式的异同点,不断提升自身项目管理水平。

4.3 样板引路,层层把关控质量

迁安海绵城市项目施工阶段,坚持样板引路,严控施工质量关。海绵城市建设,功在当代,利在千秋,务必在工程质量方面严格把关。因此,每做一个分项工程前,首先,按设计及规范要求做出样板,并请相关人员检查,提出意见建议和改进事项,经过完善后形成示范样板,再按照样板标准要求展开大面积施工。其次,在施工过程中,邀请专家团队、质监站质检人员现场监督指导,做好事前、事中控制,避免"死后验尸"。严格控制材料质量,对进场材料进行外观质量、出厂合格证的检查,并进行现场见证取样,复试合格后方可使用。严控工序管理,强化隐蔽工程验收,功能性检验。最后,强化多级验收制度。建立施工单位自评、监理评估、专家评审,建设单位组织各方责任主体参加的竣工验收体系,层层把关,确保工程验收合格。

4.4 跟踪审计,确保专项资金的使用效率

政府投资项目主要以住宅小区和公园绿地项目为主。在建设项目施工前,迁安市已预见到在项目实施过程中可能会因指标调整、民生诉求等原因导致工程内容出现调整。对此,项目团队提前谋划,将结算审计相关工作前置,全面落实引入资金的过程跟踪审计。在合同中设置了相关条款,约定变更工程量可依据跟踪审计单位出具的《阶段性审计结论》为基础,参照合同内进度款拨付比例,履行拨款审批程序后拨付相关款项。该举措的实施,取得了"一石三鸟"的作用。一是使施工单位不必担心项目建设资金问题,而把全部精力投入到项目建设之中,对迁安市试点项目建设起到了较大的促进作用;二是使项目建设资金的安全性得到保障,不仅降低资金超拨的风险,且加快了专项资金的流动速度,提高了资金使用效率;三是大大缩短了结算审计的周期,降低了后期审计部门工作量。

5 项目运营期:打造数智化管理,推动海绵+产业

5.1 数字赋能,实现全生命周期数智化管理

依托互联网、物联网、大数据、区块链等数字技术,建设海绵城市管理信息平台,实现数智化管理,全面实现对海绵城市建设项目的管控与绩效考核。海绵城市建设项目与其他工程项目相比,不仅在竣工时要验收,更重要的是要检验竣工后投入使用后的效果。传统验收模式下,以规划图、设计图、施工图为依据不能满足海绵城市建设项目的考核评估要求。因此,需要以排口、管道流量、液位数据、河道断面水质数据、历史积水点数据,雨水收集利用量数据等为依据,实现项目全生命周期的管理与评估。首先,在合同中明确海绵建设项目的绩效考核由建设考核和运营考核两部分组成。自项目验收之日起,开展建设考核,包括以现场考核为主的竣工考核和以监测数据评估为主的可用性考核;自项目运营开始之日起的运营考核,包括以现场考核为主的项目效果考核与以监测数据评估为主的整体效果考核。其次,建设包含化验数据采集子系统、项目信息采集子系统、监测数据集成子系统、政策文件管理子系统的迁安市海绵城市一体化信息平台。

监测子系统共安装了 134 台各类在线监测设备,其中在线液位计 48 台,在线流量计 70 台,在线 SS 计 12 台,雨量计 4 台。基于大数据的管理理念,通过互联网的在线监控,目前已初步实现感知、分析、指挥、服务、监察五位一体的智能化海绵城市建设项目的后期运营管理。此外,通过长期的数据积累,还逐步提高了预警分析的准确性,为防涝预案,项目建设、城市规划提供辅助决策的依据,成为城市管理的前置手段。完善的海绵城市建设考核和竣工考核使迁安市能够从容应对强降水天气,图 3 为 2018 年 7 月 24 日迁安市在建设

海绵城市后遇到强降水,市区降雨量达到107毫米时的情况,与2016年7月25日同路段相比,未发生内涝,表现良好,海绵城市建设效果显著,人民群众幸福生活指数提高。

图3　迁安市2018年7月24日强降水时钢城路面无积水

Fig. 3　There was no water on the road surface of the steel city during the heavy rainfall on July 24,2018 in Qian´an City

5.2　变废为宝,开发海绵+产业

迁安市依托海绵城市建设,充分发挥钢渣资源丰富优势,积极探索建筑新材料、新技术的研发和应用。把废弃钢渣作为粗骨料,与南京河海大学合作研发矿渣透水混凝土、矿渣透水砖等新型海绵城市建筑材料。以废弃钢渣为骨料的混凝土铺设的机动车道路,具有高渗透性,能够迅速把路面的雨水渗透、滞蓄和排出,大幅提高道路地表径流控制能力。新型钢渣透水混凝土增强了道路海绵功能,改善地表水生态循环系统。如图4所示,2020年11月份,以新型钢渣透水混凝土建成的北起惠民大街,南至惠安大街,全长543米的迁安云形绿化带机动车道路,标志着迁安市在海绵城市建设领域应用钢渣透水混凝土技术的新突破。钢渣透水混凝土道路的建成,一方面丰富了海绵城市LID设施类型,另一方面推进了迁安市旧钢渣资源化利用,实现了海绵+产业,促进了迁安市产业的转型升级。

图4　钢渣透水混凝土建设的迁安市云形绿化带机动车道路

Fig. 4　Motor vehicle road in cloud-shaped green belt constructed by steel slag permeable concrete

6　尾声

2018 年 7 月,经过海绵建设的迁安成功地经受住了台风“安比”的考验,试点区内涝问题全部解决,城区交通秩序井然。依托海绵城市建设,迁安这座县级城市不仅变得有“面子”,而且有“里子”,径流控制全面达标,内涝积水全面根治,黑臭水体全面消除,雨污管网全面改造。城市因海绵而改变,城市治理因海绵而科学,城市魅力因海绵而彰显,城市效率因海绵而提升。

海绵城市建设是一个长期坚持、持续改进的过程,需要十几年甚至几十年对城市方方面面进行海绵化。迁安海绵城市建设还在进行,人民群众的幸福感会持续提升。

Sponge Qian'an: A gorgeous road from steel city to ecological water city

——Take the Sponge City Construction of Qian'an City as an Example

Abstract: Sponge city construction is a major decision made by the Party Central Committee and the State Council to promote new urbanization and implement the construction of ecological civilization, which is an important part of the supply-side structural reform. This case describes how the Qian´an sponge city construction project management team managed to gathered consensus from multiple parties step by step. and worked together to create a “breathing” city by these steps “sponge city construction-re-planning in the early stage of the project-creating to high-quality goods during the construction period-strengthening the number to intelligence during the project operation period”. This case aims to provide experience and reference for the sponge construction of northern county-level cities.

Key Words: Sponge city, PPP model, Digital empowerment, Sponge+industry

【案例使用说明书】

海绵迁安:从钢铁之城到生态水城的华丽蝶变之路
——以迁安市海绵城市建设为例

一、教学目的与用途

1. 适用课程:《工程经济学》《项目决策分析与评价》《项目管理》《工程伦理》等相关课程。

2. 适用对象:工程管理专业硕士研究生(MEM)、公共管理、信息管理、工程管理本科生以及其他相关专业学生。

3. 教学目的:(1)思政目标。深刻理解“人民对美好生活的向往,就是我们的奋斗目标”的内涵,海绵城市建设所带来的正是满足人民群众对美好生活向往的愿景,激励学生为建设人水和谐的美丽城市而努力学习项目管理知识。(2)能力目标。本案例通过描述迁安市海绵城市建设项目前期、施工期、运营期面临的问题及解决问题的思路与措施,使学生掌握海绵城市建设项目的特点、管理理念、技术和方法。

(3)具体目标。

①理解海绵城市建设项目的生态价值、社会价值的内涵。

②基于海绵城市建设项目的特点,把握 PPP 模式在海绵城市建设项目中成功实施的要点。

③通过分析迁安海绵城市建设项目前期、施工期、运营期所采用的组织措施、技术措施、管理措施等,使学生掌握海绵城市建设项目管理的核心。

④通过分析迁安市海绵城市建设项目数字赋能运营与海绵+产业,使学生树立全生命周期项目运营管理理念。

二、启发思考题

以下思考题于课前布置给学生,帮助学生熟悉案例和思考案例中呈现的关键问题,这些问题将作为课堂讨论的基础。

1. 迁安市为什么要进行海绵城市建设?海绵城市建设的生态价值与社会价值有哪些?

2. 迁安市海绵城市建设项目前期面临的主要问题有哪些,是如何解决的?

3. 从系统论的角度出发解释为什么迁安海绵城市建设项目组织架构中要市长亲自挂帅?除了组织措施,还采取了哪些措施?取得了哪些成效?

4. 数字赋能如何提高迁安海绵城市的运营管理效率?

5. 假如你是海绵城市建设项目的建设与运营管理者,为继续实现海绵城市建设的可持续发展,你有什么好的建议?可查找资料对比萍乡、长沙等城市海绵城市建设项目的后续发展情况(开放题,可作为课后作业)。

三、分析思路

教师可以根据自己的教学目标灵活使用本案例。这里提出本案例的分析思路,仅供参考。

本案例以迁安市海绵城市建设项目为例,描述了迁安市海绵城市建设的必要性与重要性、项目前期面临的困难与解困思路、实现项目多重目标的措施、数字技术如何赋能海绵城市项目运营管理、最后实现生态、经济、社会效益统一的成就。使用本案例时,教师根据需要重点讲解项目前期的顶层设计、项目施工期的主要措施、项目运营期数字赋能。希望学生在此过程中,对海绵城市建设项目的管理有全新的理解。同时,对海绵城市建设项目的建设理念、实现路径、最终目标等有一个全方位的,较为深刻的理解。具体分析思路可归纳为图1所示的内容。

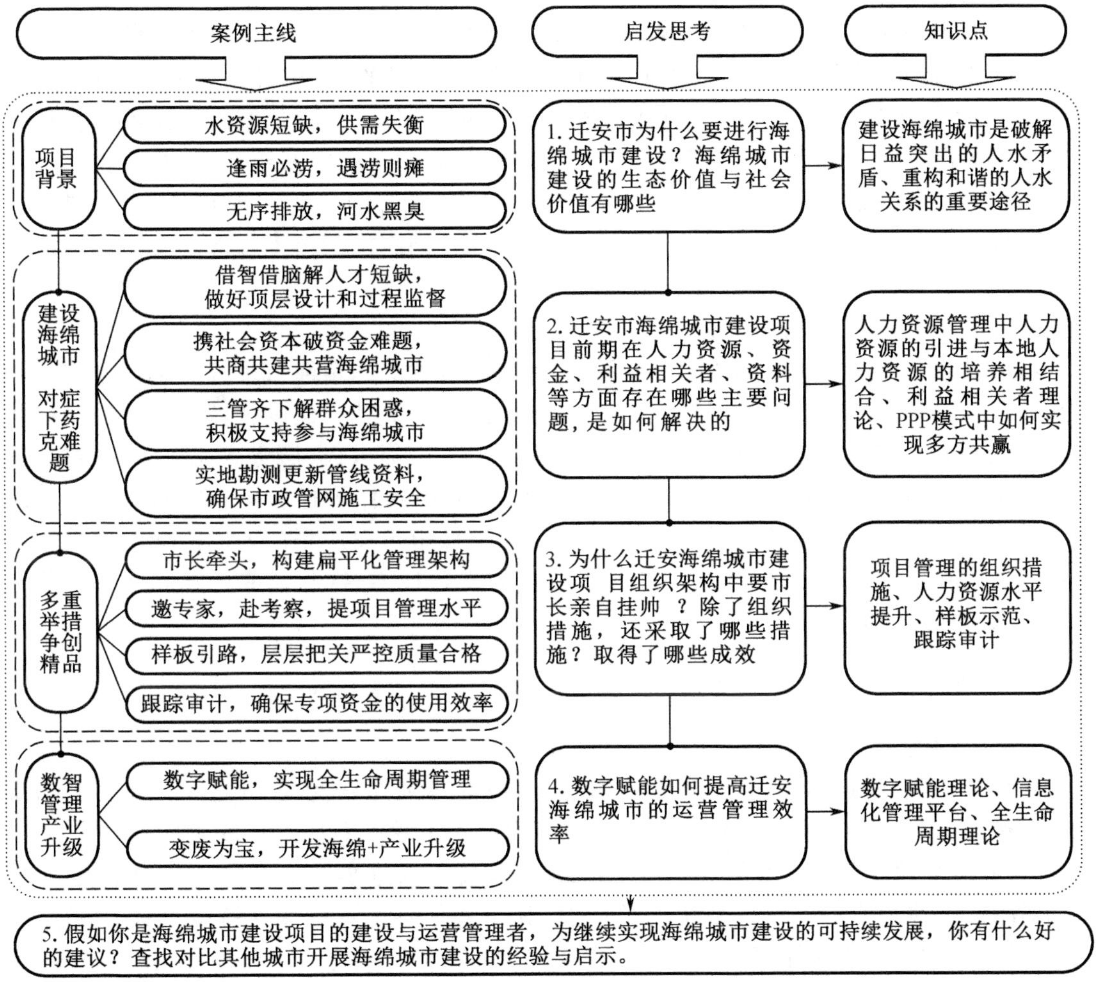

图1 案例分析逻辑路径

四、理论依据与分析

（一）海绵城市建设项目的内涵

1. 海绵城市概念的提出

2013 年 12 月 12 日，习近平同志在中央城镇化工作会议上的讲话提出："在提升城市排水系统时要优先考虑把有限的雨水留下来，优先考虑更多利用自然力量排水，建设自然积存，自然渗透，自然净化的海绵城市"的重要论述。海绵城市是全新的城市建设发展理念，传承了中国古代城市建设"天人合一、道法自然"的深厚思想与文化底蕴，是中国针对城市发展过程中水安全、水环境、水资源等问题提出的全新系统性解决方案，对于破解日益突出的人水矛盾、重构和谐的人水关系具有重要意义。

2. 更新发展观念的一次生动实践

海绵城市是通过一系列城市设施的建设与合理规划，让城市像海绵一样将落到城市里的雨水吸收、过滤、收集储存，进行合理利用。"海绵城市"的建设归结底是发展方式的转变，要坚持生态优先。作为解决城市地下排水难题的一剂良方，海绵城市建设不仅在很大程度上"治疗"了内涝这个顽疾，还增加了全市的水域面积。海绵城市建设的成功试点，正是新时代中国共产党人"不忘初心、牢记使命"更新发展观念的一次生动实践。城市是人民的，为民建城市，没有完成时，只有进行时，未来的中国，仍需探索更多像海绵城市一样的优秀样本。

3. 人民对美好生活的向往，就是我们的奋斗目标

习近平总书记指出："人民对美好生活的向往，就是我们的奋斗目标。"海绵城市建设所带来的正是满足人民群众对美好生活向往的愿景，这是海绵城市建设和城市发展的最终使命。"不忘初心、牢记使命"，迁安市在海绵城市建设中，依靠人民、服务人民，把人民群众满意作为衡量工作绩效的标准，把人民群众的幸福感、获得感作为检验工作实效的标尺。海绵城市建设让人民群众感受到了可喜变化，共享海绵城市建设成果。人民群众对海绵城市建设的关注和支持，形成了全社会支持城市建设的良好社会氛围，形成了共同缔造美丽和谐城市家园的新局面。

（二）系统论

1. 系统的概念

系统是人类在认知过程中，从关注被认知对象的各个部分、各部分之间关系中引出来的一个概念。对系统的解释有两种：(1)同类事物按一定秩序和内部关联组成的整体；(2)有条有理、有顺序。随着人类的进化与发展，系统思想不断进步。从本质上看，系统是对被认知对象的整体性质的强调。系统的整体性，其功能是各组成要素在孤立状态时所没有的，它具有结构和功能在外部因素作用下的稳定性，具有随环境变化而改变其结构和功能的适用性，以及历时性。

2. 海绵城市建设是城市各要素的系统融合

海绵城市是人与自然和谐共生的一个系统，这就要求组成城市系统的基本要素，市政基础设施、公共设施、园林绿地等必须整合成有序运行的整体。改变以往条块化、碎片化的城市建设方式，避免诸多城市病。以海绵城市理念为支撑的城市基础建设，其系统性决定

了城市建设要从部门化、条块化的建设方式转向整体集成的建设方式，由政府建设公共设施转向提供公共设施服务，由政府“既当裁判员，又做运动员”转向“专业的人做专业的事”，由政府“大包大揽”转向“放、管、服”，由政府投资“单打独斗”转向与社会资本“合作共赢”、以“时间换空间”。城市政府在城市公共领域，做好地下“里子”、地上“面子”，构建好城市公共支撑系统。

3. 构建系统化海绵城市建设体系

海绵城市的建设是一项需要多学科、多部门共同参与、并且以政府为主导的综合性、系统化工程。海绵城市建设是一项复杂的系统工程，与单一工程项目相比，在目标设定、方案设计、工程实施、建设管理等方面都具有高度的复杂性。为充分发挥海绵城市建设综合效益，必须树立系统建设观，始终坚持全面、系统、平衡推进海绵城市建设工作。在海绵城市试点建设过程中，迁安市很好地克服了“唯海绵而海绵”的片面认识，把提高水安全、改善水环境、恢复水生态、涵养水资源、复兴水文化的相关要求有机融入海绵城市建设总体要求中。倡导“海绵+”理念，把海绵城市建设与旧城更新、市政基础设施补短板、改善人居环境、提升城市服务质量有机结合。在此基础上，形成海绵城市建设系统方案，确保工程体系与建设目标相匹配，整体推进工程系统建设，实现建设效益的最大化。

（三）数字赋能项目全生命周期管理

1. 数字赋能

随着数字技术的迅猛发展，数字技术对提高管理效率提升的研究成为热点。虽未形成成熟的定义，但在以下几个方面达成共识。其一，数字赋能通过大数据、移动互联网、区块链、物联网等技术提升人们分析问题、解决问题的能力；其二，应用这些技术能产生广泛的发展效益。

2020 年 3 月，习近平总书记在考察杭州城市大脑时指出，运用大数据、云计算、区块链、人工智能等前沿技术推动城市管理手段、管理模式、管理理念创新，从数字化到智能化再到智慧化，让城市更聪明一些，更智慧一些，是推动城市治理体系和治理能力现代化的必由之路。

2. 项目全生命周期管理

项目生命周期是一个项目从概念到完成所经过的所有阶段。所有项目都可分成若干阶段，且所有项目，无论大小，都有一个类似的生命周期结构。其最简单的形式主要由四个主要阶段构成：概念阶段、开发或定义阶段、执行（实施或开发）阶段和结束（试运行或结束）阶段。一个工程项目的成功与否，不仅要考察项目建成后的质量，还要考察项目在运行阶段的效果。海绵城市建设项目在这一点的表现上尤其突出。迁安海绵城市建设项目建成后，不仅要从传统意义上进行工程质量的竣工验收，还要考察项目后期运营阶段表现出来的效果。

3. 数字赋能海绵城市建设项目的管理

海绵城市建设项目最终目标是解决城市内涝问题，充分利用雨水资源，实现人水和谐的良好生态。因此，单纯对项目进行竣工后的质量验收很难评价目标是否实现，需要对项目投入运营后的效果数据进行采集、处理、分析，才能实现对海绵建设项目的全面、准确地评价。因此，通过应用物联网、大数据、区块链等技术构建海绵城市一体化信息化平台，实时采集数据，进行分析才能实现正确的评价。同时，为海绵城市建设项目的可持续发展提供决策支持。

(四)具体分析

1. 迁安市为什么要进行海绵城市建设？海绵城市建设的生态价值与社会价值有哪些？

(1)迁安市进行海绵城市建设的原因如下：

①迁安属于北方缺水城市，水资源短缺；②雨季内涝灾害频发，严重影响人民群众人身财产安全；③旧的管网雨污合流、污水无序排放，导致生态环境恶化；④迁安市的经济发展需要解决水资源与供给之间的尖锐矛盾。

(2)海绵城市建设的生态价值与社会价值：

生态价值在于修复城市水生态、涵养城市水资源、改善城市水环境、提高城市水安全、复兴城市水文化；社会价值在于实现人水和谐，提高人民群众幸福生活指数。

2. 迁安市海绵城市建设项目前期面临的主要问题有哪些？是如何解决的？

问题一：由于受到县级市人才集聚条件的约束，海绵城市建设所需的高水平技术人才、管理人才匮乏。

解决思路："引进来"与"就地培养"相结合。首先，借智借脑，聘请全国海绵城市建设方面的权威专家，作为顶层设计师；同时，聘请了第三方技术团队，强化全过程技术指导服务。其次，通过请项目管理专家来迁安授课，派出骨干力量外出实地考察学习等方式，大力培养海绵城市建设与管理的本地精英技术人才与管理人才。

问题二：海绵城市建设资金缺口大，难以实现全面建设与后期运营。

解决思路：针对海绵城市建设项目的特点，携手社会资本，提出"整体打包、两家建设、一家运营、一体化信息平台整体监测、建设考核与运营考核相结合"的 PPP 合作模式。

问题三：原有建筑物、地下管线设计资料不全。

解决思路：针对旧建筑物、旧的市政设施管线资料不全，或者与实际不符等问题，委托项目公司开展管线探测及管道内窥检测，为后续的设计、施工、运营提供准确与完整的基础资料。

问题四：部分干部与群众的认知度、支持度不高。

解决思路：首先，通过电视、微信公众号、电子屏、演出等方式展开立体化宣传；其次，积极引导人民群众参与，献计献策，并行使监督权。

3. 从系统论的角度出发解释为什么迁安海绵城市建设项目组织架构中要市长亲自挂帅？除了组织措施，还采取了哪些措施？取得了哪些成效？

(1)迁安海绵城市建设项目组织架构中市长亲自担任海绵城市建设组长。海绵城市建设项目涉及住建部门、市政管理部门、园林绿化部门、交通管理部门、环境保护部门、小区业主等多个利益相关者，只有市长亲自挂帅，才能在最短的时间内协调好相关利益方之间的诉求。

(2)除了组织措施外，还采取提高人才管理水平、质量管控、成本管控等措施。

①采取"请进来"与"走出去"相结合的方式，提高本地海绵城市建设项目管理人员的水平；②通过样板引路，层层把关的方式控制质量；③采取跟踪审计，及时解决项目变更引起的成本增减问题，一方面提高项目变更审批效率，另一方面严格控制成本。

(3)取得了多方共赢的建设成效。一是从政府角度来看，通过引入社会资本，破解了项目建设资金不足的问题，提高了项目建设运营的效率；二是人民群众角度来看，提高了幸福生活指数;三是从社会资本角度看,参与海绵城市建设与运营,拓宽了投资渠道。

4. 数字赋能如何提高海绵城市建设项目的全生命周期管理?

依托互联网、物联网、大数据、区块链等数字技术,构建迁安海绵城市一体化信息管理平台。信息化管理平台主要包括化验数据采集子系统、项目信息采集子系统、监测数据集成子系统、政策文件管理子系统。以海绵城市建设管控与绩效考核为抓手,通过数字赋能,构建信息管理平台,对海绵城市建设项目展开全生命周期管理。

5. 假如你是海绵城市建设项目的建设与运营管理者,为继续实现海绵城市建设项目的可持续发展,你有什么好的建议?可查找资料对比萍乡、长沙等海绵城市建设项目的后续发展情况(开放题,可作为课后作业)。

参考答案:2013 年以来,我国在五大发展理念的指引下,先后遴选了 30 个城市进行海绵城市建设试点工作,不断探索海绵城市建设的模式,为海绵城市的建设提供借鉴与启示,具体可以总结归纳为以下几点(但不限于以下内容)。

(1)萍乡:海绵+产业模式。江西萍乡是我国首批 16 个海绵城市建设试点城市。在海绵城市建设过程中,不仅成功地完成了海绵城市建设的各项目标,通过推动传统的陶瓷、商品混凝土、管道产业向海绵产业转型,发展形成了海绵+产业模式。在 2018 年江西·萍乡海绵产业投资与发展对接会上,共有 22 个海绵项目签约成功,总签约金额达到 67.3 亿元。

(2)长沙:雨水资源入市模式。2020 年 12 月 11 日,长沙市高新区雨水资源使用权交易的成功“落地”,标志着我国雨水资源等非常规水资源实现生态价值市场化进入了实践阶段。湖南雨创环保工程有限公司以 0.7 元/立方米的价格对湖南高新物业有限公司集蓄的 4 000 立方米/年的雨水资源进行收储,再以 3.85 元/立方米(低于当地自来水价 20%)的价格转让给长沙高新区市政园林环卫有限公司,用于园林绿化、环卫清扫作业用水,替代优质自来水。长沙首创雨水资源入市模式,为海绵城市建设的可持续发展提供了可行路径。

五、背景信息

2015 年,迁安市年平均水资源总量 3.611 7 亿立方米,水资源可利用量 2.913 4 亿立方米,人均水资源可利用量仅 404 立方米,是京津冀地区典型的缺水城市。迁安市地处燕山余脉,北倚长城,南望渤海,西、北、东三面环山,地势西北高,东南低,有低山、丘陵、平原三种地貌类型,其中山地和丘陵约占全市面积的 55.4%,是典型的半山区县级市。迁安市属于温带半温润大陆性气候,四季分明,雨热同期,降水时空分布不均。春季干旱少雨,大风频繁,干旱指数 1.52。最突出的气象特征是雨热同期、降雨集中,易造成内涝灾害。与部分城市一样,迁安城市建设“重地上,轻地下,重面子,轻里子”,马路、广场、停车场都用水泥或沥青铺装。较高的硬质化比例导致降雨过程中大量的雨水集中通过排水管网外排,雨水难以在本地蓄存,一方面增加了管网排水压力,提高了内涝风险,另一方面也威胁水生态系统的自然循环、破坏了城市建设与自然和谐发展。

如何解决城市内涝问题?如何处理人水和谐之间的关系?如何将单纯的环境改造提升到可持续发展的高度?迁安人做出了历史性的回答。

六、关键要点

本案例包含关键知识点和能力提升点两方面要点,具体内容如下:

1. 关键知识点

(1)针对海绵城市建设项目的特点,做好项目前期的融资、人员、资料、群众基础等准备工作;(2)综合利用组织、质量、成本等措施,实现项目多重目标的实现;(3)掌握利用数字赋能构建信息化管理平台,从而实现对海绵城市建设项目全生命周期管理的思路。

2. 能力提升点

提升对海绵城市建设项目全生命周期管理的综合能力。

七、建议的课堂计划

本案例可以作为专门的案例讨论课来进行。以下是按照时间进度提供的课堂计划建议。

1. 课前计划

至少需要提前1周给学生发放案例,要求提前进行阅读,并查阅资料了解迁安海绵城市建设项目的相关背景。提出启发思考题,使学生对项目前期的准备工作、项目施工中各种措施、数字赋能项目全生命周期管理等理论有所了解。要求学生以小组的形式在课前完成一次初步讨论。

2. 课中计划

(1)课堂教学时间分配

本案例课堂教学时间共90分钟左右,由三部分组成:①案例背景介绍及课堂安排(5分钟);②各小组发言(40分钟);③课堂讨论(30分钟);④老师总结(15分钟)。

教师在采用本案例时,应根据教学需要进行时间调整,以满足自身的教学目的和教学内容。

(2)案例背景介绍及课堂安排

首先以"海绵城市建设人心所向—项目前期重谋划—施工期创精品—运营期强数智化"为主线,概要介绍迁安市从钢铁之城到生态水城的华丽蝶变之路。提出案例课程想要达到的教学目的,明确讨论主题,以及课堂计划和时间安排。

(3)小组发言

课堂发言按小组进行,包括两个阶段:①课前讨论的启发思考题的答案呈现(4分钟);②现场提问回答。围绕教学目标,提出规定的启发思考题以外的其他问题进行交流(4分钟)。

每组限定在8分钟左右,可以有5个组发言。

(4)课堂讨论

课堂讨论过程可以分为四个阶段:①迁安市为什么要进行海绵城市建设?海绵城市建设的生态价值与社会价值有哪些?②迁安市海绵城市建设项目前期面临的主要问题有哪些?是如何解决的?③从系统论的角度出发解释为什么迁安海绵城市建设项目组织架构中要市长亲自挂帅?除了组织措施,还采取了哪些措施?取得了哪些成效?④结合本案例和相关知识点,你认为数字赋能如何提高迁安海绵城市的运营管理效率?

其中第一阶段5分钟,第二阶段10分钟,第三阶段10分钟,第四阶段5分钟。

(5)老师总结

主要进行对启发思考题的理论依据、解释思路的探讨与解答,最后给出建设性的答案。教师可根据教学要求,首先简单介绍海绵城市建设的必要性、这类项目建设存在的难点等,讲解启发思考题解答的分析思路,并引导全班进一步讨论,进行归纳总结。

3. 课后计划

课堂上只展现关键知识点的部分内容,如有必要,可要求学生在课后通过查阅国内外海绵城市建设等方面的文献和书籍,或利用课余时间展开对一个海绵城市建设项目的实地调研,完成 3 000~5 000 字的分析报告,启发学生更加全面、深入地思考。

八、其他教学支持材料

课堂教学 PPT

案例二　荣滨高速公路项目

【案例正文】

工程质量第一:不断探索优化方案和提高人员素质
——以荣滨高速公路项目为例

摘要:荣滨高速是沟通荣城市区与滨水区、拉动荣城市经济腾飞的重要通道,也是荣成市实施投资拉动、确保经济平稳增长的重大举措。本案例介绍了荣滨高速项目经理部,通过优化工艺,引入创新思维,重新对百里桩的安装工艺进行设计,成功解决了荣滨高速公路项目的质量管理问题,并对项目进程中暴露出的人员管理问题进行调整。通过本案例的质量改进的分析,可以看到项目团队以小问题为切入点,进行质量管理的渐进式优化过程,对与之类似,或相关的高速公路建设工作,起到相应的指导作用。

关键词:优化工艺;创新思维;质量管理;人员管理

0　引言

张经理眼望着荣滨高速路段上,一辆辆车井然有序地行驶,思绪被拉回 2017 年……

1　风雨无情,问题凸显

2017 年 8 月 23 日,一场毫无前兆的天气变化波及了荣成市,天色骤变,大雨滂沱。这个夏天,荣成市经历了一场 20 年未见的强降雨。城市中心严重的内涝,给广大市民的出行造成了困难,甚至连中小学也不得不因此停课。此类恶劣天气,不可能不对荣滨高速公路的建设造成影响。荣滨高速公路建设项目在整体上主要分为四部分,工程划分为四期,按照流程安排,分段完成高速公路的建设,最终交付工程,投入使用。在项目开展的第三个月,也就是天降大雨的这个节骨眼上,第一阶段的工程已经接近完工,正在进行高速公路相关设施的安装工作。这一天,坐在荣滨高速公路项目经理部的窗户旁边,望着灰浊浊的天空,细密的雨丝,项目相关负责人张总不得不下达了"暂停施工"的指示。为了工程质量,同样也是出于对施工安全的考虑,他必须做出这样的决定。张总坐在转椅上,目光不自觉地伸向窗外,长长的,心里暗自期待着雨过天晴,一切照旧。

转瞬间,四天的时间便过去了。雨过天晴,积水在阳光的照射下,没了过往的神气,一点点干涸下去。生活似乎又回到了往日的常态。荣滨高速第二施工队的包工头老宋带着好心情上工了。在同事的陪同下,他们驾车打算对经过大雨洗礼的工程进行调查,以便于第一时间发现工程质量问题。他们行驶在新铺设的高速公路上,路面一马平川地向前延伸,乍看下,似乎所有的担忧都是多余的。

"看来咱们第一阶段的施工能顺利结束了。"老宋说。

"谁说不是呢,哎,宋头儿,等赶明儿交工了。咱们手底下的兄弟几个可得请您喝顿酒。"同行的小李把着方向盘说。

可没开出多远,老宋一行的眼前立刻出现了不和谐的音符。路肩上标识里程的百里桩像发育不良的灌木丛似的,一排排向路的外侧仄歪过去。然且,这样的问题可不是个例,百里桩一根接着一根地出现了质量问题。想必是暴雨冲垮了桩基础,同样也间接地暴露施工队在工程质量上的问题。老宋认为此事万不可拖延,当即拨通了项目负责人张总的电话,第一时间汇报了施工现场出现的问题。

"好,老宋,情况已经知道了。我一会儿马上去现场。"张总挂断电话,头脑里的小齿轮即刻飞速运转起来。经验告诉他,如果大批量的重新安装百里桩,势必会导致施工成本的上升。这个问题乍看之下是细枝末节,但在未来的施工,以及长远的道路养护中,这样的开销也会是一笔不小的数目。所以,必须在问题发生之初进行质量管理,杜绝重复的问题发生。张总立刻拨通了助手的电话,备车赶赴现场,着手探索百里桩出现质量问题的原因。

2 高度重视,初探解决之路

"你看看!这样的工程像什么话?老宋,咱过往的交情不谈,我要问你责任的。"张总猫下腰,指着路肩上开裂的混凝土,面色凝重。用来稳固百里桩的混凝土龟裂开,透出一道又一道裂隙。这一方面是暴雨冲刷的影响,另一方面也暴露了施工者在工艺上的不足。

老宋的脑门上冒出了一串汗珠,无奈地说:"张总,您也是从基层出来的,对路上的事儿跟我一样清楚。咱们的传统工艺向来是这样的,多少年了,也没有变过。先根据测量数据在高速公路的路肩上开凿预置孔,而后用混凝土浇筑百里桩,打入预置孔中。最后,用沙石和混凝土勾缝,填补空隙。咱们的工艺一直是这样的,哪怕有潜在问题,标准工艺如此,我们施工者也没法改进。"

张总的施工经验还是相当丰富的,听了老宋的话,见了他脸上的难色,深知他的话有几分道理。于是就消了火气,拿出解决问题的态度问:"这么说老宋,这百里桩在施工工艺上的问题你早有认识喽?"

"张总,认识谈不到。只不过工程干久了,自己也能琢磨出些门道来。咱们按照传统工艺,直接把混凝土筑成的百里桩插入路肩的预置孔中,确实是有潜在问题的。由于没有相应的防护措施提供保护,风吹日晒,雪来雨淋,在长期使用中,确实会有大量的雨水渗入预置孔中。这就很容易造成桩基础的不稳固,导致沙石结构破损,出现百里桩歪斜的情况。我们在施工中意识到了这个问题,但一直没有想到特别好的解决办法,多少也有点无能为力。"

张总听了老宋的话,肯定地点点头,目光再次落到了眼前倾歪的百里桩上,他说:"你说的问题我懂,在这个事情上,其实还有另外一个问题。那就是在公路建设中,除了工程本身的成本之外,咱们还必须考虑到长期的公路养护问题。传统工艺用沙石直接填补百里桩与预置孔之间的空隙,这种方法当然简单,却给未来的公路养护带来了莫大的困难。一方面,降低了公路养护的效率,另一方面,也间接提升了道路养护的人工成本。这样的情况,从长远来看是不利的。"

话说完，张总望着远处角度各异，倾斜的百里桩，陷入了沉思。看来必须找到一种方法优化百里桩的施工工艺，从根本上解决质量问题。此事迫在眉睫，容不得拖沓。

"老宋，你赶紧从各个施工队叫上几个技术骨干，咱们一起去项目经理部开个紧急会，共同想个解决办法出来。"张总说。

3 学习借鉴，优化施工方案

然而，紧急的专家会议召开后，并没有达到张总的最初预期。各个施工队的技术骨干拘泥于传统工艺，思路过于局限，并没有给出富有建设性的解决方案。张总从会议室出来叹了口气，回到办公室，整个人瘫在了办公室的转椅里，疲惫不已。此时，天色已近黄昏，一整天的讨论，也没把百里桩的优化工艺说出个所以然来。张总靠在转椅上，盯着窗外，想着想着，在办公室里睡着了。

再醒过来是晚上八点多，助手小李轻轻拍了拍张总的肩膀，说要开车送张总回家。张总揉了揉眼睛，没有拒绝他的好心，自己今天确实是累了。于是就起身离开了办公桌，头脑里千思万绪，依然想着工程的困境。

坐上汽车，行驶在渐暗的高速公路上，张总思绪万千。他盯着小李汽车上的挂饰，一个穿着和服的艺妓人偶，莫名想起了几年前带队去日本考察的经历。想着，想着，他不自觉地开了口：

"李儿呀，还记得咱们上次去日本嘛？"

小李把着方向盘，侧过脸来说："诶呦，领导，瞧您这话说得，哪儿能不记得。东京的银座，奈良的古刹，那次去日本呐，我可是长了不少见识。您怎么想起提这个？"

"也没什么，想起来就问了。"

"说到咱上次去日本，我还真就想起一个好玩的事儿。"

"什么？不如你说说看？"

小李像受了鼓动似的，含笑说："还不是因为您嘛？咱们那天开车从横滨回东京。公路上您非对一个路牌感兴趣，就叫司机停了车，特意拉着大伙儿凑到路牌跟前看。"

一听这话，张总像过电似的受了启发，陷入了对过去的回忆。上次去日本，他在高速公路的路牌上，发现了一个特殊的小装置。风力驱动，带动一个小刷子清洁路牌上的浮土，既起到自洁的作用，又清洁环保。张总当时惊叹于日本人的匠心，对这件事印象很深刻。

那么在百里桩这件事上，可不可以引入一个小装置优化工程工艺，弥补沙石的不可逆结构呢？这种工程技术上的精益求精其实是有理论依据的，张总心中暗想。基于上述理论和头脑中一闪而过的火花，张总一路无话，回家整理思路，终于研究出了一套可行的方案。

首先，为了提升百里桩的质量，延长其使用周期，张总决定在预置孔的基础上，用混凝土给百里桩的下面专门浇筑一个水泥桩基础，很好地解决了渗水带来的潜在问题，延长了它的使用寿命。对于沙石填补缝隙的不可逆结构，张总也提出了一套解决方案。他要求在设计上，规范百里桩的整体结构。不能采用过去粗放式直接开挖预置孔的方式，而要标准化每一个水泥桩基础的规格。然后巧妙地用木楔作为结构上的支撑物，填补桩基础与百里桩之间的空隙，以代替沙石的作用。这样无疑能够大大提高施工效率，并在日后的养护中，减少施工难度。长远来看，在提升工程质量的同时，也节约了施工的人力成本。

第二天，张总把以上思路在专家会议上进行了汇报，得到了与会者的一致肯定。在百里桩的建设问题上，似乎终于迎来了转机。张总立刻把思路交给专家组进行优化，决心在下个星期投入实践。

4　发挥工匠精神，确保工程质量

4.1　再起风波

“张总，百里桩又歪了。”一个星期后，百里桩的再安装工作刚刚开展了三天，助手小李的一句话再度让刚刚松了一口气的张总如坐针毡。据小李所言，施工队的报告显示，采取新工艺安装的百里桩再度出现了大面积歪斜的老问题。张总立刻奔赴现场，他觉得这个问题不能再拖了。

张总在施工队负责人老宋的陪同下，再度亲临现场。经考察后，他发现，这次的大面积歪斜，并非百里桩的安装工艺本身出现了问题。而是在施工过程中，由于木楔的安装工艺不到位，没有起到应有的支撑作用，构件之间受力不平衡，直接导致了百里桩出现了歪斜的问题。问题直接暴露在施工上，似乎再无第二种可能。

“老宋，你把各个施工小组的负责人叫到一起开个会吧？我想听听大伙儿怎么说。”张总拍了拍老宋的肩膀，打算认真听一听工人们的意见。

“张总，您说，咱们已经按照过去的工艺做了这么多年了。说改就改，又要赶工期，兄弟们哪里适应得过来嘛？”一位工人说。

“是啊，张总，这话的确是话糙理不糙。新工艺长远的好处，老宋给我们也是交代过得，我们心里也明白。但在这么短的工期内，大家也实在是适应不来。”另一位工人说。

听着眼前工人们七嘴八舌地讨论，张总大致弄明白了这次事情发生的原因。由于适应了过去粗放式的传统安装工艺，工人们在技术上囿于常规，并不希望做出什么改变。他们对张总提出的新工艺缺乏认识，误认为只是单纯地给他们增加施工难度。他们一方面在技术上不能满足项目的要求；另一方面在精神上又对新工艺有些排斥。这就暴露了荣滨高速项目经理部在施工队管理上的问题。

“大家的意思我明白了，不过咱们的项目还得继续，不可能因为这一点点阻力就停下来。没有大家的配合，咱们什么都做不成。我下一步和老宋再商量一下，届时希望大家倾力配合我的工作。”

4.2　专门培训，实现精益求精

会议结束后，张总一个人思索了很久。想着想着，当年大学里老教授教的一套人员管理的理论方法突然从他的脑海中闪过。张总陷入了回忆。

“在施工过程中提升施工人员的专业技能是相当必要的。”记忆里那个老教授的声音又回响在耳边，“在市政道路施工的过程中，施工人员不仅参与了整个施工的过程，也直接决定了这个工程的施工质量。很多的施工工程都会发生质量问题，而80%以上的质量问题都是由于施工人员本身的失误造成的，主要的原因就是施工人员自身缺乏质量控制的意识和工作技能。由此可见，建设施工单位务必要在工程施工之前对施工人员进行工程质量相关的教育和工作技能培训，从而加强施工人员的相关意识。提升施工人员的工作技能，咱们要从三方面着手：第一，要广泛传播质量管理意识，可以采用标旗或者宣传栏的方式来宣传质量管控的重要性，从而提高施工人员的相关意识；第二，培训并加强施工人员的工作技能，要在施工之前以及施工过程中定期开展对施工人员工作技能的培训，从而有效提升施工人员的工作技能。这样不仅能够有效防止工程质量的发生，而且还能够保证施工工程的安全;第三,在对施工人员进行培训的过程中,要注重理论与实践相结合,这样施工人员不仅能够掌握专业的科学知识与工作技能,而且还能提高施工人员的工作经验,从而保证市政道路施工的顺利实施,保证市政道路的施工质量,大大地降低质量问题发生的概率。”

老教授的话震动着张总的鼓膜,但工程面临的现实问题,还是把他从久远的回忆中拉了回来。荣滨高速第一阶段的工程即将完成,任何一个关键节点上的小问题都不可忽视。这不仅牵扯到未来道路养护与使用,更是一个筑路人人应有的态度。自己绝不能因为人员管理上的一个小问题,耽误整个大工程,张总心里想着老教授的话,开始和老宋讨论解决对策。最终确定如下方案,来解决百里桩安装工作的现实问题。

首先,在各个施工队建立学习小组,普及与百里桩新工艺有关的知识,在基层实现普及。其次,为了解决现在工期紧张的现实问题。张总决定在施工队中进行定点培训,在施工队中组建一个专门负责百里桩安装的工艺小组,以期高效地解决过去存在的种种问题,推进工程继续向前开展。

张总的方案在确定后,即刻在老宋的配合下投入实施。

5 尾声

在经历了先前的两场风波后,荣滨高速公路项目终于在项目负责人张总的带领,以及多方面人员的鼎力配合下,从根本上解决了百里桩的质量问题,实现了工程上的精益求精。在安装工作彻底完成后,工程项目继续推进,荣滨高速公路第一阶段项目如期完成,进入了下一阶段,时刻准备着,迎接未来的挑战。

【案例使用说明】

工程质量第一:不断探索优化方案和提高人员素质
——以荣滨高速公路项目为例

一、教学目的与用途

1. 适用课程:《工程经济学》《项目决策分析与评价》《项目管理》《工程伦理》等相关课程。

2. 适用对象:工程管理专业硕士研究生(MEM)、公共管理、信息管理、工程管理本科生以及其他相关专业学生。

3. 本案例的教学目的:本案例以荣滨高速项目开发所面临的困境为例,探索了在施工过程中,项目质量管理的重要性。重点体现了一个施工技术的优化,一个小小百里桩安装技术的改进对整个项目工程质量的大影响。意在突出施工技术的优化在工程质量管理中的关键性作用。另外,在案例中还穿插了施工人员的专业素质对工程质量的影响。意在从一个更全面的角度,对工程质量管理相关的问题进行讨论。本案例以荣滨高速面临百里桩倒伏的现实问题为切入点,以时间顺序记录了其解决问题的过程。在了解真实施工状况的基础上,使学生在学习后,具备在有限时间内,解决工程质量问题的能力。

本案例的具体教学目标：

①使学生对高速公路的真实施工环境有所了解。

②使学生认识到质量管理的关键性作用。

③使学生了解到优化施工技术的相关理论。

④树立精益求精的工匠精神。

二、启发思考题

1. 为什么优化施工技术如此重要？施工技术的优化在工程质量管理中的作用是什么？是否还有更好的优化百里桩施工技术的方法？

2. 施工过程中,施工人员的专业技能为何如此必要？如何进行施工中的人员管理？

3. 本案例给工程质量管理带来了什么启示和借鉴？经过学习本案例后,你还有什么进一步的思考？

三、分析思路

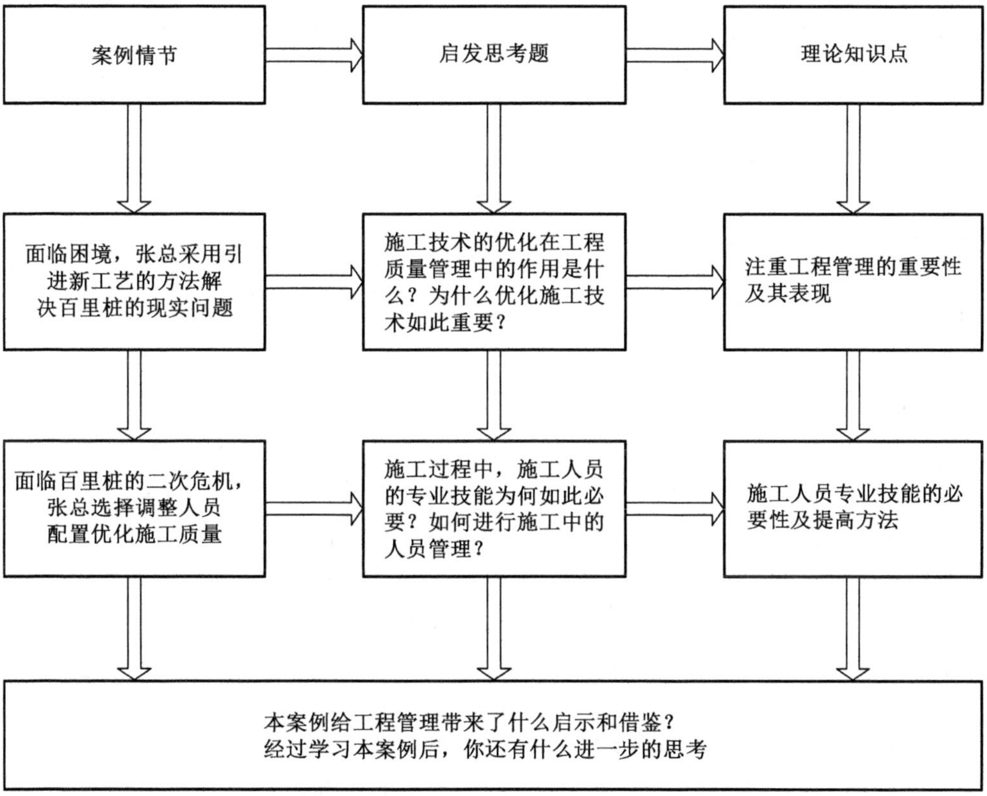

图 1　案例分析逻辑路径图

以下要点为案例作者给出的启发思考题答案,仅供参考：

1. 为什么优化施工方案如此重要？施工方案的优化在工程质量管理中的作用是什么？是否还有更好的优化百里桩施工技术的方法？

因为优化施工方案是工程质量管理的核心,往往会起到关键性作用。结合本案例荣滨高速的例子,张总采用优化百里桩工艺的方法,从一个小细节上,解决了工程质量上的大问题。这一具体事例,便充分说明了优化施工方案的重要性。

在本案例中,优化施工方案的主要作用体现在解决现实问题上。那么结合相关理论,施工技术的其他作用还包括:推动技术工作的持续开展,合理安排各项技术工作,构建良好的技术程序以保障工程达到规范要求等。

第三个问题,需要学生根据案例自行发挥。可以采用头脑风暴法激励学生,广泛搜集他们的意见。

2. 施工过程中,施工人员的专业技能为何如此必要?如何进行施工中的人员管理?

因为施工人员是工程的实际操作人员,他们的专业水平是否过硬,直接决定了工程的最终质量。结合本案例,正是施工人员专业技术的欠缺与不足,导致了百里桩安装的第二次问题。这一事例,充分说明施工人员专业技能的必要性。

相关理论告诉我们,可以从培养施工人员的工程质量管理意识,集中培训施工人员的专业技能,在理论与实践的双重作用下,进行施工人员的管理。本案例中,张总采用的方法:①在各个施工队建立学习小组,普及与百里桩新工艺有关的知识,在基层实现普及。②在施工队中进行定点培训,在施工队中组建一个专门负责百里桩安装的工艺小组,以期高效地解决过去存在的种种问题,推进工程继续向前开展。这两种方法同样具有借鉴意义。

3. 本案例给工程质量管理带来了什么启示和借鉴?经过学习本案例后,你还有什么进一步的思考?

这是进一步启发学生思考的问题,需要学生根据个人的学习情况进行发挥。该问题有助于加深学生对质量管理的理解。并且使他们深入思考,相对于工程管理,质量管理的意义到底是什么?有利于升华本案例的学习的目标。

四、理论依据与分析

1. 工程管理的重要性及其表现

(1)建筑工程管理及施工质量控制存在的问题与原因。

①目前,施工单位普遍存在分包现象,管理体制不健全是其重要原因之一。分包单位很难明确地在工作的范围内做好,在利益的诱惑下,人为地带来了一些问题,往往造成工序的不当。此外,施工人员、管理人员的水平不齐,组织管理还不够健全,这给施工工作带来不便。我国大部分的建筑工程项目为了节省费用开支,削减了大量的工作人员及工程管理部门,这便造成了工作人员和管理部门的不足。因此健全的管理体制,是建筑工程中的管理工作不可忽略的一部分。在安全的管理方面,建筑工程安全监督机构人员比较少,处罚措施不够完善,安监站的安全监督作用还没完全地发挥。个别地区的违法违规、改造工程等情况比较严重,这造成了安全监督存在困难。

②施工技术方面随着时代的不断发展,科技水平的不断提高,建筑工程的施工技术也随之在改进,对工程施工质量的要求也随之提高。但有时承包单位会低估了施工技术的困难,对设计意图和技术要求没有理解透彻,对新技术在没有太大把握的情况下,盲目施工的话,便造成了返工。另一方面,就目前情况来说,施工人员中占大多数的是农民工,而在现代建筑施工项目中,传统的建筑作业模式仍占据着较大的比例,缺乏一定的专业知识,没有制定相关的质量方针,并且也没有先进的机械设备,在很大程度上,影响施工技术的质量。

(2)建筑施工技术管理的必要性在建筑施工过程中,施工技术管理发挥了非常关键的意义和作用，必须受到参与施工项目人员的高度重视。施工技术管理的重要任务，就是应用管理的具体职能和科学的方式，推动技术工作的持续开展。在施工过程中严格按照要求的技术政策、法规和技术管理部门的指标。合理安排各项技术工作，构建良好的技术程序保障生产整体过程达到规范要求，以便能够取得生产技术、质量进度和经济技术的辩证统一。这样就有利于根据工程的特性以及施工的具体条件，使用合适先进的技术类型和施工方法，将科学技术成功转变为生产力，从基础上对施工质量进行有效的保证；同时有利于使用新方法培养技术管理人员，不断提升管理素质和技术水平，进一步促进优化的施工方案与资源的科学配置，提升施工的效率，加快施工速度，缩减施工工期。有效降低成本，提升经济效益水平，更好地联系实际工程情况开展技术研究，不断地总结经验，创新施工方法。

(3)发挥工程管理重要性的有效途径。

①注重工程建设过程中工程管理重要性在整个工程项目建设过程中，工程项目建设管理者应该对建筑施工进度和质量给予充分的重视。一方面，工程项目建设管理者应该加强对工程管理的专业知识的系统学习，提高其对工程项目管理的具体认识；另一方面，国家需要规范对工程项目管理的相关规定，加强对工程管理的宣传力度，来提高工程项目管理者对工程项目管理的重要性。通过相关方面的专业学习和国家法律法规的完善，可以更好地实现工程管理，提高工程管理效率。

②提高对安全生产的认识安全生产是施工企业的大事，施工企业对施工安全的管理是头等大事。作为项目经理，要配备现场施工的安全检查人员，对施工人员的安全保护及时发放，并保证佩戴安全帽。特别是一些危险性较大的工种和工艺，必须要专业人员实施，严格考核专业人员的技术能力。做到质量问题人人管，人人管质量问题。建章立制，完善体系，层层把关，逐级签订安全生产目标责任书。完善安全保障体系，制度健全，体系完善，责任明确，是施工企业安全管理的重要内容。

③加强建筑施工的质量管理目前，有关施工事故安全的报道时有发生，在工程质量管理过程中，施工人员的安全是最重要的部分。建筑施工项目数量的增加，设施设备的局限性，施工的难度和其工作量都会随着相应增加，有些工程项目建设单位为了降低工程施工成本，使用的设施设备存在安全隐患，让施工人员进行超负荷的工作、偷减施工材料等都是与工程质量管理相违背的。这需要工程项目管理实行责任制，提高工程项目管理者的安全意识，定期对设施设备进行检查维护，减少或是避免安全事故的发生，提高工程项目质量管理效率。

(4)施工后的质量管理。对竣工建筑的质量管理要严格按照相关规定的质量评定方法与标准对已完成的单位工程、分步工程及分项工程进行验收。为了保证工程竣工验收的科学性，单位工程竣工验收必须会同相关的单位、部门严格按照有关规定进行。在工程竣工验收中，通常可分为两步，也就是：

①初步验收。通常，初步验收会安排在正式验收的前一周，由施工单位与建设单位共同进行工程建筑的全面的检查，并严格按照施工图纸与工程承包合同的各项要求，将遗留工程质量与不符合质量要求的部分要进行返工处理，并做好记录，将其纳到收尾工程计划中，要求施工单位在指定的时间内完成。

②正式验收。由建设单位的领导主持，并要求施工单位负责人、设计单位及质检单位等相关人员参与，以全面评价施工情况，且要召开竣工验收总结会。对需要返工处理的项目应由施工单位在指定时间内完成，以尽快将建筑物转交给建设单位

2. 施工人员专业技能的必要性及提升方法

(1)安排工程管理人员进行相关的专业学习,提升其专业知识。众所周知,在进行市政道路施工管理工作时,技术管理作为市政道路工程管理中最基础最重要的一项工作,在市政道路的施工过程中具有十分重要的作用,它是保证市政道路施工正常运行的重要前提。针对市政道路施工中所发生质量问题所存在的原因,提出了以下几项对策。

第一,寻找并安排专业的技术人员来进行科学研究并绘制市政道路施工项目的设计图纸。

第二,定期安排技术管理人员去学习国内外先进的科学技术和施工工艺,从而在真正的市政道路施工中,不断进行技术上的改革以及工艺上的创新。

第三,增强技术人员的专业知识,在实际的施工过程中加强对技术人员应变能力的练习,从而使在施工过程中产生问题时能及时想出相应的解决办法。

第四,相关的施工人员要对施工的合同进行认真仔细地分析,从而保证施工的顺利进行。

第五,建立相应的技术资料管理系统,同时安排专业人员来对其负责和进行分类管理。

第六,具体问题具体分析,对于不同的市政项目工程,编制不同的设计施工方案,从而保证市政道路的施工质量。

(2)对施工人员的工程质量意识进行培训。在市政道路施工的过程中,施工人员不仅参与了整个施工的过程,也直接决定了工程的施工质量。很多的施工工程都会发生或质量问题,而80%以上的质量问题都是由于施工人员本身的失误造成的,主要的原因就是施工人员自身缺乏质量控制的意识和工作技能。由此可见,建设施工单位务必要在工程施工之前对施工人员进行工程质量相关的教育和工作技能培训,从而加强施工人员的相关意识。提升施工人员的工作技能,要从三方面着手:

第一,要广泛传播质量管理意识,可以采用标旗或者宣传栏的方式来宣传质量管控的重要性,从而提高施工人员的相关意识。

第二,培训并加强施工人员的工作技能,要在施工之前以及施工过程中定期开展对施工人员工作技能的培训,从而有效提升施工人员的工作技能。这样不仅能够有效防止工程质量的发生,而且还能够保证施工工程的安全。

第三,在对施工人员进行培训的过程中,要注重理论与实践相结合,这样施工人员不仅能够掌握专业的科学知识与工作技能,而且还能提高施工人员的工作经验,从而保证市政道路施工的顺利实施,保证市政道路的施工质量,大大地降低质量问题发生的概率。

3. 工匠精神

工匠精神,英文是 craftsman's spirit,是一种职业精神,它是职业道德、职业能力、职业品质的体现,是从业者的一种职业价值取向和行为表现。“工匠精神”的基本内涵包括敬业、精益、专注、创新等方面的内容。国务院总理李克强 2016 年 3 月 5 日做政府工作报告时说,鼓励企业开展个性化定制、柔性化生产,培育精益求精的工匠精神,增品种、提品质、创品牌。“工匠精神”出现在政府工作报告中,让人耳目一新,有媒体将其列入“十大新词”予以解读。古语云:“玉不琢,不成器”。工匠精神不仅体现了对产品精心打造、精工制作的理念和追求,更是要不断吸收最前沿的技术,创造出新成果。

(1)工匠精神的内涵

①敬业。敬业是从业者基于对职业的敬畏和热爱而产生的一种全身心投入的认认真真、尽职尽责的职业精神状态。中华民族历来有“敬业乐群”“忠于职守”的传统,敬业是中

国人的传统美德,也是当今社会主义核心价值观的基本要求之一。早在春秋时期,孔子就主张人在一生中始终要“执事敬”“事思敬”“修己以敬”。“执事敬”,是指行事要严肃认真不怠慢;“事思敬”,是指临事要专心致志不懈怠;“修己以敬”,是指加强自身修养保持恭敬谦逊的态度

②精益。精益就是精益求精,是从业者对每件产品、每道工序都凝神聚力、精益求精、追求极致的职业品质。所谓精益求精,是指已经做得很好了,还要求做得更好,“即使做一颗螺丝钉也要做到最好”。正如老子所说,“天下大事,必作于细”。能基业长青的企业,无不是精益求精才获得成功的。

③专注。专注就是内心笃定而着眼于细节的耐心、执着、坚持的精神,这是一切“大国工匠”所必须具备的精神特质。从中外实践经验来看,工匠精神都意味着一种执着,即一种几十年如一日的坚持与韧性。“术业有专攻”,一旦选定行业,就一门心思扎根下去,心无旁骛,在一个细分产品上不断积累优势,在各自领域成为“领头羊”。在中国早就有“艺痴者技必良”的说法,如《庄子》中记载的游刃有余的“庖丁解牛”、《核舟记》中记载的奇巧人王叔远等。

④创新。“工匠精神”还包括追求突破、追求革新的创新内蕴。古往今来,热衷于创新和发明的工匠们一直是世界科技进步的重要推动力量。新中国成立初期,我国涌现出一大批优秀的工匠,如倪志福、郝建秀等,他们为社会主义建设事业做出了突出贡献。改革开放以来,“汉字激光照排系统之父”王选、“中国第一、全球第二的充电电池制造商”王传福、从事高铁研制生产的铁路工人和从事特高压、智能电网研究运行的电力工人等都是“工匠精神”的优秀传承者,他们让中国创新重新影响了世界。

(2)工匠精神的现实意义。“工匠精神”在当今企业管理中有着重要的学习价值。企业需要工匠精神,才能在长期的竞争中获得成功。当其他企业热衷于“圈钱、做死某款产品、再出新品、再圈钱”的循环时,坚持“工匠精神”的企业,依靠信念、信仰,看着产品不断改进、不断完善,最终,通过高标准要求历练之后,成为众多用户的骄傲,无论成功与否,这个过程,他们的精神是完完全全的享受,是脱俗的、也是正面积极的。在建筑工程领域,做项目更要发挥工匠精神,使每个项目都经得住考虑。

5. 建议的课堂计划

本案例的课堂计划是以专门的案例讨论课进行设计的,如采用其他方式,可以根据需要来做出相应的调整。

整个课堂时间为 90 分钟。课堂计划包括如下部分:

(1)课前阅读计划,要求学生在课前完成案例的阅读,告知学生启发思考题,要求学生进行初步思考,并进行小组讨论。

(2)课堂案例回顾:10 分钟,回顾案例和思考题。

(3)分组讨论:30 分钟,讨论并修改课前讨论成果,准备发言提纲。

(4)小组发言:每组 5 分钟,尽量控制在 30 分钟之内。

(5)梳理总结:教师进行思考题和知识点的梳理总结,并引导集体讨论,控制在 20 分钟之内。

(6)课后计划:教师可以要求学生课下阅读相关文献,查阅相关书籍,针对本案例的问题或者自选角度,完成案例分析报告。

参 考 文 献

[1] 梁学栋,邓富民,李智,等.工程经济学[M].北京:经济管理出版社,2017.

[2] 刘晓君,张炜,李玲燕.工程经济学[M].北京:中国建筑工业出版社,2021.

[3] 马庆国.价值工程中成本:功能分析的一个新方法[J].浙江大学学报,1982(01):175-185.

[4] 欧阳桃花,曾德麟.拨云见日:揭示中国盾构机技术赶超的艰辛与辉煌[J].管理世界,2021,37(08):194-207.

[5] 全国一级建筑师职业资格考试用书编写委员会.建筑工程经济[M].北京:中国建筑工业出版社,2021.

[6] 全国造价工程师职业资格考试培训教材编审委员会.建筑工程造价案例分析[M].北京:中国计划出版社,2021.

[7] 陆雄文.管理学大辞典[M].上海:上海辞书出版社,2013.